阅读推广人系列教材（第二辑）

中国图书馆学会　编
总主编　王余光　霍瑞娟

图书馆讲坛工作

主　编　邱冠华
副主编　王丽丽　拱佳蔚

图书在版编目（CIP）数据

图书馆讲坛工作 / 邱冠华主编 . -- 北京：朝华出版社，2017.6

阅读推广人系列教材 . 第二辑 / 王余光，霍瑞娟主编

ISBN 978-7-5054-4021-0

Ⅰ . ①图… Ⅱ . ①邱… Ⅲ . ①图书馆工作—教材 Ⅳ . ① G25

中国版本图书馆 CIP 数据核字（2017）第 133265 号

图书馆讲坛工作

主　　编	邱冠华
副 主 编	王丽丽　拱佳蔚

选题策划	张汉东
责任编辑	刘小磊
责任印制	张文东　陆竞赢

出版发行	朝华出版社		
社　　址	北京市西城区百万庄大街 24 号	邮政编码	100037
出版合作	（010）68995593		
订购电话	（010）68996050　68996618		
传　　真	（010）88415258（发行部）		
联系版权	j–yn@163.com		
网　　址	http：//zhcb.cipg.org.cn		
印　　刷	环球东方（北京）印务有限公司		
经　　销	全国新华书店		
开　　本	710mm×1000mm　1/16	字　数	225 千字
印　　张	14.25		
版　　次	2017 年 6 月第 1 版　2017 年 6 月第 1 次印刷		
装　　别	平		
书　　号	ISBN 978-7-5054-4021-0		
定　　价	39.80 元		

版权所有　翻印必究 · 印装有误　负责调换

阅读推广人系列教材（第二辑）编委会

主　编　王余光　霍瑞娟
编　委　（按姓氏音序排列）
　　　　邓咏秋　何官峰　黄　鹏　金德政
　　　　李东来　李世娟　李西宁　邱冠华
　　　　王丽丽　王　玮　王新才　王　媛
　　　　吴　晞　肖容梅　熊　静　徐　雁
　　　　许　欢　张　岩　张　章　仲　岩

总 序

全民阅读、阅读推广，是立足中国文化、提高中华民族素质与竞争力的重要举措，近年来受到政府与社会的广泛关注。党的十八大报告在关于"扎实推进社会主义文化强国建设"的论述中明确表示，要"开展全民阅读活动"。2014 年和 2015 年，李克强总理先后在《政府工作报告》中提及"倡导全民阅读""建设书香社会"。

开展全民阅读活动是一项社会文化系统工程，需要集合全社会的力量推行。图书馆承担着传承社会文明、传播知识信息的重要职责，尤其在推动全民阅读，提高人民群众思想道德素质和科学文化素质，推动社会进步中发挥着重要作用。其实，图书馆界开展阅读推广工作由来已久，甚至可以说，提供阅读场所和读本的图书馆，自诞生之时就以阅读推广为自身的天然使命。2005 年，作为我国图书馆界及相关业界最有影响力的社会组织，中国图书馆学会成立了科普与阅读指导委员会，这标志着中国图书馆学会在推动全民阅读上有了专门的组织机构。2009 年，科普与阅读指导委员会更名为阅读推广委员会，下设 15 个专业委员会。近年来，中国图书馆学会依托图书馆行业自身优势，联合社会力量，积极倡导全民阅读，指导和推动全国图书馆界开展阅读推广活动，加强阅读文化和阅读服务的研究，集聚了一批从事全民阅读与阅读推广研究和教育培训等方面的专家，形成了开展阅读推广活动的长效机制。

图书馆馆员是图书馆阅读推广活动的策划者、组织者和实施者，其相关能力直接影响着图书馆阅读推广活动的成果与实效。图书馆阅读推广活动的开展，离不开高素质的"阅读推广人"。为了更加规范有效地开展阅读推广活动，进而从根本上促进我国全民阅读事业的发展，中国图书馆学会于 2014 年年底在江苏常熟举办的全民阅读推广峰会上，正式启动了"阅读推广人"培育行动，计划通过未来几年的努力，培育一大批专业"阅读推广人"。通过培育行动，将有更多职业"阅读推广人"在图书馆、学校以及更广阔的空间里发挥更大的作用，为推进全民阅读工作和书香社会建设做出更大的贡献。

为了配合"阅读推广人"培育行动的开展，中国图书馆学会组织编写了"阅读推广人"系列教材。希望这套教材的出版能对"阅读推广人"的培育和图书馆界及相关业界阅读推广工作的开展有所助益。由于编者水平有限及出版时间仓促，书中错误之处在所难免，敬请同行及读者指正。

中国图书馆学会理事长、国家图书馆馆长：韩永进

目 录

第一讲 讲学活动的起源与近代以来图书馆讲坛活动的发展 / 1
- 第一节 曲阜杏坛与书院讲学活动溯源 / 1
- 第二节 图书馆公众讲坛的兴起与探索 / 7
- 第三节 改革开放以来图书馆讲坛活动的发展 / 10
- 第四节 对于当代图书馆部分知名讲坛的解读 / 16

第二讲 公共图书馆讲坛定位与目标 / 35
- 第一节 图书馆讲坛的目的 / 35
- 第二节 图书馆讲坛的意义 / 41
- 第三节 图书馆讲坛的长期规划和年度计划 / 44

第三讲 图书馆讲坛的专业设计 / 57
- 第一节 图书馆讲坛的目标设计 / 58
- 第二节 图书馆讲坛的品牌设计 / 63
- 第三节 图书馆讲坛的主题设计 / 67
- 第四节 图书馆讲坛的形式设计 / 73
- 第五节 讲坛的宣传推广设计 / 80
- 第六节 讲坛衍生产品设计 / 86

第四讲 图书馆讲坛的资源组织 / 93
- 第一节 听众 / 93
- 第二节 主讲人 / 96
- 第三节 主持人 / 98

第四节　场馆 / 102

第五节　资金 / 104

第六节　媒体 / 109

第七节　合作 / 112

第五讲　图书馆讲坛的宣传 / 115

第一节　图书馆讲坛宣传的意义 / 116

第二节　宣传的载体与方法 / 122

第六讲　图书馆讲坛主持人 / 141

第一节　讲坛主持人的出现及必要性 / 141

第二节　讲坛主持人的定位 / 144

第三节　讲坛主持人的现状及特点 / 146

第四节　讲坛主持人的素质建设 / 148

第五节　讲坛主持人的能力建设 / 154

第六节　讲坛主持人的塑造与培养 / 172

第七讲　图书馆讲坛衍生产品及资源共享 / 177

第一节　图书馆讲坛衍生产品概述 / 177

第二节　讲坛衍生产品的主要形式 / 182

第三节　开发讲坛衍生产品时需注意的问题 / 194

第四节　图书馆讲坛资源共享 / 198

附录 / 207

后记 / 219

第一讲

讲学活动的起源与近代以来图书馆讲坛活动的发展

公共图书馆是民主社会政体有效运行的基石,是搜集、保存、加工和传播人类社会知识和文献产品的公共文化机构,对近代以来的社会文明发展进程产生了重大影响。1978年改革开放之后,特别是进入21世纪之后,图书馆讲坛工作迅速发展,讲坛工作成为图书馆服务内容的重要组织部分,甚至成为核心业务工作之一,在社会教育、知识获取和文化传播中发挥着重要作用。

多年来,由佛山市图书馆、上海图书馆、浙江图书馆、南京图书馆、苏州图书馆、东莞图书馆、宁波图书馆等举办并引领的图书馆讲座活动,在讲坛产品和服务方式上不断探索、拓展和创新,从图书馆报告厅的现场直讲到讲座馆外推送、网上讲座资源共享,到纳入全国公共文化信息共享工程等,为普及、传播和推广中外古今的文化,提升人民群众的科学文化素质做出了贡献。

第一节 曲阜杏坛与书院讲学活动溯源

学者设坛讲学活动,起源于春秋战国时期的"百家争鸣",各家各派设坛讲学,竞相演说,这其中尤以孔子杏坛讲学最为有名。(图1-1)此外,汉传佛教讲经活动,宋、明诸子书院讲学活动,以及蔡元培先生在北大图书馆定期邀请社会知名人士讲座等,都丰富了讲学的内容和形式,对当代图书馆的讲坛工作有重要的影响。

一、"百家争鸣"背景下的孔子设坛施教

中国先贤的讲学活动，可以追溯到诸子讲学、百家争鸣的春秋战国时期。儒家、道家、墨家、法家、兵家、名家、阴阳家、纵横家、杂家、农家、小说家、方技家等各立门户，各有信徒，传播自己的思想立场，推广自己的观点学说，形成了诸子百家争鸣的繁荣局面。例如孔子当年就去过郑州、濮阳、卫辉、商丘等地游学说教。谈到孔子施教，最著名的一个典故莫过于杏坛讲学，这亦是春秋战国时期讲学活动的典型事迹，对后世的影响巨大。

公元前522年，孔子"三十而立"，开办平民教育，收徒讲学，以改变"礼崩乐坏"的社会现实。孔子杏坛设教，授六艺之学，自古以为美谈，为士林所称颂。《庄子·杂篇·渔父》载："孔子游于缁帷之林，休坐乎杏坛之上。弟子读书,孔子弦歌鼓琴。"孔子"有教无类"的思想在教育发展史上具有划时代的意

图1-1 孔子杏坛讲学图（来源：中国曲阜网）

义，杏坛讲学更是孔子教育思想的亲身实践，他主张不分贵贱、不分国界，只要有心向学，都可以入学受教，开创了普及教育的先河。杏坛讲学也为孔子宣传以"仁""礼"为中心的思想提供了平台，扩大了儒学的影响力。

杏坛立于曲阜孔庙的大成殿前。宋代以前此处为大成殿，宋天圣二年（1024年）孔子四十五代孙孔道辅监修孔庙时，在正殿旧址"除地为坛，环植以杏，名曰杏坛"[①]。如今,杏坛已经成为教育圣地的代名词。如山东省公共图书馆在阅读推广中，很好地借用了"尼山书院"这个平台，与《齐鲁晚报》合作创办"大众讲坛"品牌。

二、儒家诸子的书院讲学

书院最初由唐人读书、治学、校书、藏书的场所发展而来。安史之乱后，

---

① 党华智．杏坛［J］．建筑工人，1991（12）：13.

部分书院有了讲学、授徒活动,如刘庆霖讲学于皇寮书院,幸南容讲学于桂岩书院[①]。

北宋产生了一批有影响力的书院,如徂徕书院、岳麓书院、白鹿洞书院(图1-2)、睢阳书院等,影响大的讲学活动有孙复讲学于泰山书院,石介讲学于泰山书院、徂徕书院。至南宋,官办书院数量明显增加,讲学、供祀、藏书作为书院的"三大事业"得到了确立,并有了长足发展。这一时期最著名的书院教育家当数朱熹。

朱熹,字元晦,号晦庵、晦翁、云谷老人,徽州婺源(今属江西)人,一生曾在多所书院从事过教育活动。乾道三年,他讲学于城南书院和岳麓书院;淳熙七年,他在重建白鹿洞书院初步告成后,也曾一再到该书院讲学或回答生徒的质疑问难,"诲诱不倦";绍熙五年,他在策划修复岳麓书院的同时,曾重到该书院讲学;"庆元党禁"期间,他一度避地古田时,曾讲学于当地的溪山书院与螺峰书院。在长期闲居于崇安与建阳两地时,他则主要讲学于由他一手创建的寒泉精舍、武夷精舍与竹林精舍。此外,他还曾讲学、授徒于东阳的石洞书院和建阳的瑞樟书院等处。

(摘自樊克政《书院史话》)[②]

元代书院也有一定的发展,此期有赵复讲学于太极书院,马端临讲学于慈湖书院、柯山书院[③]。明代书院讲学活动有一个典型的发展,即书院讲会制度得到充分的发展。讲会,又称会讲,产生于南宋。明代中叶以后,伴随着湛若水、王守仁及其门人所从事的讲学活动的展开,讲会盛极一时。明代的讲会是一种有固定会期、有组织的活动。王守仁去世后,其门人薛侃等所建的天真精舍,每年都要在春秋两季的第二个月举行为期一个月的讲会,目的是为了阐明或发挥王守仁学说的要旨,或相互就某些问题进行辨析[④]。由此可知,当时的讲会类似于今天的学术论坛、学术会议、学术研讨会,多为有共同意趣、爱好之人,就某个讲学主题,集中、深入阐述、探讨,是为书院讲学活动的一大发展。

---

① 樊克政.书院史话[M].北京:中国大百科全书出版社,2000:9.
② 樊克政.书院史话[M].北京:中国大百科全书出版社,2000:40-43.
③ 徐梓.元代书院研究[M].北京:社会科学文献出版社,2000:36,40.
④ 陈来.明嘉靖时期王学知识人的会讲活动[J].中国学术,2000(4):1-53.

图 1-2 江西白鹿洞书院遗址（图片来源：江西旅游文化资源库）

清初的东林书院、关中书院、嵩阳书院、鳌峰书院等，或以传习程朱理学为主，或以传习王守仁心学为主。这些书院的主要教学活动是讲学，明代书院的讲会之风，此时依然颇为盛行，仍是具有固定会期与隆重仪式、有组织的活动，这种情况在清中后期渐趋式微，最终改制成为新式学堂。

书院自唐萌芽，形成于宋，废改于清末。有着连绵不断、长达千年历史的中国书院制度告终后，与之为伴，书院讲学活动也告一段落，但这种讲学活动的影响至今犹存，如各级各类学校主办的讲座、论坛、研讨会之类的学术活动，邀请专业领域的学者围绕某个学术、文化主题进行讲说、交流，其信息内容非常多，听众获益匪浅。

三、历代文人学士的结社讲学

中国古代的文人结社先后经历了魏、晋、南北朝的萌芽期，隋、唐的形成期，宋、元的发展期，明代的繁荣期和清代的衰落期，直至近代重新兴起，一直是文人士子的重要活动方式[①]。文人结社即多数人有组织的集合，可分为赋诗、研文、

---

① 李玉栓.明代科举与文人结社[J].上海大学学报（社会科学版），2016，33（3）：77-85.

怡老、宗教、讲学等多种类型，具体有赋诗、研文、讲学、参禅、冶游、宴饮、清谈、赏曲、狎妓等活动内容[1]。若论结社，必牵及讲学。据李玉栓的《明代文人结社考》考证，讲学类结社数量众多、性质复杂，讲学一直是文人结社核心业务和重点目标之一[2]。

宋代是中国私学发展的最高阶段，书院的出现标志着私学的高度制度化。随着理学的兴起，一些学者开始依托书院，组织学术会社。与此同时，随着科举制度的全面推行，科考士人为了相互促进彼此的科考水平，结成了许多科举会社。由学者主要以书院为依托组织的会社与普通士人在民间组成的科举会社，是宋代士绅阶层的创举，分别对宋代学术的发展和普及做出了各自的贡献。朱熹以理学为立场将人群分为"俗人"和"吾党"两类，而其中"吾党""同志"之类的语词已具备团体气息，朱熹所作的《白鹿洞成告先圣文》和《与林师鲁书》中均有形容一个配备固定的"同志"人员，定期集会，立有规约的完全意义上的会社[3]。

明代在正德之前，"学术醇而士习正"，所以结社讲学的风气不盛。到了正德时期，王守仁在军旅中聚徒讲学。徐阶年轻时，"读书为古文辞，从王守仁门人游，有声士大夫间"，任首辅后，徐阶亦讲学于朝堂。经过这些人的倡导，结社讲学之风在正嘉以后大盛[4]。新安诗派结丰干社、白榆社，以"讲业"为主，以诗酒唱和为辅，劳逸结合，张弛有度，互相切磋，互相启发，以期实现既通经术，又善写诗[5]。顾宪成、高攀龙结东林社讲学，创立东林学派，"一堂师友,冷风热血,洗涤乾坤"，反对专制政治，力辟王学末流[6]。（图1-3）明万历二十五年（1597年），袁中道仍居乡，因其兄袁宗道不满其结酒社放浪度日，袁中道结敦仁会，"率诸友讲学"[7]。冯梦龙讲学楚黄时结古亭社，又与钱谦益、姚希孟、文震孟等人立诗社相唱和。

---

[1] 杨化强．"禅净合流"与晚明文人结社［J］．殷都学刊，2016（2）：64-67+79.
[2] 李玉栓．明代文人结社考［M］．北京：中华书局，2013.
[3] 周扬波．宋代士绅结社研究［D］．杭州：浙江大学，2005.
[4] 黄明州．明朝晚期结社、党争和政局的三角关系［J］．考试周刊，2013（47）：41-42.
[5] 耿传友．明代徽州文人结社综论［J］．安徽大学学报（哲学社会科学版），2012，36（3）：106-115.
[6] 何宗美．明代文人结社综论［J］．中国文学研究，2002，（2）：50-54.
[7] 何宗美．公安派结社的兴衰演变及其影响［J］．西南大学学报（人文社会科学版），2006，32（4）：169-175.

图 1-3　无锡东林书院遗址

清朝文人结社讲学有了新的发展。康熙二年（1663年）四月，钱云士举南湖之会，陈确参与此次集会，时年59岁，此乃陈确最后一次参加集会讲学活动，也是与社人员最多的一次[①]。清末新政后涌现"公法学会""南学会""强学会"等知识分子的结社，更加带有政治色彩。戊戌变法时期，公开结社已经蔚然成风。但是，这些学会组织松散，活动方式简单，存续时间短，往往因政治波动而夭折。他们活动的方式多为开会、讲学、办报、演说，其影响范围多囿于学生、士绅。强学会正式成立后两个月，因"后党"的反戈而被封禁；保国会活动了一个多月，在守旧派的攻击下，内部成员纷纷屈服、退出而瓦解；南学会仅存续了四个月，辍讲停学，不了了之[②]。革命时期，结社发展成为一种更加高级的形式，即党派组织，通过讲学来宣传党派主张已经成为共识。

四、汉末以来的佛教讲经活动

佛教讲经活动是中国古代佛教传播过程中的一个重要环节，与佛教经典翻译一起被认为是佛教传播的两种主要形式。讲经活动起源很早，始于汉末魏初，于两晋南北朝时期得到发展，大盛于隋唐时期。早期佛教讲经活动被称为"讲席"。

---

① 祁高飞，孙植.陈确结社考述［J］.文艺评论，2013（2）：128-132.
② 申晓勇.结社集会律与晚清社会［D］.武汉：华中师范大学，2002.

早期讲席以讲解佛经为主，辅以《老子》《庄子》，这样做一方面是因为当时玄学时兴，另一方面是因为佛教讲经需借易懂的本土玄学来解释晦涩的佛经。

隋唐时期是佛教在汉地发展的一个鼎盛时期。玄奘游学长安、巴蜀、荆扬、燕赵等地区，遍访名师，率登讲筵，计有僧景在蜀地讲《摄论》，道深在赵地讲《成实》，慧休在邺中讲《杂心》《摄论》，道岳在长安独开《俱舍论》讲席，法常、僧辩等高僧在长安遍讲众经等。这一时期是中国佛教宗派形成的时期，天台智者创立天台宗，智者曾"九旬谈妙"，传为佳话。吉藏于长安讲说"三论"，使"三论宗"得以立宗，吉藏一生"讲三论一百余遍，《法华》三百余遍，《大品》《智论》《华严》《维摩》等各数十遍"。玄奘法师在翻译佛经的同时，曾专为窥基等人讲说唯识，创立法相宗[①]。

中唐以来，讲经活动分化出"僧讲"和"俗讲"两种不同形式，前者专指面向僧人的依照佛法原样讲解的讲经活动，后者多指面向普通大众的，将佛经加以通俗演绎的讲经活动。宋朝以后的讲经活动在制度上日趋定型，特别是天台宗的讲经方式被僧众广泛接受，并以制度化的形式流传至今。如今，讲经布道、讲经说法依然存在并活跃于民众的社会生活之中。

第二节　图书馆公众讲坛的兴起与探索

一、韦棣华、蔡元培、李小缘等人的具体实践和基本理念

19世纪末20世纪初是中国近代图书馆事业的兴起时期。"研究学术，开通知识"是当时人们对图书馆和图书馆讲座的普遍看法。如1928年无锡张泾镇成立的县立泾滨民众图书馆的服务活动中就包括定期举办一周两次的通俗讲座，请各县知名人士讲述科学普及知识，改变农村落后习尚等内容。至抗战爆发前，累计举办一百多场次，颇受听众欢迎。

[①] 王宝坤.汉传佛教讲经活动历史渊源及其发展脉络[J].青海师范大学学报（哲学社会科学版），2012，34（4）：48-52.

"文华公书林"创办人韦棣华、著名教育家蔡元培（图1-4）、中国图书馆学家李小缘等，都对近代图书馆事业公众讲座的发展产生过积极作用和有益影响。

来华倡导并实践"新图书馆运动"的图书馆学教育家韦棣华女士（1861—1931年）创办的"文华公书林"，从一开始遵照的就是美国式公共图书馆的制度和工作方式，不仅藏书全部开架借阅，还向武汉三镇全体市民免费开放，不仅热情开门纳客，还积极走出馆舍，举办宣传活动吸引人们前来借阅图书，办系列文化讲座，开异地阅览室，设立"巡回文库"。图书馆、民众教育馆等公共文化场所建立后，每天定时定点向普通民众免费开放，通过图书、展览、音乐、电影、讲座等形式多样的活动吸引广大民众参与，增强了近代武汉市民的公共生活体验，是城市文明进步的表现。

图1-4 蔡元培像

近代教育家蔡元培（1868—1940年）早年曾经在绍兴徐氏"古越藏书楼"从事书籍校勘四年，颇得博览群书之便。光绪二十七年（1901年）蔡元培在担任嵊县剡山书院院长的时候积极革新藏书制度，开设公众讲座，除了允许全县士人来书院藏书楼检抄外，还把每个月的"房""虚""昂""星"四日作为特别讲期，邀请社会人士参加讲习。讲习原本是传统书院的一种学习方式，师生朝夕讲习，质经史异义。蔡元培把这种学习方式转变成一种涉及范围更广、影响更大、方式更灵活的社会教育举措来加以利用，他所确立的这一公开讲习形式具有现代图书馆讲座的雏形。他认为："必有极广泛之社会教育，而后无人无时不可以受教育，乃可谓教育之普及"，而"图书馆是一个重要的社会教育机构"[1]。1912年蔡元培出任中华民国教育总长，在教育部内设立了社会教育司，主管全国的图书馆工作。十年后，他还在北京市民大会上发表了《市民对于教育

---

[1] 蔡彦. 蔡元培与故乡图书馆事业［C］//图书馆史学术研讨会. 2006：72-74.

之义务》，提出了为成年人设立"平民大学"和公共图书馆、戏剧院的观点[①]。

从金陵大学毕业后任金陵大学图书馆管理员的李小缘（1897—1959年），于1921年赴美国纽约州立图书馆学校和哥伦比亚大学师范学院学习，1925年获美国哥伦比亚大学教育社会学硕士学位，后任金陵大学图书馆馆长。他在1936年编印的《图书馆学》中明确提出，基于公共图书馆为一般民众"皆可得用书之机会，作学术之自修，或为办事余暇之消遣，或以之为询问机关，或以之为参考机关，或以之为终身研究机关"的社会性质，应设立"演讲部"，其职责为"专为公民演讲，及社会事业之提倡，或讨论新出版书籍之优劣，印刷普通科目读书单种种，借以介绍而兼宣传"。

1939年，国民政府教育部公布《图书馆工作大纲》。在"省图书馆之工作"一项下规定："办理各特藏专室，设立各专室讲座；举办图书馆员暑期讲习班；举办全省图书馆员研究会。"在"县、市图书馆之工作"一项下规定："办理各项学术演讲；举办读书顾问，指导民众进修。"这里所称的讲习会、研究会、学术演讲都具有讲座的性质，其演讲主题多是"新知识和科学"。

首都图书馆的前身——北平市立第一普通图书馆，曾开展过"读书指导"的工作，并在北平广播电台举办"读书指导"的播音节目，"以启发全市市民读书兴趣"。而浙江省立图书馆自1948年10月起，也曾与浙江广播电台合作，每周举行讲演活动，以吸引读者。

二、新中国成立初期图书馆的讲坛活动

从中华人民共和国成立到1966年"文革"开始的时段，图书馆主要突出了"宣传党的中心工作"，讲座形式主要是以时政主导下的政治讲解宣传、时事报告、文学创作讲座和科学普及知识报告会为主。

其中比较有影响的是国家图书馆的前身——北京图书馆举办的"周末文学讲座"，该讲座曾经聘请郭沫若、老舍、艾青等名家主讲，民众可以提前领票参加，给很多人留下深刻的记忆。

也有一些省、市、县级公共图书馆，因时、因地、因人、因需举办过若干讲

[①] 蔡彦.研究学术　开通知识——中国图书馆讲座的百年历程［J］.四川图书馆学报，2010（4）：6-9.

座、报告会。如湖北省图书馆举办的以讲授《学习鲁迅先生》为开篇的系列报告会；福建省图书馆举办的文艺、科学、理论学习讲座，读书报告会，作家见面会；天津图书馆支持的"海燕文学评论社"举办的文学评论讲座；成都图书馆举办的读书报告会、读书座谈会等，都组织得比较系统，在读者和听众中产生了一定影响。但当年公共图书馆举办的这些知识性讲座，都是以不定期的形式举办的，尚没有纳入图书馆读者工作的常规性业务之中。

第三节 改革开放以来图书馆讲坛活动的发展

大抵从 1978 年到 20 世纪末，伴随着"思想解放"和"改革开放"的进程，图书馆讲坛工作得以陆续恢复和不断发展。如始于 20 世纪 80 年代的湖南省图书馆"文学系列讲座"、广州图书馆的"自学辅导讲座"、金陵图书馆的"星期天免费讲座"，吉林省图书馆的"休闲时光话读书"系列讲座，等等，在特定地域内都产生了积极的影响。

据《九江图书馆志》（新华出版社，1994 年版）记载，1987 年江西彭泽县图书馆建成新馆舍后，即"广泛地争取读者，扩大图书馆的影响，积极开展了图书宣传和阅览方法的辅导"，如"每年举行 2~3 次图书报告会和讲座，开展以评价书刊为内容的宣传、讲解、座谈等活动。以 1988 年为例，这样的活动举行过 3 次，参加者达 386 人次，深为读者欢迎"。与此同时，还开展了图书阅读辅导工作，"根据不同对象读者的需要、爱好，推荐书刊和提供查找书目的辅导，使读者能更好地运用本馆的藏书目录，提高图书利用率。不少读者通过这一环节，与本馆密切了联系，并提高了读书的积极性"。

在此阶段，图书馆讲坛工作开始定期化、系列化，逐步成为图书馆的业务工作之一。

一、领风气之先的"南风讲坛"

把公益文化讲座融入城市，在当时可谓非常新鲜，就全国而言，也只有北京的国家图书馆和上海图书馆有类似的讲座活动。1995年,"南风讲坛"的前身——佛山市图书馆公益讲座诞生,佛山市图书馆图成为全国最早举办讲座的地市级公共图书馆。2005年,讲座更名为"南风讲坛"。

佛山市图书馆策划并承办的社会公益性讲座——"南风讲坛",由中共佛山市委宣传部、佛山市社会科学联合会、佛山市文化广电新闻出版局联合主办,以"阐求真理,传播新知,构建公共舆论空间,培育现代市民社会"为宗旨。从最初一年几场,发展到现在的每周1~2场,如今已举办涉及文学、历史、哲学、艺术、教育、经济、科学、时政等众多学科领域和社会话题的讲座2000余场,吸引了100余万人次的听众参与,成为佛山当代精神文明建设进程中的一张瑰丽名片。

佛山市图书馆的"南风讲坛"起步时把着力点放在本土专家学者讲授本土文化上,再通过逐步向外扩展,为古城带来一点外来文化,共享文化资源。"南风讲坛"始终以倡导人文精神为目标,以体现人文关怀为特色,使其在众多公益讲座活动中脱颖而出,在业内和广大听众中间产生了良好而广泛的影响,被媒体和学者喻为"显示当代佛山人文化追求的夺目的风景线"。

在讲座的策划、组织和宣传等工作中,"南风讲坛"不断创新,精心打造了系列精品讲座、流动讲座和移动讲座等板块,先后推出了"认识佛山""影像可可西里""文化东方""志愿行动""关注成长""和谐人生""阅读春天""环球视野""在路上""佛山/珞珈山""南风/南开""凤凰名嘴佛山行""禅城说禅""享书会""艺林墨香""六走进"等几十个系列讲座。近几年,"南风讲坛"与国内(包括香港地区、台湾地区)多所高校及社会研究机构合作,使海内外优质的人文资源和研究成果得到更广泛的传播。同时,也有效地扩大了讲坛的知名度,形成"百姓、百家、百科"的效应,实现"大家、大学、大众"的结合。

除了做好阵地讲座,"南风讲坛"依托佛山市联合图书馆的网络体系,结合文化共享工程,将公益讲座送到基层乡镇、街道社区、企业、校园和军营,送到老百姓的身边,让基层的群众也能享受到现代化社会发展中的先进文化。此外,佛山市图书馆还积极在引领和扶持本地区及周边地区讲座工作中发挥辐射效应与示范作用,每年都将100多场公益讲座和主讲人推介到市属各区图书馆、学校及广州、中山、东莞、深圳、肇庆等周边城市，乃至武汉、西安、海南、内蒙古等外省市和自治区，带动这些地区讲座工作的发展；还催生出周边越来越多的图书馆、传媒、学校、企业的讲坛，它们大多以"南风讲坛"为依托，进行选题、策划及主讲人邀请等工作，使讲坛文化蔚然成风。

"南风讲坛"曾获2014年全国十大特别受百姓喜爱的"终身学习活动品牌"殊荣，同年10月在出版界、图书馆界与新华书店联合举办的全民阅读年会中，斩获2014年全民阅读案例征集与评选活动一等奖。"南风讲坛"社会效益显著。

二、做大做强的"上图讲座"

早在1978年，上海图书馆就有大型的宏观信息系列讲座开讲。1995年10月，上海图书馆与上海科学技术情报研究所合并后，由上海图书馆讲座中心专门负责公益性讲座活动。至2003年，"上图讲座"形成贴近市民、贴近生活的十大系列主题，内容涵盖多个知识领域。"上图讲座"充分发挥其独特的都市文化优势，做大社会公益性讲坛的规模，做强其知识文化内涵和社会影响力，主导并引领长江三角洲地区图书馆讲座活动的发展方向。2005年，"上图讲座"以其创新思路和卓越成绩，获得了全国首届文化部"创新奖"，成为全国公共图书馆界的一个响亮文化品牌。

"上图讲座"旨在宣传新思想、传播新文化、提倡新风尚，为展示文化多元和文化融合，弘扬科学知识和科学精神，做出了积极贡献。至今，上海图书馆共举办各类文化活动2400余场，直接受众120余万人次，形成以8个板块、18个系列的公益讲座为核心，以"上图朗诵""大家的讲坛"等新兴项目为特色，以电视讲座、广播讲座、手机讲座、讲座网站等各种载体为依托的知名公益性文化品牌。讲座主题涵盖时政、文化、法律、社会、艺术、教育、科技、健康等领域。以"城市教室 市民课堂"作为品牌塑造的核心理念，"贴近群众、贴近实际、贴近生活"，倡导"听书"，并拥有"上图讲座"门户网站、讲座丛书、讲座视听阅览、《上图讲座专刊》《参考文摘》等多项配套服务资源。如其编辑出版的《上图讲座》（上海科学技术文献出版社，2006年出版），则借助讲座文集这种书本式载体，成功地转化了讲座知识，为读者汲取"二次传播"的讲座知识提供了优良读物资源。

2005年4月，上海图书馆举办了"全国图书馆讲座工作研讨会"，与会者达成一个普通共识：讲座工作将从图书馆的衍生服务项目，逐步进入核心业务活动范畴。随后，文化部办公厅下发《关于进一步广泛、深入开展图书馆讲座工作的意见》，明确图书馆讲座成为图书馆核心业务之一。一时间，全国各地的公共图书馆讲坛工作呈现出百花齐放的可喜局面。公共图书馆利用优越的地理位置和完善的设施，举办各式各样的讲座，注重讲座品牌的塑造，树立了公共图书馆良好的社会形象。为构建公益性文化服务平台，创建"学习型社会"做出了积极贡献。

不仅如此，"上图讲座"在服务本地市民的同时，还积极加强讲座资源的整合、集聚和辐射工作。2004年，上海图书馆牵头成立"长三角图书馆讲座协作网"，有周边19个公共图书馆参与，实行讲座资源共享、讲座活动联动，与长三角地区，乃至全国图书馆界展开经验交流，提供公益讲座声像资料。

三、日益权威化的"国图讲座"

保存我国优秀古代文化典籍，培养中华文化传人，使文明薪火代代相传，发挥继续教育和社会教育的功能，是中国国家图书馆神圣而重要的使命。早在20世纪50年代，北京图书馆（系中国国家图书馆前身）举办的著名学者的公益性学术讲座，就曾启迪众多青年学子走上学术文化的研究之路。如今，由中国国家图书馆举办的"国图讲座"，是中国国家图书馆面向社会大众推出的双休日学术文化系列讲座，其精选的"国图讲座视频资源"，也备受欢迎。

"国图讲座"，在学术文化界人士的大力支持下，以宏富的馆藏文献为基础，聘请海内外著名专家学者莅馆开讲，深入浅出地讲授其所擅长的学问菁华和研究成果。至今，已经形成"艺术家讲坛""教育家讲坛""文津讲坛""国图讲坛""科学家讲坛""国家典籍博物馆系列讲座""文津读书沙龙""中国典籍与文化系列讲座"等分品牌系列。

中国国家图书馆的讲座工作发端于20世纪50年代初。当时的北京图书馆根据"面向社会大众，拓展社会服务"的办馆宗旨，开展了一系列社会群众工作。

其中举办讲演会于 1952 年年末开始，一般都在周末或晚上开讲，内容涉及政治、时事、科学、文学和史学。许多著名学者都曾来此做过讲座，如郭沫若主讲《伟大的爱国诗人屈原》，老舍主讲《谈文学的语言》等，受到人们的广泛关注和持续好评。

"文革"结束后，讲座工作得到恢复和发展。1987 年，中国国家图书馆新馆建成，使得国图讲座活动的环境和层次进一步提升。进入 21 世纪以来，公共图书馆开展讲座活动蔚然成风，地处北京这一国家政治、文化中心，作为全国公共图书馆"领军馆"的国家图书馆，顺应这一潮流，更好地为广大群众服务，积极投身于公益讲座事业，形成一系列优秀子品牌，尤为值得借鉴。

"文津讲坛"是国家图书馆主办的具有代表性的公益性学术文化系列讲座，已故国家图书馆名誉馆长任继愈先生，曾以九十高龄，亲自规划讲座选题，邀请名家，每月参加讲座活动，使受邀专家学者把到"文津讲坛"演讲视为荣誉和责任。讲坛自 2001 年元旦创办至今，已发展成为全国著名的公共文化服务品牌。"文津讲坛"秉承国家图书馆开展文化教育的优良传统，依托国家图书馆的宏富馆藏，以服务普通百姓为宗旨，坚持讲座的思想性、学术性、知识性，广邀首都内外著名专家学者莅临演讲，为广大读者提供一个学习的空间，成为弘扬中华文化、推动全民读书、构建学习型社会的新园地。

国家图书馆举办讲座的类型主要有以下四类：第一类为时事政治类，主要是针对国内外时事热点、重大政治选题所开设；第二类为哲学、宗教、历史、文化、艺术、民俗等专题讲座，这类讲座占讲座总数的 70% 以上；第三类为社会生活类，包括心理健康辅导、疾病预防、高考升学指导等与读者日常生活紧密相关的内容；第四类为图书馆专业类，即举办专门针对图书馆学采访、编目、咨询、版本等各个方面的知识讲座。

国家图书馆举办的讲座，主要有以下六个特点：第一，以传承和弘扬中华民族文化为己任；第二，以用户需求为导向，体现出讲座的多层次性；第三，国图讲座以数量多、密度大、名家多、质量高著称；第四，注重树立品牌效应，打造精品讲座；第五，充分利用北京丰富的文化教育资源；第六，注意讲坛衍生产品的开发。

尽管如此，国家图书馆讲座工作仍需进一步加强，要建立和完善讲座共享资源库，不断提高讲座质量，加强讲座的宣传推介工作，增强与读者的互动，等等。

四、各领风骚的图书馆讲坛

进入21世纪以来，图书馆讲坛工作普遍发展较快。近年来，公益讲座已以其独特的知识传播优势成为图书馆核心业务之一，成为图书馆履行社会教育职能、传播先进文化的重要手段，成为广大市民获取信息知识及文化休闲的主要形式。

早在1936年11月2日，浙江图书馆就曾与浙江大学史地系联合举办过浙江学术讲座等活动。2002年4月底，浙江图书馆在西湖边的新馆舍，以"青年法律论坛"为名开办的首期公益性"假日讲座"，仅在半年时间内就连续举办了21期，吸引听众6000余人，"逐渐成为一项为社会广泛关注、传媒争相报道，具有一定影响力的读者活动项目"。据汪亮、陈于鼒在《浙江图书馆假日讲座综述》[①]一文中的总结，该"假日讲座"取得成功的原因在于图书馆领导与具体部门的负责人取得了共识，再加上馆内各相关部门的通力合作，而在具体的操作和执行中，则关注了以下五个方面的问题：一是依托所在图书馆的文化积淀和综合资源，树立品牌意识；二是注重主题策划，丰富讲座的文化内容；三是抓住热点问题，贴近社会生活；四是安排讲者与听众的互动，激发受众的参与心；五是拓展讲座空间，为军营官兵等特殊群体提供听讲机会。他们认为，要把省级公共图书馆的讲座品牌打响，还需要努力提高讲座品位和质量，善于选择最佳话题，挑选最佳主讲者；需要做好讲座规划，逐步形成系列，还要增设科普类讲座；需要继续拓展和扩大"馆外讲座"活动，把讲座办到部队、监狱、社区乃至地、县中心馆去。

此外，如山西省图书馆"文源讲坛"、首都图书馆"首图讲坛"、湖北省图书馆"名家讲坛"、中山图书馆"广东学术论坛"、重庆图书馆"重图讲座"、南京图书馆"南图讲座"、吉林省图书馆"吉林社科讲坛"、安徽省图书馆"新安百姓讲堂"、山东省图书馆"大众讲坛"、江西省图书馆"未名讲坛"、福建省图书馆"东南周末论坛"、四川省图书馆"巴蜀讲坛"、陕西省图书馆"陕图讲坛"等，都能

---

① 汪亮，陈于鼒.浙江图书馆假日讲座综述［J］.图书馆研究与工作，2002（4）：41+63.

因地因时独领风骚，获得听众的认同和媒体的好评。

不仅仅是省、市级图书馆，许多区县图书馆也积极开展讲座活动，如常熟图书馆的"市民课堂"、张家港图书馆的"沧江市民大讲堂"、江阴图书馆的"暨阳大讲坛"、吴江图书馆的"垂虹讲坛"、大同市城区图书馆的"魏都大讲堂"、介休市图书馆定阳书院公益讲堂等，都在主办方的精心策划和打理下，发展成为当地民众获得信息、汲取知识、弘扬国学、提升文化和科学素养的重要公共园地。

总之，进入21世纪以来，图书馆讲坛工作的发展不仅体现在数量上，还体现在对图书馆讲坛工作的重视和对讲坛衍生产品的开发上，图书馆讲坛工作更加系统、更加完善。

第四节 对于当代图书馆部分知名讲坛的解读

图书馆讲坛，是图书馆服务的重要组成部分，也是具有某种标志性的文化创意成果，策划和运作得当，往往能够成为所在城市的人文地标之一。但相较于"上图讲座""文津讲坛"等优质讲坛活动来说，我国各地图书馆方兴未艾的讲坛活动，有的还有待于跟进，有的需要进一步完善，有的则应该拓展、提升。如在组织举办好现场讲座的同时，如何做好有关主题读物在讲座前的展示推送，如何带动馆藏有关书、报、刊、网文献资源在讲座后的借阅流通，如何做好现场直播及录音、速记，促进讲座资源的完善加工和"深耕作业"，进行优质讲座的多层次、多方位传播和讲座资源共享工作等，都需要借鉴有关图书馆的成功案例，做进一步的检讨和改革。

一、"文澜讲坛""南图讲座""新安百姓讲堂""东南周末讲坛"与"大众讲坛"

除上海图书馆外，在华东六省中，浙江图书馆主办的"文澜讲坛"、南京图书馆主办的"南图讲座"、安徽省图书馆主办的"新安百姓讲堂"、福建省图书馆主办的"东南周末讲坛"、山东省图书馆主办的"大众讲坛"等，也都具有一定的听众口碑和媒体影响力。

（一）浙江图书馆：文澜讲坛

2002年4月，随着"讲座热"的兴起，为了更好地履行图书馆的社会教育和公共文化服务职能，浙江图书馆率先开展"假日讲座"，以期"丰富市民生活，提升市民素养，启迪市民心智"。2004年，为凸显浙江图书馆的历史内涵，打造文化品牌，将"假日讲座"更名为"文澜讲坛"，逐渐形成"适时、应势、亲和、好听、规范、权威"的品牌特性[1]。

"文澜讲坛"先后推出了"文学解读浙江""文史论坛""浙江文化名人""风云浙商""风雅钱塘""红色经典""儒学与国学""国际风云""市民学法""非物质文化遗产""女性文化系列""名家论名家""名著赏析"等30多个讲座系列，直至目前，共举办讲座500多场次，听众10万余人次。主讲嘉宾有声名远播的名校校长、作家学者，有学贯中西的专家教授，更有叱咤商海的浙商代表，讲座质量尤高。

"文澜讲坛"十分注重社会宣传，图书馆使用报纸、网站、手机短信、博客、微博、海报等方式传递讲座信息，还特别重视规范讲座工作流程，包括主题策划、预告、场地布置、组织听众、签订授权协议、讲师题词、颁发聘书、读者调查、主持、开讲、互动、速记、整理文稿、摄像、录像、读者点评、媒体报道、开发讲座衍生产品、归档等，并与浙江古籍出版社合作，于2007年编辑出版了《文澜听涛：浙江图书馆文澜讲坛集》一书。

"文澜讲坛"立足于服务本馆本地读者的同时，还与杭州的29个社区共同创办了"文澜讲坛·社区行动联盟"，讲座服务已延伸到学校、政府机关、企事业单位、部队、乡镇。为实现资源共享，浙江图书馆牵头组建了"浙江省公共图书馆讲座联盟"，上下联动，服务全省，逐渐走出本省，面向全国，先后加入"全国公共图书馆讲座联盟""长三角城市图书馆讲座协作网"，实现了纵横联合，共建讲师"智库"，共享讲座"盛宴"，共拓传播渠道，大大提升了自身服务能力，进一步增强并扩大了服务社会的辐射力、影响力。

（二）南京图书馆：南图讲座

2005年7月，"南图讲座"在成贤街原南京图书馆馆舍内首讲。"南图讲座"

---

[1] 贾晓东.浙江图书馆"文澜讲坛"走过十年[J].图书馆研究与工作，2012（3）：2-4.

本着服务社会、文化惠民的公益原则，坚持以服务本馆为基础、以服务基层为拓展、以服务高端为突破的"三位一体"的总体思路，围绕时政、经济、文化、教育、科技、军事、历史、生活八大板块策划选题，邀请各界热心公益、学养深厚、专业突出、作风亲民的专家学者开展讲座，成效显著[①]。

截至2015年12月31日，"南图讲座"共举办1028场，先后有883位国内外知名专家学者做客"南图讲座"，听众累计达39万余人次，渐成南京市民在知识、文化上充实自我的一个公益性场所。

"南图讲座"还与报刊、电视台、广播、网络等媒体进行了友好合作和工作互动，联手宣传讲座信息、重要演讲或刊登精彩讲座文字稿。随后，有鉴于"声音易于流逝，而文字却可以经久传播"，在听众和读者的要求下，该馆精选陈少松、贺云翱、陶思炎、徐利明、范金民、康尔、徐雁等部分讲座内容，整理成为《艺文行思录》和《人文大家谈》，作为"南图惜阴丛书"，由南京师范大学出版社在2010年出版。

"南图讲座"开讲以来，取得了广大市民的称赞，并于2009年、2012年和2014年荣获由中共江苏省委宣传部命名表彰的"江苏优秀讲坛"称号。

(三) 安徽省图书馆：新安百姓讲堂

2006年3月，安徽省图书馆"新安百姓讲堂"在主四楼/东二楼报告厅首讲。十年来，讲座共举办570多次，听众逾10万，被打造成为合肥市民的公益性知识、文化课堂，成为一个省会城市的文化地标。

从2013年开始，每年5月，同处于长江经济带上的湘、鄂、赣、皖四个省的省级公共图书馆都会推荐一个专家或学者，围绕同一话题，联袂在四个省进行巡回讲座。如2013年以中国历史文化名人为巡回讲座主题，四个省馆推荐的主讲人分别讲了曹操、王安石、屈原、曾国藩；2014年的巡回讲座主题是"名山大川"，四位主讲嘉宾联袂在四地图书馆讲述了九华山、庐山、武当山、衡山；2015年巡回讲座的主题是"上善若水"，四省派出专家讲巢湖、鄱阳湖、洪湖、洞庭湖；2016年的主题是"梨园雅韵（戏曲文化解读）"。类似做法，逐渐影响了多个省

---

① 江苏大讲堂.南京图书馆"南图讲座"简介［EB/OL］.［2016-9-14］.http://jsdjt.jschina.com.cn/zjjtlm/ntjz/201512/t2590132.shtml.

及地级市图书馆。讲座资源的共享行动，得以惠及更多读者。这种图书馆联盟实现了资源共享和效益最大化，讲座资源同时上传到各图书馆联盟网站，读者在家就能看到、听到。十年来，安徽省图书馆"新安百姓讲堂"积累了200多名主讲嘉宾师资库，全部向其他联盟图书馆推荐。目前安徽省建立了全省公共图书馆阅读推广联盟，省、市、县图书馆都为读者提供讲座服务。

安徽省图书馆在岁末年初，还会参考听众调查问卷，并经综合评选，选出多名年度"新安百姓讲堂"最受欢迎主讲人。如"2015年度听众最喜爱的讲座系列"如下：(1)"时事热点问题分析与展望"系列(合作单位：陆军军官学院思政系)；(2)"老子文化"系列（合作单位：安徽国际老子文化交流协会、老子学院)；(3)"纪念中国人民抗日战争暨世界反法西斯战争胜利70周年"系列。而"2015年度听众最喜爱的主讲人"为《阅读名人传，汲取正能量》主讲人徐雁、"时事热点问题分析与展望"系列讲座主讲人汪庆明、"古音乐欣赏"系列讲座主讲人王涤涤等人。

（四）福建省图书馆：东南周末讲坛

福建省图书馆举办讲座始于2003年，2005年年初，图书馆联手福建省社科联，正式创办"东南周末讲坛"。该讲坛定位在"立足本地学者，弘扬八闽文化，讲好福建故事，传播海西声音"。目前已举办讲座470余场，吸引了20多万名听众。如中央电视台《百家讲坛》主讲人易中天、葛剑雄、毛佩琦、马瑞芳、傅小凡，著名国际战略学家罗援，阅读推广名师徐雁，及福建本地的专家学者孙绍振、林公武、卢美松、潘叔明，新加坡知名历史学者柯木林，中国台湾作家亮轩等，都曾莅临讲坛开讲。

"东南周末讲坛"成功的原因在于，福建省图书馆采取了供需对接、系列吸引、横向合作和馆内外联动等行之有效的做法。图书馆根据问卷调查结果来了解听众的需要，有针对性地安排讲座内容和启动讲座形式，并举办"文学鉴赏系列""关注民生·共享和谐系列""纪念改革开放30周年系列""先秦诸子百家系列"等讲座，依靠系列连锁效应，来培养持续参与型读者。此外，福建省图书馆"东南周末讲坛"通过整合馆内外资源，与省社科联、高校、工会等单位合作，拓宽主讲人资源渠道，扩大讲坛受众面，提高讲坛影响力。[①]

"东南周末讲坛"已发展成为福建省社会科学普及的公益平台和精品项目，先后荣获文化部"群星奖""全国人文社会科学普及基地""福建省十佳社会科学讲坛"等称号。2011年以来，"东南周末讲坛"还拓宽受众面，举行进机关、进农村、进社区、进学校、进企业、进军营"六进"活动，受到基层群众好评。图书馆积极组织，汇编出版了《东南周末讲坛选粹》六册，组织了主讲人的赠书赠稿与留言以及福建省图书馆官网上的讲座预告与历年来的视频分享。

（五）山东省图书馆：大众讲坛

"大众讲坛"是山东省图书馆与《齐鲁晚报》社联合创办的面向社会大众的公益性文化系列讲座。自2006年3月25日正式开讲以来，每半月一期，内有"名家讲座""齐鲁文化讲座""儒家文化讲座""社会热点讲座""学人系列讲座""家长课堂""校长论坛"等系列专题，旨在通过讲座加强社会教育，建设文明山东[②]。

"大众讲坛"积极寻求对外交流与合作，与省科学院、省社科院、省科协、省企业家协会、省经济学会、山东大学等单位联系，邀请在某一领域有突出贡献、知识渊博、思维敏捷而且关注社会、生动幽默的专家学者等担任主讲人，讲座内容主要涉及时政热点、文学艺术、法律法规、健康知识、经济常识、科普教育等。

"大众讲坛"拥有一流的现场讲座设施设备，其制度完善、分工合理，立足齐鲁文化，突出地方特色，注重讲座宣传。该"大众讲坛"拥有其独立的资源整合网页（www.sdlib.com/channels/dzjt/），内容包括"开篇寄语""讲座预告""讲座纵览""名家介绍""它山之石""讲坛视频"等栏目，既能积极宣传讲座活动，又能提供一个讲座资源二次传播的渠道，让"大众讲坛"不仅仅服务于本地听众，还能随着互联网扩散到更远的地方。2008年出版的《大众讲坛》（山东教育出版社，2008年版）一书也具有类似作用。"大众讲坛"的独特优势在于与多家媒体

[①] 廖艳萍.图书馆讲座的社会化思考——以福建省图书馆"东南周末讲坛"为例[J].中共福建省委党校学报，2009（5）：89-92.

[②] 国家图书馆文化教育部.全国公共图书馆讲座工作论文集[M].北京：国家图书馆出版社，2010：95-98.

签订合作协议，这既能提供一个讲座前的宣传渠道，又能提供一个讲座后的报道平台，可谓相得益彰。

此外，在推广、促进、提升全民阅读的时代背景上，山东省图书馆决定以回归儒学传统、继承华夏文化为宗旨，在全省范围内建立一个以"图书馆＋书院"为模式的全民阅读推广平台。在征求有关各方意见的基础上，山东省文化厅正式发布了《关于在全省创新推进"图书馆＋书院"模式建设"尼山书院"的决定》，以"创新服务、因地制宜、循序渐进"为原则，不新建基础设施，不新增工作人员，在省级公共文化建设资金奖补政策的支持下，在全省公共图书馆系统稳步推进"标准化建设"的平台，具体要求是"一尊孔子像"等"六个一"标准；在活动内容上，则要求有"经典诵读"等"五个板块"。

二、"苏州大讲坛""市民学堂"与"天一讲堂"

位于长三角地区的苏州图书馆的"苏州大讲坛"，宁波市图书馆的"天一讲堂"，与位于珠三角地区的东莞图书馆的"市民学堂"，均是中国南方经济发达地区的地、市级城市公共图书馆讲座品牌的典型代表。

（一）苏州图书馆：苏州大讲坛

"苏州大讲坛"是极少数以当地城市命名的图书馆讲坛，自2001年创办以来，截至2016年累计开展面授讲座1120期，近26万读者听取了讲座，2009年荣获中共江苏省委宣传部颁发的"江苏优秀讲坛"。目前"苏州大讲坛"已形成"名家大讲堂""先锋讲坛""园林文化系列""相约健康系列""戏曲大讲堂""苏州地方文化系列""企业讲座系列""少儿乐园系列""道德讲堂""中国历史文化系列""科普系列""读者辅导系列"等18个系列讲座。苏州图书馆网站有"苏州大讲坛"专栏，不仅有讲座计划和预告，还有讲座视频数据库，以及共享的"上图讲座"的视频资源，编印《苏州大讲坛》季刊，把讲座资源刻录成光盘以便进一步传播，还借助苏州图书馆总分馆体系开设"苏州大讲坛进社区"服务项目，在分馆所在的社区举办讲座，使讲座进一步贴近社区居民，深受居民的欢迎。

为了充分利用讲座资源，苏州图书馆定期整理讲座讲稿、录音等资料，2010年《苏州大讲坛》第一辑（文汇出版社，2010年版）面世，设有"名家大讲坛系列""文学苏州与名家鉴赏系列""民族民间文化系列""园林文化系列""少儿乐园系列""相约健康系列"等。阎崇年先生在所撰序言中，总结了"苏州大讲坛"的存在意义："一个城市的发展，一个学习型城市的建设，不仅在于它的历史、建筑、园林和财富，更在于它的精神、文化、教育和素养。图书馆是培育民族高尚精神、提升国民文化素养的终生课堂。'苏州大讲坛'已成为读者与听众获取丰富知识、提高文化素养、共享文化成果和增添社会活力的有效载体。"

随后，《苏州大讲坛》第二、三辑相继问世，除延续首集"名家大讲坛系列""民族民间文化系列""园林文化系列""相约健康系列"四个专题外，还增设了"先锋讲坛系列""文化遗产保护系列""中国历史文化专题系列"三个专题。徐雁教授在《苏州大讲坛》第二、三辑的序言中指出，"图书馆开设面向公众的公益性知识讲座，应该是图书馆发挥社会教育职能和知识、文化传播中心的有效手段之一，因为它抓住了图书馆作为公益性文化机构存在的本质。作为苏州图书馆公益性知识讲座的总称，'苏州大讲坛'以人文科学、社会科学和自然科学等为主线，构成了一系列或具有知识性，或具有文化性，或具有科技性特色的讲座。在有关讲座选题的采选上，馆方能够针对大众的求知需求，既注意尊重历史积淀，弘扬苏州的文化传统，又能紧扣时代脉搏，满足人们对重大时政事件的关切，讲座主题从历史文化到艺术鉴赏，从企业经营到商务管理，从自然科学到科技发展，可谓无所不包"，"对于提升听众的人文素质、精神文明内涵和科学素养，浓聚苏州城市的学习氛围，发挥了积极的作用"；"每当专家学者开坛讲座之际，苏州图书馆报告厅总是少长咸集，人头攒动，昭示出讲坛活动在读者和听众中的生机和魅力"。

（二）东莞图书馆：市民学堂

东莞图书馆"市民学堂"源起于2005年5月29日在东莞图书馆新芬路馆舍自修室试办的"都市沙龙"，当日由上海师范大学教授商友敬教授做了题为《读书的四种境界》的讲座。

次年9月28日，东莞图书馆新馆在新城市中心广场上落成后，"都市沙龙"即于报告厅内定期举办，并正式更名为"市民学堂"。截至2015年年底，十年间，图书馆累计举办公益讲座、培训、沙龙活动1500余场，形成"东莞历史文化名人概述""易经""音乐艺术欣赏""创业·就业"等多个系列讲座，成为"东莞市十大学习品牌"之一。自2006年开始，图书馆馆员据现场讲座内容先后与花城出版社、广东人民出版社、世界图书出版社等合作编辑出版了《城市阅读系列：市民学堂》年度系列读物，2016年已出版至第11辑。

在文本编辑上，东莞图书馆《城市阅读系列：市民学堂》有一个值得称道之处，每册书都有一个附录，记录了历年来举办的种种讲座的日期、讲题、主讲人及其身份简介，还有讲座的流水号。这就为未来编纂《东莞图书馆志》之类的文献记录，保存和积累了关键信息和基本资料。

如，多年来，有"北王南徐"之称的北京大学王余光和南京大学徐雁教授，究竟分别到东莞先后做过几次讲座呢？通过检索这个附录，也就一目了然——

第5场：2005年10月6日，《阅读与人的素质的全民提升》（徐雁）

第19场：2005年12月8日，《中国当代阅读现状的分析与思考》（王余光）

第60场：2006年9月28日，《阅读·文化·城市》（王余光、梁晓声、白化文）

第162场：2008年12月7日，《中国先民的恋爱与婚姻》（王余光）

第227场：2010年4月23日，《时代转型，阅读永恒》（王余光）

第355场：2012年11月24日，《花香何如书香远——中外经典阅读与古今文化传承》（徐雁）

第389场：2013年8月17日，《经典阅读的意义》（王余光）

第491场：2015年8月22日，《最是书香能致远——读物选择与幸福追求》（徐雁）

第492场：2015年8月23日，《周易的智慧》（王余光）

（三）宁波图书馆：天一讲堂

在2006年聘请名家首次开讲的"天一讲堂"，截至2016年4月，已经持续举办了530余场讲座。该讲堂以"搭交流平台，激智慧火花，播人文精神，扬宁波文化"为宗旨，积极弘扬"书藏古今，港通天下"的理念，做出了"周周有讲座"的可持续业绩。在"天一讲堂"开设十周年之际，图书馆不仅编辑出版了《十年磨剑——天一讲堂十周年精选集》（宁波出版社，2016年4月版），而且还独具创意、地推出了"天一讲堂公开课""天一讲堂精彩30分"和"天一讲堂读行天下"三个系列讲座。

三、"南官人文大讲堂"与"暨阳大讲坛"

在业务地域上属于浙江省台州市的路桥区图书馆的"南官人文大讲堂"与在业务地域上属于江苏省无锡市的江阴图书馆的"暨阳大讲坛",分别创设于2007年和2008年。作为一个区图书馆、一个县图书馆主办的"讲坛",两者具有一定的典型性和示范效应,值得相关图书馆同人关注。

(一)台州市路桥区图书馆:南官人文大讲堂

浙江省台州市的路桥区图书馆,于2007年4月14日创办"南官人文大讲堂",举办系列讲座。该讲座以"公益免费、自由开放、以文会友"为宗旨,坚持每周日办一场讲座(法定节假日除外),至今已举办100余场。随着图书馆的社会地位不断提高,影响不断扩大,其已被市民视作商业之城中的一块人文净土。

每次请来的主讲者,大多来自浙江省内的大学和学术机构,有大学教授、专业作家、艺术家、高级造型师等,台州本土的杰出学者和专家也纷纷走上讲堂一展才华。讲座的内容不仅包括涵盖文学、历史等人文范畴,还涉及书法、摄影等艺术领域,近期更是增添了时尚主题,努力以全方位昌明学术、普及知识的视野,吸引社会上不同需求和爱好的听众,讲座经常会有椒江区、黄岩区、温岭市、玉环县等地的一些听众慕名而来,"南官人文大讲堂"在浙江省内、台州地区已经具有较高的知名度和较大的影响。

"南官人文大讲堂"拥有多种类的宣传方式,有海报、小票、短信、公务网公布预告、博客(新浪博客、台州博客网博客、老街九号音乐沙龙的博客)、网站("南官人文大讲堂"官方网站、路桥新闻网、台州生活网)、报纸(《今日路桥》《台州晚报》)《商都文化》,让市民全方位地接收讲座信息。

为了打造好"南官人文大讲堂"这个品牌,路桥区图书馆与外界开展广泛的合作:把"南官人文大讲堂"加盟到浙江"文澜讲坛"中,使浙江图书馆"文澜讲坛"成为其长期支持单位;与台州学院人文学院建立了紧密战略协作关系,与浙江师范大学人文学院建立了合作意向;与杭州市、温州市图书馆达成了讲座资源共享互助的意向；与上海市图书馆活动中心讲座部也签订了"讲座共享协议"。此外，还编辑出版了年度《南官人文大讲堂》讲演录。"南官人文大讲堂"的开创和延续，客观上促进了路桥浓郁人文氛围的形成和聚集。

（二）江苏无锡江阴图书馆：暨阳大讲坛

"暨阳大讲坛"作为一项面向广大市民的大型公益性文化活动。自2008年开讲以来，讲坛从无到有，从有到强，坚持每月举办1~2讲，免费向市民开放，至今已成功举办讲座百余场。除亲身走进"暨阳大讲坛"聆听现场讲座之外，还有数十万人通过视频、网络点播以及讲座刊物等接触和了解"暨阳大讲坛"。通过八年的努力，讲坛已经成为江阴市的大课堂、广大市民的精神家园，成为江阴市的一张文化标识和名片，在传播城市文明、启迪市民心智、建设和谐社会中起到了积极作用。

"暨阳大讲坛"在发展过程中，形成了五个鲜明特点：

一是讲题策划精细化。在讲题策划上，讲坛以"智慧人生、和谐生活"为宗旨，开展"育人宝典""智慧生活""人文空间""健康加油站""时政课堂"五个系列的主题讲座。

二是办讲举措多元化。讲坛采取"请进来、走出去、联合办"的原则，主讲人既有本土专业人士，也有诸如《百家讲坛》著名讲师阎崇年、莫砺锋、郦波、葛剑雄等名家以及卢勤、许知远、赵丽宏等著名学者和江阴市民近距离交流。

三是宣传造势立体化。在讲座宣传上，多渠道、多平台、多形式。一方面，讲坛利用好图书馆门户网站、宣传海报、短信平台、江阴电视台移动字幕、《江阴日报》、暨阳社区、新浪微博"书香江阴"、微信等媒体及手段提前预告讲座信息，加大宣传力度，提高知晓率；另一方面，讲坛积极"走出去"，走入社区、学校、部队等单位，实施点对点的宣传和门票发放，扩大讲座信息的传递量和覆盖面。

四是衍生产品多样化。"暨阳大讲坛"成立一周年之际，图书馆设计制作了一周年讲座光碟。图书馆非常重视讲座刊物的编辑工作，每半年出刊《书香暨阳：暨阳大讲坛专刊》。"暨阳大讲坛成立三周年之际，图书馆结集出版了讲座书籍《聆听智慧的声音——江阴市图书馆"暨阳大讲坛"精选集》（中国社会科学出版社，2015年版），讲坛成立五周年之际，拍摄原创微电影《转角遇到你》，同时，出版了《聆听智慧的声音》第二辑,(中国社会科学出版社,2015年版)。

五是听友互动常态化。建平台、常交流、多激励。图书馆成立"暨阳大讲坛"听众组织——"暨阳大讲坛听友会",通过定期举办讲师见面会、读书沙龙等活动构建听友互动平台,通过建立QQ讨论群实时互动,形成大讲坛举办单位与讲座参与者合力共建品牌的良好发展模式[①]。

四、几所高校的图书馆讲坛

邀请名人专家进行专题讲座是高校图书馆开展阅读推广的主要形式之一。高校依靠校内外丰富的高水平人才资源和学术人脉,在组织专家、学者专题性讲座方面优势十分明显。20世纪80年代,在"拨乱反正""思想解放""改革开放"和"振兴中华"的时政氛围和时代精神感召下,北京大学、中国人民大学、复旦大学、南京大学、厦门大学等高校,纷纷自发组建学生读书社团,编印学生杂志,举办读书讲座。

尽管如此,要打造品牌讲座,保持讲座质量的高水平,使其常规化、可延续地开办下去,亦需要多方组织和策划。这里介绍几个高校图书馆主办的讲坛。

(一)南京大学:名人讲座

南京大学读书节由南京大学图书馆主办,始于2006年10月,每年为期一周,其中"名人讲座"是每届读书节的重头戏。纵观历届受邀讲座的专家、学者,涉及历史、文学、经济、社会、地理、管理等各学科领域。(表1-1)

表1-1 南京大学历届读书节"名人讲座"概况

届数	嘉宾	讲座主题
第一届 (2006年)	杜维明	《孟子》的人文精神
	吴培亨	读读读,书中自有……
	董健	读书是很幸福的
	徐雁	深阅读与浅阅读
	姚淦铭	老子智慧与成功人生

---

① 江苏大讲堂.江阴市委宣传部"暨阳大讲坛"[EB/OL].[2016-9-14].http://jsdjt.jschina.com.cn/special/Selection/Forum/jydjt/201403/t1432130.shtml.

续表

届数	嘉宾	讲座主题
第二届（2007年）	许倬云	读书人自述
	郑炯文	哈佛大学的中文馆藏——兼论美国学生眼中的中文书籍
	周宪	我读故我在——作为一种生存方式的阅读
第三届（2008年）	陈丹青	分享我的阅读人生
	莫砺锋	我读《唐诗三百首》
	施建军	创新与创业谈
第四届（2009年）	余光中	诗与爱情
	王德滋	中国观赏石——地质学与美学的结合
	许钧	法国文学与文学翻译——从《不能承受的生命之轻》谈起
	洪银兴	从世界金融危机看中国经济发展
第五届（2010年）	周晓虹	全球化、社会转型与中国中产阶级
	邢定钰	诚信·勤奋·创新
	罗多弼	中国文化与全球化：21世纪历史与挑战
第六届（2011年）	洪银兴	如何看待当前的宏观经济形势
	王守仁	美国后现代现实主义小说
	葛剑雄	中国文化能走向世界吗？
	叶兆言	被注定的文学
第七届（2012年）	杜厦	"创业始于激情，成功源自追求卓越"——位老学长的创业人生
	毕飞宇	我的创作历程
	刘大椿	从科学的辩护到科学的审度
	吴黎耀华	从留学生到总统顾问
第八届（2013年）	张岂之	我们从中国历史看到什么？——中国历史特色之我见
	叶兆言	我们这个时代的阅读与写作
	邢定钰	科学精神与发现之旅
	黎红雷	谈中国传统领袖智慧
	葛荣晋	谈中国管理哲学
	成中英	C理论与中国管理智慧

续表

届数	嘉宾	讲座主题
第九届（2014年）	洪银兴	新常态下的中国经济
	周晓虹	转型时代的社会心态与中国体验
	洪修平	中国传统文化中的儒、佛、道
	莫砺锋	陶渊明与桃花源
	葛荣晋	谈中国管理哲学
	侯建新	世界历史与中国现代化进程
第十届（2015年）	莫砺锋	让我们走近经典
	周志华	大数据与机器学习
	徐雁	最是书香能致远
	孙江	阅读空白——经典里的记忆与忘却
	张辰宇	阅读碎影
第十一届（2016年）	苗怀明	悲情千古说红楼
	陈仲丹	经典阅读与传统阅读的二难选择

南京大学"名人讲座"的成功，首先在于其持续性和品牌性。南京大学读书节自举办以来，现已成为该校校园文化建设的品牌之一，亦是南京大学图书馆每年的盛大节日。2012年，南京大学读书节获得教育部"高校校园文化建设优秀成果"一等奖。"名家讲座"正是依托读书节的大氛围，从2006年第一届读书节开始，11年来，一直延续至今，在每年相对固定的时间，使其具有节庆效应。对于南京大学师生而言，读书节已成为其校园生活的常态化活动，而"阅读"则是金秋十月南大校园最热门的话题之一。

其次，南京大学"名人讲座"聚焦阅读文化，侧重于名家阅读经历和心得的分享。从目前11年来所开展的45场讲座来看，直接涉及阅读相关话题的有19场。例如，在2006年第一届读书节中，中科院院士、南京大学超导电子学研究所所长吴培亨教授进行题为《读读读，书中自有……》的讲座，吴教授主张不同学科背景的人应根据自身的情况多了解其他学科的知识，并针对"怎样读书"提出了自己的见解；2008年第三届读书节中，中国当代著名画家陈丹青先生以《分享我的阅读人生》为题，以自己当年读书处境的艰难来告诉同学们现在读书环境的优越，勉励大家要好好读书，珍惜和合理利用当前的读书环境；2015年第十届读书节中，南京大学文学院莫砺锋教授进行了题为《让我们走近经典》的讲座，以自己的实际读书经历，解释了经典，告诉大学生应该读何种经典以及阅读经典有什么意义。可见，讲座嘉宾虽然来自不同的专业领域，但是在阅读这个没有界限的话题上，都有各自的心得体会，让不同学科的学生都能直观感受到阅读的魅力，这也正是南京大学"名人讲座"对于读者人文精神的关怀，也正是"名人讲座"的最大闪光点。

（二）南京师范大学：敬文讲坛

南京师范大学图书馆于2006年11月开设"敬文讲坛"，其目的是提高学生综合文化素养、丰富校园文化。该讲坛以已故著名教育实业家朱敬文（1906—1996年）先生的名字命名，是为感念香港朱敬文教育基金会对该校仙林校区图书馆的慷慨资助。截至2016年9月13日，"敬文讲坛"已开展了203期。

"敬文讲坛"是一个通识性文化知识传播的平台，注重通俗性、实用性、学术性，旨在普及文化常识、享受智慧人生，让不同学术领域的专家学者为更多的师生服务，搭建专家学者与学生交流的新平台，构建学生获取知识、信息的新渠道。在内容选择上，讲坛以置入现代文化语境、与社会热点挂钩、贴近学生兴趣、有一定学术性的讲座为主。它以专题讲座的形式，形成系列，注重知识结构的合理性和科学性，给予各个学科读者完整的知识享受。

南京师范大学图书馆善于和学校其他二级单位合作开办讲坛，据该馆工作人员宋洁的研究，"敬文讲坛开办以来，也尝试着与院系、部门联合开展专题讲座。例如，与学校国际教育学院联合举办的'共享世界风'系列讲座；与金陵女子学院联合举办的'女性学术月'专题讲座；与校民盟联合举办的'校民盟专家系列讲座'等。"[①]

同时，南京师范大学图书馆重视对"敬文讲坛"资源的整理、收藏、传播及再利用。在2015年6月前，图书馆网站下设有"敬文讲坛"的栏目（http://202.119.108.211/jwjt/），对每一场讲座进行前期预告和后期报道，讲座现场录音集中收录在"讲座记录"栏，听众可点击收听，其后，关于"敬文讲坛"相关预告和报

---

① 宋洁. 高校图书馆举办文化讲座的基本理念——以南京师范大学图书馆"敬文讲坛"为例[J]. 浙江高校图书情报工作，2007（5）：8-12.

道在南京师范大学图书馆主页仍然有持续更新。

（三）北京科技大学：摇篮书苑讲坛

北京科技大学图书馆设立的"摇篮书苑讲坛"，也颇有特色。讲座分为三个系列：（1）主题讲座。每年设立一个主题，邀请专家围绕该主题进行讲座。例如，2011年主题为"读书，快乐，人生"；2012年主题为"赏读精品，回味历史，情系摇篮，丰富人生"；2013年主题为"发现你的文艺细胞"；2014年主题为"博览群书，微信达人"。（2）作家讲座。邀请作家携著作做客讲坛，在对话中，让读者体验阅读精髓。例如，2014年举办的"相遇姚谦——不止是相遇"等。（图1-5）（3）专题讲座。邀请各学科的权威学者，为读者传授专业性知识，内容涉及多方面，如刘岠渭主讲的《古典音乐欣赏》、黄钢汉主讲的《老子的科学智慧——快乐人生的一盏明灯》、苗东升主讲的《从世界系统的形成与演变看甲午》等。

图1-5 "相遇姚谦——不止是相遇"活动现场（来源：北京科技大学图书馆）

北京科技大学图书馆通过将"摇篮书苑讲坛"和图书馆的常态化阅读推广活动相联系，打造了"对话—足迹"品牌阅读活动，围绕优秀图书，聆听专家和优秀读者的阅读感受，与书对话，与专家对话，走出自己的阅读足迹。因此，主办方善于利用"对话"形式开展讲坛活动，重视主持人与嘉宾、读者与嘉宾的对话环节，实则是真人图书馆的形式之一。值得一提的是，"摇篮书苑讲坛"不局限于个人，还邀请知名团队和读者进行面对面交流。如主办方和印象笔记用户支持团队共同举办的"印象笔记"在北科——过效率生活"分享活动,其中前来分享的既有"印象笔记"的忠实粉丝,也有"印象笔记"开发团队的工作人员。

可见,主办方摒弃了传统讲座的形式,将讲坛的范围不断地扩展,既聚焦名家,也关注大学生感兴趣的前沿性领域,同时在讲座中重视读者和嘉宾的对话交流,真正做到了以读者为中心。三个系列的讲座,既满足读者提升知识素养、增长见识的生活旨趣,也帮助他们增长专业知识,助力科研学习。为更好地利用讲座资源,该馆制作了讲坛视频库,便于读者在讲座之后自由访问学习。

(四)武汉大学:文华讲坛

"文华讲坛"是武汉大学图书馆2014年创办的讲座品牌,主要邀请专家学者、名人大家举办关于文、史、哲、艺等多方面的讲座,希望通过讲坛促进文化传承和创新,促使图书馆成为武汉大学的文化象征和武汉大学学子学仁的精神殿堂。"文华"二字源于1910年由美国图书馆学家韦棣华女士创办的中国近代最早的公共图书馆——文华公书林。在中国图书馆学家、"中国图书馆学教育之父"沈祖荣先生的推动下,该馆在1929年后成为武昌文华图书馆学专科学校(现为武汉大学信息管理学院)的图书馆。为纪念这所发源于武汉大学的中国第一所独立的图书馆学高等学府,故以"文华"命名。

截至2016年12月,"文华讲坛"共举办八期,具体嘉宾和主讲题目如下表:

表1-2 武汉大学图书馆"文华讲坛"概况

期数	时间	嘉宾	主讲题目
第一期	2014年4月23日	刘醒龙	《与生活辩论》
第二期	2014年4月28日	葛剑雄	《"五胡乱华"与中华文明的重构》
第三期	2014年11月21日	冯天瑜	《日本对外侵略的历史文化渊源》
第四期	2015年4月22日	王余光	《阅读,与经典同行》
第五期	2015年6月16日	宫哲兵	《女书与女性奇风异俗》
第六期	2015年10月4日	野夫	《在路上的文学与人生》
第七期	2016年4月22日	胡德坤	《南海断续线的历史解读》
第八期	2016年12月13日	郭齐勇	《王阳明及其思想智慧》

从目前所开展的八期来看,"文华讲坛"自创办以来连续三年均在4月23日"世界读书日"前后举办相关场次的讲座,其他时间则不定,足以证明主办方对

于"世界读书日"的重视。同时,武汉大学作为百年名校,聚集了各学科的权威专家、学者,图书馆充分重视校友资源,目前所邀请的八位嘉宾中,冯天瑜、王余光、宫哲兵、野夫、胡德坤和郭齐勇均是武汉大学教师或校友。(图1-6)

图1-6 北京大学王余光教授在"文华讲坛"主讲《阅读,与经典同行》

承担着教育职责的高校图书馆,开展面向师生的大众讲座,是服务通识教育的有效方式。读者全凭自身兴趣,不用受学分、课业等因素的制约,进行自主知识扩展,从而达到较好的教育成效。而从以上四个高校图书馆开设的讲坛可知,要使讲坛活动达到较好的效果,需要把握以下三点:

一是读者本位,内容至上。无论什么性质的讲座,内容都是核心,因此高校图书馆应从本校读者群的知识面以及兴趣点出发进行策划,确保内容上吸引读者;二是多方合作,注重宣传。讲座的氛围以及听众的多少,直接影响着主讲人的现场发挥效果,以及能否带动听众的积极性,图书馆要善于利用校内优势资源,与团委、宣传部、教务处以及各院系多方合作,大力宣传,打造严肃活泼的氛围。三是资源共享,追求联动。每场讲座不仅要有前期的准备,后期的储备工作也十分重要。为更好地发挥讲座效果,图书馆可以和每位主讲人保持后续联系,对其演讲内容进行文字、视频的整理、保存工作,利用校内多方媒体进行后续宣传。而对前来听讲座的学生,可以从听众的角度进行跟踪服务和采访,以挖掘讲座所起到的教育效应。

参考文献

[1] 樊克政. 书院史话 [M]. 北京：中国大百科全书出版社，1998.

[2] 周扬波. 宋代士绅结社研究 [D]. 杭州：浙江大学，2005.

[3] 严明. 明代文人结社研究的新高度——评李玉栓《明代文人结社考》[J]. 文教资料，2014（13）：9-10.

[4] 何宗美. 时代文人结社综论 [J]. 中国文学研究，2002（2）：50-54.

[5] 李玉栓. 明代科举与文人结社 [J]. 上海大学学报（社会科学版），2016，33（3）：77-85.

[6] 李玉栓. 中国古代的社、结社与文人结社 [J]. 社会科学，2012（3）：174-182.

[7] 王宝坤. 汉传佛教讲经活动历史渊源及其发展脉络 [J]. 青海师范大学学报（哲学社会科学版），2012，34（4）：48-52.

[8] 蔡彦. 研究学术开通知识——中国图书馆讲座的百年历程 [J]. 四川图书馆学报，2010（4）：6-9.

[9] 蔡彦. 从藏书楼向近代图书馆的嬗变——宁波、绍兴图书馆建立探微 [J]. 科技文献信息管理，2007（3）：1-5，8.

[10] 赵达雄. 近代名人与浙江图书馆 [J]. 图书馆研究与工作，2008（1）：2-10.

[11] 汪亮，陈于阗. 浙江图书馆假日讲座综述 [J]. 图书馆研究与工作，2002（4）：41+63.

[12] 王慧君. 基层图书馆公益讲座 [M]. 北京：国家图书馆出版社，2011.

[13] 任罡. 公共图书馆讲座工作研究 [J]. 新世纪图书馆，2010（5）：28-30+27.

[14] 邱冠华. 苏州大讲坛第一集 [M]. 上海：文汇出版社，2010.

[15] 金德政. 苏州大讲坛第二集 [M]. 苏州：古吴轩出版社，2014.

[16] 宁波图书馆. 十年磨剑——天一讲堂十周年精选集 [M]. 宁波：宁波出版社，2016.

[17] 周建彩. 擎鹰讲坛：精神的高度 [M]. 北京：北京教育出版社，2015.

[18] 宫昌俊. 聆听智慧的声音第二集 [M]. 北京：中国社会科学出版社, 2015.

[19] 王余光, 徐雁. 中国阅读大辞典 [M]. 南京：南京大学出版社, 2016.

[20] 徐雁, 陈亮. 全民阅读参考读本 [M]. 深圳：海天出版社, 2011.

[21] 徐雁, 李海燕. 全民阅读知识导航 [M]. 南京：南京大学出版社, 2016.

[22] 李小缘. 图书馆学 [M] // 李小缘纪念文集. 南京：南京大学信息管理系, 2004.

[23] 熊学明. 九江图书馆志 [M]. 北京：新华出版社, 1994.

[24] 杨宝华, 韩德昌. 中国省市图书馆概况 [M]. 北京：书目文献出版社, 1985.

[25] 陶宝庆. 无锡近代图书馆史存 [J]. 江苏图书馆学报, 1989 (4)：44-47.

思考题

1. 试析中国古代儒、佛教讲学活动与近代图书馆讲坛工作的渊源关系。
2. 略述蔡元培对我国近代图书馆讲座工作的理念和具体实践。
3. 请各选一个公共图书馆、大学图书馆讲坛工作的典范案例，阐述分析其特点。

第二讲
公共图书馆讲坛定位与目标

随着图书馆事业的飞速发展，图书馆的社会功能和服务手段在内涵上更加丰富，外延上日益扩展。图书馆为社会提供的服务从简单的图书借阅，逐步转向信息的主动推送、细化的咨询服务等。其中，以推广阅读、弘扬国学、传播文化、普及科学等为目的的讲座、沙龙等阅读推广活动，不仅是图书馆阅读推广的重要手段，也成为图书馆的基本服务内容，更是判断图书馆繁荣情况的重要特征和标志之一。

图书馆开设的讲坛成为一种开放式的社会化教育平台，通过主讲的专家学者对某一知识或信息的梳理，去粗取精，帮助读者触类旁通、加深理解，达到扩展视野、传播科学知识、阅读品鉴、陶冶情操的目的，是读者阅读的重要方式之一，成为图书馆服务社会、服务读者的重要手段，也成为连接读者、专家的纽带，为图书馆事业发展带来活力、动力、凝聚力和影响力。

第一节 图书馆讲坛的目的

一、履行图书馆的使命

公共讲坛迄今并没有一个明确、统一的概念界定。就其实质而言，当前各地兴起的公益性讲座，是由专家学者引领公众学习的场所和平台。它集专门的策划组织团队、优秀的主讲人队伍、渴望获取新知的听众群体，以及代表各领域、各学科较权威研究成果的讲座于一体，是知识信息的集散高地。

在倡导"学习型社会"的今天，面对浓厚的社会化学习氛围和人们强烈的求知欲望，讲坛作为一种教育、宣传和文化传播的形式，被许多部门和机构所青睐，几乎每个城市（包括县级城市）都会开设讲坛。举办者除图书馆外，还有组织部、宣传部、工青妇团、媒体、博物馆、书院、民间组织等，这些机构针对各自的组织目标和服务对象举办各种主题讲坛。

虽然各个机构举办的讲坛从形式上而言，与图书馆兴办的讲坛没有明显的区别，但从本质上来看，把讲坛作为自身基本服务内容之一的只有图书馆，这是图书馆使命使然，也是图书馆讲坛可持续发展的保障。

伴随物质生活水平的提升，人们的文化需求也日益增加，加之技术手段的进步，图书馆在人们生活中的作用也发生了重大变化。联合国教科文组织在1994年颁布的《公共图书馆宣言》中有这样的描述，"公共图书馆，作为人们寻求知识的重要渠道，为个人和社会群体进行终身教育、自主决策和文化发展提供了基本条件"，"本宣言宣告，联合国教科文组织坚信公共图书馆是传播教育、文化和信息的一支有生力量，是促使人们寻找和平和精神幸福的基本资源"。印度著名图书馆学家阮冈纳赞在1931年撰写的《图书馆学五定律》（*The Five Laws of Library Science*）中提出"书是为了用的"（Books are for use）、"每本书有其读者"（Every book has its reader）、"节省读者的时间"（Save the time of the reader）、"图书馆是一个生长着的有机体"（A library is a growing organism）五大定律。这五大规律到现在依然适用。吴慰慈与董焱先生在《图书馆学概论》（修订本）一书中特别指出"现代图书馆不仅向读者提供舒适的阅读环境，而且还向社会提供文化活动的场所，几乎每一个新建的图书馆都把文化活动设施看成是图书馆建筑的一个重要组成部分，努力把图书馆建成设备先进、设施一流的文化活动场所，可以向公众提供学术会议、大型展示会、报告会和研讨会、音乐会、电影放映、文艺演出、仪式和庆典、文化旅游、游乐场等服务"。以上种种论述均已表明图书馆作为社会文化休闲中心和城市会客厅的重要作用，其中占据越来越重要的讲坛服务正是图书馆服务功能拓展和深化的体现。

中共中央宣传部、文化部、国家教委等九部委于1997年1月颁布了《关于在全国组织实施"知识工程"的通知》，明确指出："图书馆是一种社会公益性的文化教育机构，在思想道德建设和文化建设中发挥着不可替代的作用，也是科学普及、社会教育和信息传播的重要工具。"作为图书馆服务内容之一的讲坛，是为全民学习科学技术和文化知识提供有力支持的重要阵地，在教育、传播文化、培养阅读习惯、提升民众素养等方面都发挥着重要作用，既是图书馆阅读推广形式之一，也是图书馆服务的一种重要方式。

公共图书馆从19世纪中叶诞生的那一天起，就肩负着教育、信息保障、文化传播、促进社会包容与和谐、培养阅读习惯、提升民众文化和信息素养等使命。因而，图书馆开设讲坛，是一种履行使命的手段和重要服务内容。

二、推动全民阅读

2015年3月15日，李克强总理在会见采访十二届全国人大三次会议的中外记者并回答记者提问时表示，"书籍和阅读是人类文明传承的主要载体……希望全民阅读能够形成一种氛围、无处不在"。由此可见，倡导阅读已上升为国家战略。满足社会阅读需求，推动全民阅读发展是公共图书馆的基本职能。图书馆讲坛旨在推动优质文化的传播和传承，就其功能和目标而言，它是为全民阅读而存在的公益性文化机构。就读者个体阅读而言，在众多的学习方式中，讲坛活动由于具有花费时间少、效率高的特点而受到听众的普遍青睐。这使得图书馆讲坛成为推动全民阅读的重要方式之一。

作为社会教育机构和信息保障机构，公共图书馆是全民阅读的主要推动力量之一，现代图书馆应积极利用讲坛方式吸引听众参与阅读，推动社会文明进步。当今社会各种书刊浩如烟海，获取手段纷繁复杂，其内容包罗万象，其质量更是良莠不齐，因此对于听众个体来说，阅读内容的选择格外重要。图书馆举办的讲坛一般邀请本地区的专家学者，讲授时事新知、文化艺术、风土人情、科学发展等，能够帮助听众了解党和国家的政策方针，感知中国文化的深远悠长，感受世界各地的文化魅力，认知科学技术发展，让听众从中汲取精神养分和成长原力，在不断完善知识结构的同时也不断丰富着他们的精神世界。

开展图书馆讲坛服务是图书馆促进全民阅读的有效方式。讲坛服务使图书馆由传统的"被动使用"变为"主动推送",通过文本选择、阅读品鉴、阅读方法、阅读体会的讲解,在短时间内提升读者的阅读能力,可以有效促进全民阅读,有利于提高全民阅读率,这不但可以满足推动"学习型社会"建设的需要,同时也可以促进社会信息公平,特别是为弱势群体提供阅读保障。开展讲坛服务的另一个目的是,讲坛并不是单纯地为了开展活动而活动,从更重要的角度看是为读者搭建一个交流平台。以交流和共享的方式达成的阅读行为,相较于个人阅读,是更深入的阅读方式,是促进全民阅读不断深入的一种创新。

图书馆促进全民阅读,目的是提高读者的阅读能力和信息素养,增进地区和谐发展,承担更多的社会责任。据统计,2015年我国公共图书馆持证读者人数达5721万,占总人口的4.4%,与英美等发达国家的50%以上有很大差距,显示了我国人民群众利用公共图书馆的水平低下,从一个侧面反映了全民阅读水平不容乐观。这一现状既是图书馆讲坛发展的制约因素,也为其发展提供了广阔空间。图书馆要通过自身努力,策划组织并推广优质的讲坛活动,推动本区域全民阅读发展。在这个过程中要注意以下原则:(1)尊重讲坛的社会教育属性,向听众提供有效的信息和丰富的知识;(2)强调图书馆讲坛的引导性,鼓励、筛选合适的主讲人传播先进思想文化,对社会成员进行指引,积极传播社会主流的意识;(3)充分体现为所有人服务和普遍均等的理念,讲坛服务要丰富多彩,丰富性不仅体现于内容丰富,信息含量大,涉及方面广,还要体现在讲坛主题、形式、场地、传播等各个方面,能够很好地满足不同年龄、不同领域、不同层次听众的文化需求,逐渐成为所有市民不可缺少的精神大餐;(4)活泼有趣,选择读者喜爱的社会热点作为主题,讲坛形式要丰富多彩,用听众喜爱的方式开展讲坛服务。

三、提高民众的阅读兴趣

阅读是一种个人行为,有其私密性,但同时又具有社会化的属性,既属于个人的学习和休闲行为,同时又具有交流、交锋、分享等群体参与的特征。因此,阅读是一种综合性的、多维的智力活动。而且,在兴趣导引下开展的阅读会激发读者更为强烈的阅读兴趣。

图书馆的讲坛是由图书馆精心策划后组织开展的。策划一场讲坛活动一般要综合考虑社会热点、读者阅读需求及主讲人擅长的学术领域，以便确定一场讲坛活动的主题内容。图书馆对讲坛的主讲人、选题甚至听众是有筛选原则和标准的，但是归根结底，图书馆的讲坛活动仍是基于以书为媒介的阅读推广活动。讲坛一般围绕某一主题展开，或是围绕一本书展开，也可以是围绕一类书展开。听众在讲坛中获得的阅读体验主要有以下两种：（1）讲坛主讲人即为书的作者，在讲座中为读者深入介绍书中的核心观点、背景知识和写作历程；（2）主讲人为熟读过作品或对特定选题博学多知的专家学者，在讲座中会详细介绍他对图书或主题的认知，他的认知建立在更熟悉原作和整体认知的基础上，因而更为丰富和深刻。在讲坛活动的帮助和引导下，读者将获得大量丰富的信息帮助自己了解图书和主题。这种信息不是通过单纯阅读文本获得的，而是在专家讲解及互动参与的讲坛中获得的，一维变多维，阅读需求被调动，阅读的兴趣就会出现，阅读主动性大大增强。有数据表明，相对于图书馆可借阅的文献，讲坛服务是一个主动服务的手段和渠道，可以更有效地推动听众去借阅文献，甚至去购买文献阅读。

现代信息社会中，各种资讯堪称海量，如此多的信息在我们身边传播，如何迅速找到对工作和生活有价值的信息，如何正确理解各种信息资源所传递的内容，如何准确快捷地传达自己的想法，等等，这一切在当今社会都显得格外重要。讲坛活动虽不是传统的书本阅读，但却以本身的内容和形式的完美结合对阅读这一学习知识的方式做了最佳的诠释，它以多维方式将文本阅读、个体阅读、群体阅读、课堂阅读等相结合，以直观方式为读者提供知识获取渠道，同时也把单纯的阅读加以选择、浓缩与精炼，让无声阅读变得可听、可感，使信息的获得途径更高效、更丰富、更有趣，极大地发挥了知识的动态传播效果，是有效的知识获取方式。从某种意义上来说，讲坛活动已渐渐成为文本阅读之外最佳的阅读方式之一，更成为提升听众阅读兴趣的重要方式之一。

四、提升民众的读写能力

阅读和写作能力是一个人文化素养的基本特征之一。公共图书馆是公共文化服务体系的重要组成部分，是人们寻求知识和帮助的重要渠道。通过在图书馆中的阅读和交流，人们可以重新构建自己的知识体系、认识自我和结交朋友。进入信息化时代后，读写的方式发生了巨大的变革，并被赋予了新的内涵：（1）阅读方式。阅读方式从单纯的纸本阅读发展到纸本、电脑、电子阅读器、手机等多元化阅读，即从文本阅读走向超文本阅读，从单纯阅读文字发展到阅读多媒体电子读物，再到电子资料库对话中高效率检索式阅读并重的阶段。（2）写作方式。从手写走向图文并茂、声形并茂的多媒体写作方式，超文本结构的构思与写作，在与电子资料库对话中阅读与写作的一体化，在远程交流中写作的协同化、群体化。可见，信息时代的读写能力，意味着人们要有一定的信息技术能力，能够进行超文本和超媒体阅读、写作。这种基于现代信息技术的新读写能力，构成信息时代文化与教育的两大基石。

读写能力是现代社会中生产和生活的核心竞争力之一。"扫盲改变生活：塑造未来的议程"曾经作为一项决议于2014年10月23日在联合国大会第三委员会上通过。其中提及"读写能力是所有人的一项基本权利，在终身学习中起到核心作用"。这项决议还呼吁各国与发展合作伙伴共同努力，促进各年龄段人群的读写能力，无论其性别、种族、社会经济地位和其他条件如何。"今天的读写能力应该理解为设计能力，即运用多种符号资源建构意义的积极的动态过程"。但尽管如此，构成读写能力的因素其实远没有这么简单，手写、键盘输入、语音输入等都只是"写"的外表，"写"的实质是思想的表达、信息的提炼、知识的归集、体例的筛选、语言的组织、词汇的运用等要素的集合。所以，这里所指的读写能力主要是指后者，是构成读写能力各个要素所需知识的学习和积累，有了这些，人们才能进行文学创作，才能在工作和生活中自如地撰写总结、报告、简历、书信、微博文章、微信文章等。图书馆讲坛正是通过传播与读写能力相关的知识来达到帮助大家认清提升读写能力的各个要素并积累知识，如经典和名著的阅读和理解可以有效增加词汇量。

另外，讲坛的公益性和多样化为拥有不同个性与兴趣的读者提供了选择的余地，每个听众可以根据自己的喜好、教育程度等选择自己喜爱的讲坛活动，花费最少的精力和最低的成本学到最有用的东西。可以说，提升读者读写能力是提升人们获取信息、运用知识的重要手段。图书馆的讲坛活动就是引导读者一次又一次与优质图书对话的机会，是一次又一次阅读经典的机会，在不断的阅读体验中梳理读者的思考、感悟，使其思考条理化，习得并提升读写能力，进而为个体的发展带来支撑，推动个体的发展。

第二节 图书馆讲坛的意义

一、图书馆服务的重要内容

蔡元培先生说过，"教育不专在学校，学校之外，还有许多机关，第一是图书馆"。公共图书馆作为一种社会文化教育机构，其社会教育职能主要包含两个方面：一是传播科学文化知识，活跃文化；二是图书馆在社会中是一所不受年龄限制，对全民进行终身教育的大学校。可以说，图书馆以其掌握的知识信息资源为中介开展社会教育，从而成为面对最广泛人群的可持续发展的终身教育的最理想场所。

近年来，图书馆讲座活动受到广大读者的欢迎，原因在于图书馆讲座内容众多，知识含量丰富，可以帮助读者克服知识获取的局限性和阅读中可能产生的认知错误，且主讲人在两个小时左右的讲解中往往是传授了自身长期阅读和研究才积累起来的知识精华，有助于读者迅速理解并有效获取知识，节省阅读时间。

讲坛的开设及其发展是图书馆服务的重要内容。讲座活动作为一种文化传播方式，能从不同的角度满足不同读者的需求，丰富图书馆服务的手段和内容，提高图书馆服务的层次。讲坛活动不同于图书馆的文献借阅和导读，它更倾向于促进全民阅读，既是对阅读本身进行推广，也是对阅读服务的推广，同时也是图书馆自身推广的很好方式。这使得图书馆自身的社会影响力得以扩大，对全民阅读率的提高和图书馆事业的发展具有双重意义。

二、阅读推广的重要形式

新媒体时代是一个信息过剩的时代，人们每天都被各种蜂拥而至的信息包围着，少有的闲暇时间又被电影、电视、网络游戏、网购、聊天等便捷、刺激的放松和娱乐方式所占据，留给阅读的时间非常有限，正因为如此，图书馆要承担起培养公众阅读习惯的重任，以独特的文化气质吸引公众的注意力，使其成为喧嚣的现代社会中人们心灵休憩的向往之地。

讲座是图书馆最常见的阅读推广活动。一般而言，阅读推广活动都需要根据读者需求策划设计形式、主题和内容，而讲座则一般有其相对固定的形态，只需要按需求确定主题、寻找合适的主讲人即可，故而成为图书馆阅读推广的重要形式，甚至成为阅读活动的首选，加之讲座主题丰富，可以针对不同的受众确定相关的主题，形成系列讲座。

范并思在《阅读推广为什么》一文中将阅读推广的目标概括为以下四点：（1）引导。对于缺乏阅读意愿的人，图书馆通过生动有趣的阅读推广活动，引导他们感受阅读的魅力，享受阅读的乐趣，并逐步形成阅读的意愿。（2）训练。公共图书馆的服务对象中存在许多有阅读意愿而不善于阅读的人，包括尚未学会阅读的人，如学龄前儿童，也包括因各种原因成年后失去继续学习机会的人。图书馆阅读推广可以训练他们，帮助他们学会阅读。（3）帮助。公共图书馆的服务对象中还存在阅读困难人群，也称图书馆服务的特殊人群，此类特殊人群包括残障人士、足不出户的老人、低幼儿童、阅读障碍症患者等等，图书馆需要为他们提供阅读帮助，阅读推广服务是最好的帮助。（4）服务。传统图书馆服务目标人群的主体是具有较好阅读能力的人，图书馆阅读推广活动为他们提供阅读的便利，丰富了为他们服务的方式。

科技的发展使人们在获取知识时有了更多的选择，对很多人特别是自身具有良好阅读条件的人来说，图书馆并不是阅读的首选场所，更不是唯一场所，然而，选择虽然多种多样，但要进行深入阅读，全面掌握知识，图书馆依然是最理想的阅读场所，讲坛依然是最具效果的阅读方式，对于自身缺少阅读文本、良好的阅读场所以及阅读理解能力偏低的人群更是如此。公共图书馆是传播知识、启迪民智的社会场所，定期开展的讲坛服务为读者提供了更为直观立体的阅读方式。通过与主讲人的现场交流，来自不同社会阶层、拥有不同知识背景的读者可以获得更多有效的信息和知识，产生不同的阅读体验。

讲坛要借鉴社交媒体的经验，积极构建信息交互平台，在互动交流的氛围中传达图书馆的文化理念和核心价值，塑造文化殿堂的理想形象，让图书馆真正成为公众文化艺术与社区生活的中心。公共图书馆开展的讲坛活动要经常化、制度化、规范化、新颖化、生活化，做到每月都有精彩的读书活动，培养大众良好的阅读习惯和健康向上的阅读风气，改变阅读庸俗化、过度娱乐化、功利化等不良倾向，推动社会阅读向广度、深度、精度发展。

三、提高社会地位的重要手段

公共图书馆是公共文化服务的重要组成部分。"形"是客观存在的实体，"象"是人的主观感受，形象即感觉、认识客观事物所形成的印象，是人们以一定客观条件为背景，通过听觉、视觉等对某一对象的感知，从而形成对该对象的印象，进而产生个人对它总的评价。图书馆作为公益性文化机构，在社会公众、社会舆论中有着特殊的地位。国际图联和联合国教科文组织通过的《公共图书馆宣言》就公开宣称："公共图书馆是人们寻求知识的渠道，为个人和社会群体的终身教育、自由决策和文化发展提供了基本条件。"讲坛适应社会发展的需要，成为大众进行继续教育的最好选择之一。

讲坛对于引领学习潮流、引导阅读倾向、开启思维意识、规范价值观念、促进良好社会风气有着较强的作用。通过讲坛服务，广大听众能够在知识信息与日俱增的环境中得到知识的导航。公共图书馆的文化氛围，讲座的知识性、趣味性、时效性等吸引了读者，使他们受到了文化熏陶，增长了见识，提高了科学文化素质，同时，与讲坛相关的文献资源引发了读者的兴趣，吸引更多的读者来图书馆借阅，提高了市民对图书馆的依赖度，从而盘活了图书馆各类资源，提高了文献信息资源的利用率，提升了图书馆的社会地位。

优质的讲坛品牌是图书馆实现对公众方向性、素质性的社会教育功能的重要平台。讲坛利用图书馆丰富的文献资源和平台作用，汇聚社会各界的专家学者聚拢在图书馆，本身就是其社会重要性的体现。图书馆是主讲人和听众的纽带，是传播文化的重要载体。图书馆公益讲座为创建学习型城市发挥了重要的社会教育作用，已经成为整个城市的大课堂，成为广大市民的精神家园。

四、图书馆宣传的重要载体

讲坛作为图书馆的一项重要的服务内容，具有双重功能：一个是它对人们原有的关于图书馆的认知容易形成冲击，从而改变对图书馆"就是一个借书还书的地方"的狭隘认知；另一个是作为一种服务项目，它具有自身承载的功能，如促进社会阅读，帮助读者获取文化知识及技能，丰富读者的休闲娱乐生活，等等。图书馆可以通过开展丰富多彩的读者活动，提升阅读推广工作服务效果，使全民阅读在宣传造势、理念推广、氛围营造等方面取得了显著的社会效果。其中，图书馆的讲坛服务是最有效果的一种，这主要体现在两个方面，一是讲坛可以极大地丰富广大市民的精神文化生活，使人们在知识获取、才艺展示、娱乐互动、人际交流等方面都获得了满足，使得图书馆不仅成为市民的知识和信息中心，也成为市民的文化活动中心；二是活动主体涵盖面广，吸引了各层次各类型人群的广泛参与。

在当今信息时代，人们的注意力比信息具有更强的价值魅力，因而品牌力量和品牌效应日益凸显。优质的读者活动品牌最直接的作用是提高图书馆的知名度和社会美誉度，扩大图书馆的社会影响力。很多图书馆的讲坛已经成为本地区的文化品牌之一，但目前国内大多数图书馆在打造品牌读者活动方面还缺乏系统性研究，没有形成包括品牌活动的定位、塑造、推广、管理在内的系统体系，对品牌活动推广的研究显得尤为薄弱，从而成为制约我国图书馆界打造品牌读者活动的因素。作为公共文化服务产品，讲坛的品牌形象要符合大众需求。品牌讲坛在提升图书馆的社会关注度和美誉度的同时，也为自己赢得了更多的听众资源。通过品牌效应，图书馆进一步提高了自身的影响力，使图书馆形象更加深入人心，为城市文化增添了一道亮丽的风景线。

第三节　图书馆讲坛的长期规划和年度计划

社会的发展、技术的进步、文本的多样、方式的多元，迫使图书馆的服务方式和手段需要在全面系统地了解图书馆所处的环境及其变化趋势的前提下为未来的发展做出规划。对于图书馆而言，讲坛既然是图书馆服务的组成部分，其业务形态的发展需要遵从图书馆整体事业的发展，但同时亦有自身的发展规律，因此，长期规划对讲坛的发展具有战略意义，可以指导图书馆讲坛的业务适应变化，把握未来发展。

一、长期规划的意义

长期规划也称为战略规划，其作为一种警惕生存环境、强调忧患意识、勇于自我挑战和竞争的管理方法和过程，它是图书馆协调各部门决策、运作的战略设计，是统一的行动指引，也是图书馆馆员共同的前进方向。

（一）明确目标

图书馆开设讲坛，在明确其目的、意义的基础上，需要根据需求设定一个长期发展的目标，这个目标设定是否科学、合理，不仅与需求、环境、资源、方式、方法等各个要素相关，而且与这些要素之间的关系、配比有关。因此，图书馆要通过规划的制定，分析各个要素及其关系，设定科学合理的目标，并通过设定目标，使图书馆讲坛的发展有明确的方向，形成动力并让工作有序。

（二）重视环境

图书馆讲坛虽然只是图书馆服务的内容之一，但与私密化的个体阅读不同，讲坛的主题、内容、主讲人及讲坛本身都是一种宣传，会形成较大的影响。影响是正还是负，是大还是小，有时会因为环境的不同而产生差异。长期规划的制定和实施，可以使图书馆从上到下对讲坛工作所处的内外环境有清醒的认识，认真开展分析，重视环境的变化，抓住变化中的机遇，使讲坛主题、形式等方面契合主流，吻合需求，做到洞悉先机，防患于未然。

（三）优化资源

规划目标设定的过程，也是对资源评估的过程。由于开展讲坛所需的资源在整个图书馆服务资源中所占的比重不小，而且相对于需求而言，图书馆的资源总是显得不足，因而，讲坛作为整个图书馆服务的组成部分，如何有效组织、整合和优化资源以实现发展目标就成为图书馆的重大问题。这时，讲坛的长期规划就显得尤为重要。

（四）形成共识

制定长期规划是一个过程，是需要让全体馆员参与的过程。通过规划的制定，对目标的设定，对环境、资源、优势、威胁等的分析，对提出的问题以及解决问题的方法和措施的研究，会有利于图书馆从上到下达成共识，产生愿景，形成核心价值，规范组织行为，增强组织活力，培育良好的组织文化。规划所体现的核心价值有助于图书馆馆员形成责任感和使命感，使馆员将自己的思想、行为与图书馆紧密相联。

（五）提高效能

长期规划可以帮助图书馆有效提升服务效能。效能是能力、效率、质量、效益等的集合，讲坛的服务效能其实是图书馆举办讲坛的服务效益与其所花费资源并形成的能力之比，是一个多因素影响的结果。

（1）图书馆讲坛长期规划的制定可以有效形成团队共识，形成合力，提高工作效率。

（2）通过规划对即将面临的问题和困难做出预案，形成办法和措施，在遇到困难时节省了解决问题的时间，减少了发生差错的可能性，提高了效率。

（3）通过规划目标与资源之间的匹配，对资源进行优化和整合，可以有效防止资源浪费、降低成本，提高资源的利用效率。

（4）规划对讲坛举办中可能出现的安全事故、负面影响等事先形成应急预案，防止事故发生，有效扩大正面宣传，防止负面影响的出现。

二、长期规划的制定

讲坛是图书馆的服务内容之一，讲坛规划的目标和措施的设定都必须以履行图书馆的使命为前提，这决定了规划的制定、实施目标的设定与规划的实施过程，都必须首先确立现代图书馆服务理念，并根据这个理念，结合当地的社会环境和图书馆实际，制定出既符合理念，又符合本馆实际的、科学的、可操作的长期发展目标，并在这个目标下，确定分步实施的具体计划，落实各个步骤，提供保障目标实施的资源。制定图书馆讲坛工作的长期规划，无疑是图书馆领导班子的重要任务，同时，由于长期规划涉及图书馆的长远发展，以及单位发展与馆员个人发展能否实现同步，因此，长期规划的制定应该组织全体馆员参与。

（一）规划制定的步骤

1. 分析内外环境

环境分析的方法很多，针对图书馆的实际情况，笔者推荐使用SWOT内外部环境综合分析法。这个分析法把环境分析归纳为优势（Strengths）、劣势（Weaknesses）、机会（Opportunities）、威胁（Threats）四部分，形成环境分析矩阵。其中"优势"指的是增强组织核心竞争力的内部因素，"劣势"指可能瓦解组织核心竞争力的内部因素，"机会"指组织可以善加利用的外部环境因素，"威胁"指对组织可能造成冲击的外部环境因素。

（1）内部环境分析

内部环境分析的基本宗旨是对图书馆讲坛工作的现状进行诊断和分析，确定现状中哪些是优势、哪些是不足、有什么机会、存在什么威胁。下面例举一些内部环境要素：

① 主题。包括当前讲坛开设了哪些主题，这些主题的听众是谁，讲坛的效益如何，还有什么需求，如何满足，资源如何，还有什么讲座主题需要深入，等等。

② 场馆。包括报告厅的面积、座位、设备、完好程度，能否满足讲座现状，如果讲坛工作继续深入，能否满足，是否存在制约讲座服务效能的提升的因素。

③ 馆员。负责或者配合讲坛工作的馆员数量、学历水平、专业背景、专业素养、性别比例、有无特长等。专业人才是讲坛工作的重要资源之一，对现有人才队伍结构的详细了解可以为长期规划的制定提供真实的材料，这对评判规划目标与资源匹配意义重大。

④ 馆藏。图书馆讲坛的与众不同之处在于讲坛坐拥图书馆丰富的文献资源。如果邀请一位作家来馆讲座，则可以事先把该作家所有出版的图书在馆藏中找出来并设立一个专架，这是图书馆的优势，也是把讲座与其他阅读有机结合起来的方法。所以，馆藏文献资源的类型、数量、新旧程度、分编上架速度等，是内部

环境分析的要素。

⑤ 经费。包括当前的财政拨款、经费的利用情况，是否存在资金缺口，经费筹集的渠道是否广泛、通畅，等等。

⑥ 当前的战略。对未来的规划设置是否合适，就要对当前的规划目标进行一个评估和分析，了解图书馆当前的任务和发展目标。

（2）外部环境分析

外部环境分析是对图书馆讲坛所处的社会环境进行判断，分析出面临的威胁和机遇。

① 经济因素。我国的财政管理体制决定了当地的经济水平，并直接影响到图书馆的经费拨款水平和居民消费水平。经济水平的变动还影响了当地的人口结构和素质以及受教育程度等，这些不仅仅影响到讲坛的主题、形式、数量等，还影响到听众的阅读能力和需求。

② 文化因素。不同的地区有不同的历史传承、文化积淀和民风习俗，地方文化在很大程度上决定了社会成员的价值观念、思维方式、生活方式和行为习惯。文化因素一方面影响着图书馆本身的职业发展，另一方面决定了当地居民对图书馆的认可和依赖程度。公共图书馆既面临引导人们文化生活的机遇，又面临受众人群少、价值显现时间长等问题。

③ 人口因素。人口的数量变动、年龄结构、性别比例、学历程度、职业构成、文化素养等构成图书馆读者群的特征。老年人多的地区，养生主题的讲座会多；外来人口多的地区，则需要多开设以"地方文化"为主题的讲座，让他们能够尽快融入当地的文化。讲坛是为人服务的，人口因素是讲坛规划制定中外部环境分析中的重要内容。

④ 政治因素。政治环境主要包括社会的政治制度和维护制度运行的国家机器两个方面。图书馆上级主管部门通过领导、指导、干预或不干预等行为，直接影响到图书馆的发展，有时甚至影响到图书馆对服务项目进行专业设计。国家的宏观政策、地方政府的民生目标等，都会对图书馆的规划目标产生影响。如近几年，"全民阅读"连续四次被写进政府工作报告，对全国的阅读推广工作产生了积极影响，图书馆必须根据中央政府的这种思路来调整自己的工作思路和发展规划。

⑤ 技术因素。信息技术的发展对阅读文本及阅读方式产生了重大影响，图书馆讲坛规划时必须考虑这种外部环境，越来越多的图书馆通过网站、博客、微博、微信等开展或配合讲坛工作，同时，一些信息产业机构也逐渐通过信息技术对图书馆造成威胁。图书馆必须应对这种环境变化，正确面对技术因素带来的冲击，抓住信息技术发展提供的机遇。

（3）组合分析

内外环境分析是判断图书馆自身的优势和劣势，以及面临的机遇和挑战的办法。在这个基础上，规划的制定还需要进一步开展组合分析，把各种优势和机遇结合起来，从而来发现有哪些机遇要抓住，把哪些威胁转化为机遇，哪些劣势可以扭转，哪些威胁必须小心规避。（表2-1）

表2-1 组合分析

内部因素＼外部因素	机遇（Opportunities）	威胁（Threats）
优势（Strengths）	SO	ST
劣势（Weaknesses）	SW	WT

注：图书馆内部优劣势可能涉及馆藏积累、人员配备、经费供给、场地保障等方面，图书馆外部机遇与威胁可能涉及区域文化、社会热点、社会资源、气象条件、环境交通等方面。

开展这样的环境分析，如同对图书馆进行一次全面体检，这不仅在制定讲坛的长期规划时有用，为图书馆制定全面的战略规划也十分有效。在实际应用时，讲坛的长期规划一定是包含在图书馆的战略规划之中的，但不管是包含在总体规划中，还是单独制定讲坛规划，分析方法是相同的。

2. 明确远景和使命

使命对于一个组织而言非常重要，这是一个组织存在的理由。联合国教科文组织在《公共图书馆宣言》（以下简称《宣言》）中列出了公共图书馆的十二项使命。不同的国家对这些使命有自己的陈述，《公共图书馆基本原理》在《公共图书馆宣言》的基础上，与时俱进地将公共图书馆的使命归纳为六个方面：

① 教育使命；

② 培养阅读习惯使命；

③ 信息保障使命；

④ 文化传播使命；

⑤ 基本文化素养（读写能力）和信息素养培育使命；

⑥ 社会和谐使命。

讲坛作为图书馆的服务内容无疑与六大使命都有所契合，但这仅仅表明了讲坛确实是图书馆的服务内容，把握这一点尤为重要。

（1）如何设定讲坛使命

在具体的规划制定中，不可能照搬《宣言》中公共图书馆的十二项使命，而需要根据自身的实际和特点，进行使命陈述。如"文津讲坛"与"苏州大讲坛"的使命陈述一定会有所不同，因为在项目需求、服务对象、师资力量、文化底蕴、馆内资源等方面二者都存在较大差异。实践中，规划制定小组可以选择一些有关图书馆使命陈述的文章、相关案例、SWOT环境分析结果作为背景资料，要求馆内每个管理人员在阅读研究的基础上，为讲坛规划的制定准备一份使命陈述，然后由规划制定小组汇总，组合成一篇使命陈述草稿，征求大家的意见，并通过召开座谈会、沙龙等形式，统一修订，确定一份简洁的使命陈述文稿。这个使命陈述实质相当于长期规划中的总体目标。

（2）由使命制定目标

使命是一个笼统的目标，实际上相当于组织的终极目标，现实中需要制定许多个长期规划来逐步实现，有的目标甚至永无止境，所谓"没有最好，只有更好"。因此一个长期规划的目标不太可能直接以图书馆的使命作为规划期目标，这如同年度计划的目标不会与长期规划的目标相同一样。

在明确自身使命后，规划制定小组需要设计相应的项目，或者是确定讲座主题、形式、数量，将使命具体化。长期规划目标的时间跨度一般是3~5年，把这个长期目标进一步细化成分年度目标，分年度目标实质上就是年度工作计划的目标。目标与使命不同之处还在于使命一般只能陈述而不能定量，而目标则需要尽量量化。

在目标制定过程中，规划制定小组需要与相关管理人员和馆员进行多次沟通、讨论和协商，从各个角度来论证目标的科学性、先进性、合理性及可操作性，讨论过程中的观念碰撞、产生分歧、互相理解和解决分歧的过程非常重要，既是认识理解长期规划的过程，也是规划得以顺利实施的基础。

（二）规划文本的体例及编制

规划的文本不是八股文，各个组织的规划，其表述可以不一样，但为使读者理解，便于馆员操作，需要有一定的规范。所以，长期规划的撰写要符合规划的写作体例，写出新意和特色。所谓体例，是指著作的编写格式或者文章的组织形式。目前，编制图书馆规划可供参考的体例有两种，一种是当前我国制定各种规划所普遍采用的体例，即：过往回顾（成绩、现状等）、指导思想、方针原则，发展目标与重点，任务指标，保障措施，重点项目等。另一种是国外和中国台湾地区图书馆规划所普遍采用的体例，即：愿景、使命、目标、策略、行动方案等。

《图书馆战略规划编制指南（征求意见稿）》中提出了规划文本的标准化结构。从格式上，规划文本由三个部分组成：一是说明部分，即前言（前言主要包括馆长致辞、内容提要、执行概要等）；二是主体部分，即主要构成要素；三是辅助部分，即附录（包括各种数据分析表格、参考文献目录、规划参与人员目录等）。从要素上，规划文本构成要素有两类：一类是必备要素，主要包括愿景、使命、目标、任务、行动计划五个要素；另一类是可选要素，包括价值观、环境扫描、经费预算、保障措施、评价等辅助要素，以及回顾总结、发展方向、指导思想、各部门分工等具有中国特色的要素。

讲坛长期规划在编制时要"寻根问底"，找到制定依据。讲坛的长期规划来源于这项业务工作的现实发展需求、读者需求，国家相关法律法规、地方图书馆法规、本图书馆发展纲要或服务政策。规划是面向未来的，如果没有对讲坛这一业务形态未来的预测，就不可能获知它的发展方向，也不可能设计出符合未来方向的总体目标和具体任务。能否做出科学的预测，是关系长期规划成败的关键问题。一个好的长期规划又必须具有思想性和前瞻性。编制长期规划是自上而下和自下而上交融作业的过程。长期规划需要高站位、新视野、全方位的审时度势，讲坛工作需要结合本馆的长期规划，以及讲坛工作在本馆业务中的发展目标，并参考国内公共图书馆的发展前景，做出科学规划。

编写长期规划，一般都成立专门的写作小组（规划编制小组），并使全体馆员充分参与。国外图书馆界一直认为图书馆规划制定的主体不应仅仅限于图书馆内部的员工（包括馆长、各部门负责人），更应该有更多的利益相关者参与，在已经建立理事会制度的图书馆，理事会人员的参与无疑是必要的。

编写规划大致分为三个阶段：

（1）研究草拟阶段。主要完成目标初定和听众调研两项工作。这一过程要设计调查问卷的内容、发放范围和分析整理。前期的调研越充分，制定的长期规划就会越全面和深入。邀请专家学者及政府官员召开主题研讨会，对于讲坛业务发展进行前瞻性论证。研究学习所在图书馆的中长期规划，将讲坛的长期规划有效融入图书馆的长期规划中，在调研、研讨、学习的基础上完成长期规划的初稿。

（2）修改完善阶段。在这一阶段要举行专家研讨会、听众论证会。在本阶段要尽量多地征求图书馆管理层、相关专家、听众代表的意见；同期形成规划指导，根据这些意见修订长期规划文稿，同时起草长期规划完成的各项指标及实施办法。

（3）论证和修改审定阶段。本阶段要广泛邀请图书馆学界、业界和教育、文化等相关领域专家和政府部门代表针对规划文本的结构、框架和表述等问题提出意见和建议；论证会后，根据本地专家和全国专家的意见和建议，对征求意见稿进行修改，形成终稿，并经图书馆理事会（没有理事会的经图书馆办公会议）通过后认真执行。

三、年度计划的制订

（一）年度计划的文本编制

讲坛是图书馆的一项基本服务，同时往往又是图书馆的品牌服务，其举办具有长期性、周期性的重要特征。由于举办讲坛不仅有馆内的馆场、资金、人才等内部要素，还有主讲人、听众、媒体等外部要素，这就使讲坛工作与其他服务相比，需要具有更强的计划性，要做到事先策划、安排、组织。

在具备长期规划的前提下，讲坛的计划性首先体现在以年度计划来实施长期规划的分年度计划。在战略管理中，长期规划需要根据内外环境的变化而实施动态维护，因而，不能以规划中的分年度计划来替代年度计划的制订，而需要根据上一年度的实际情况，结合趋势和环境变化，在长期规划的分年度计划基础上，重新制订年度计划。

与长期规划不同，年度计划是操作计划，对使命陈述、环境分析等可以简明扼要，但对具体项目和指标却需要量化且具可操作性，并有明确的责任人、数量、质量和时间要求，如对讲坛的主题、主讲人、举办时间、举办地点、听众对象、预计效果等有简洁而明确的表述，对于活动成效、服务效能等有详细要求。

编制年度计划，需要考虑图书馆的功能定位、年度重点工作、读者需求、文化热点、假日节点等多项因素。因此，为编制年度计划召开专门的活动策划会议是十分必要的，在集思广益的基础上，不断丰富讲坛的活动内容，不断创新讲坛的举办形式，力求讲坛的活动让读者喜闻乐见并愿积极参与。

（二）年度计划的预算编制

讲坛的年度计划，是图书馆相关部门和人员在举办讲座时的行动指南，一旦启动，各项资源需要随之付出。从这个角度来看，编制年度计划一般都要同时编制预算。但预算的作用不仅仅是预估经费的支出，预算还具有控制的作用：既控制经费的支出，又控制工作的进度。

讲坛的年度计划预算编制，与图书馆预算编制相比相对简单，它只是一种项目经费预算，在不进行成本核算的前提下，这种预算的编制不涉及成本归集，项目内容也不多，主要是讲师费用及税金、宣传费用、材料印刷费用、互动纪念品费用、听众茶水费用，有时还会有为制作签名本而产生的购买图书的费用等。

讲坛预算是否在整个图书馆财政预算的"盘子"中，是讲坛预算编制时首先要注意的问题。如果图书馆整个年度的经费预算"盘子"中有讲座经费50万元，则讲坛年度预算一般就不能突破50万元，这可能与讲坛年度计划产生冲突。解决这个问题的办法，或者需要调整年度计划，或者需要组织资金。一般而言，讲座工作缺少经费是常态，所以讲座工作需要组织资金也是常态。

（三）编制讲坛预算的作用

年度计划是全年的工作计划，时间跨度12个月，有一定的变数，整个讲坛的年度预算虽然是由一个一个讲座的具体经费预算相加而成，但实质上却不仅仅是简单相加。在考虑整个讲坛的年度预算时，需要考虑的问题就会多出许多，同时，管理的有效性也会提高许多。

1. 通过预算编制及时组织资金

通过讲坛预算的编制，及时发现经费不足问题，在目标任务无法调整的前提下，图书馆必须筹集到相应的资金，或者争取财政支出，或者争取社会支持，及早行动，就可以防止到年底由于经费不足而手忙脚乱。

讲座是图书馆比较容易向社会争取支持的服务项目，如讲座冠名权的出让，与有关机构联合举办讲座等，都可以筹集到比较多的经费。其中，在冠名权的出让上，把讲座分成多个系列，出让系列讲座的冠名权，如把健康讲座冠名权出让给卫生系统，把党员教育讲座冠名权出让给组织或宣传部门，把针对少儿的讲座冠名权出让给计生委，把科普讲座冠名权出让给科协，等等，甚至把某个系列讲座的冠名权向企业公开招标，这比把整个讲座的冠名权一起出让能够筹集更多的资金。

2. 利用预算控制工作进度

一个讲座的预算控制不了工作进度，但整个讲座预算支出则可以比较客观和正确地反映出年度讲座工作的进度：年度讲座预算支出比例，一般就是年度讲座工作的完成比例。反之亦然，如果年度讲座工作完成比例低于预算支出比例，则需重新核对预算，以确定预算是否超支，进而对经费超支部分做出决策：上报预算追加申请，或者自行向社会筹集资金。

3. 通过预算节省开支

通过预算编制，特别是预算的控制，可以节省经费支出。如讲师费用，包括了讲课费、差旅费、住宿费、招待费等，因此，邀请哪处的讲师就与预算直接关联。另外，谁出面邀请、如何邀请，费用可能也不一样。江苏五个不同城市的公共图书馆曾经联合邀请一位大腕级教授，这样既有效地降低了讲课费的支出，又减少了差旅费用。

年度计划及预算编制完成后，应递交图书馆理事会（或图书馆办公会议）审核，通过后图书馆有关部门要认真而严格地组织实施。任何规划或计划，不管如何周全详尽，还只是纸上谈兵，关键是把计划落到实处。规划的执行力度、实施深度涉及图书馆的品牌建设和社会声誉，还影响到图书馆的服务效能。因此，编制时要考虑实施情况，实施时要不出偏差，只有这样，图书馆的讲坛才会越办越好。

参考文献

[1] 吴慰慈，董焱. 图书馆学概论 [M]. 北京：北京图书馆出版社，2002.

[2] 于良芝. 图书馆情报学概论 [M]. 国家图书馆出版社，2016：251-252.

[3] 赵达雄. 蔡元培先生与中国图书馆建设 [J]. 图书馆杂志，2000，19(12):44-47.

[4] 范并思. 阅读推广为什么?[J]. 公共图书馆，2013(3).

[5] 邱冠华. 公共图书馆提升服务效能的途径 [J]. 中国图书馆学报，2015，41(4):14-24.

[6] 于良芝，许晓霞，张广钦. 公共图书馆基本原理 [M]. 北京师范大学出版社，2012.

[7] 邱冠华，陈萍. 公共图书馆管理实务 [M]. 北京师范大学出版社，2013.

思考题

1. 图书馆讲坛服务的核心价值是什么？
2. 调研听众需求的方式有哪些，各有什么优缺点？
3. 讲坛长期规划和图书馆整体规划是什么关系？
4. 如何提升读者对图书馆讲坛的认知？
5. 如何利用讲坛提高听众的全面素养？

第三讲

图书馆讲坛的专业设计

图书馆作为城市的知识门户、终身学校、文明基地、信息枢纽，在公共服务舞台上扮演着重要角色。当代图书馆正在经历着变革和转型，它与博物馆、美术馆、大剧院、文化馆、音乐厅等众多文化场所一起构建整座城市的文化空间。人们开始意识到图书馆除了馆藏价值之外的价值，即图书馆不仅提供文献的藏、阅、借等常规化服务，还是终身学习、文化传播、休闲娱乐、社会交往、思想碰撞等的重要场所。作为图书馆核心业务之一的讲座工作，通过全社会各个阶层人士的参与，充分体现了图书馆作为终身学校的理念，成为城市的一道风景，文献流、信息流、知识流、人才流、思想流在这里交汇和激荡，为绘制"学习型城市"的愿景添上浓重一笔。

如今各地图书馆讲座活动都非常红火，不仅国家级、省级图书馆的品牌讲坛日益规模化、精致化，如国家图书馆的"文津讲坛"、上海图书馆的"上图讲座"、浙江省馆的"文澜讲坛"、山西省馆的"文源讲坛"等；地方性的讲坛也十分活跃，如苏州图书馆的"苏州大讲坛"、深圳南山图书馆的"博士论坛"、常熟图书馆的"市民课堂"等都在当地成为引领阅读的著名项目。应该说，图书馆界讲座工作已经步入了健康发展的轨道，有关讲座工作的规律研究、团队建设、资源共享、业务拓展等议题在业界越来越多地被提起。

本讲讨论的讲坛专业设计，既有讲坛的专业设计，也有图书馆职业的专业设计，两个方面的设计都有其专业性，而后者更是重点，也是图书馆举办讲坛的优势所在。讲坛的专业设计涉及宏观和微观的众多层面，是在讲座工作的众多业务链中，唯一贯穿始终的重要环节。

第一节 图书馆讲坛的目标设计

图书馆讲坛在不同的规划阶段会有不同的目标，这与图书馆通过讲坛这种服务形式来实现图书馆使命有所不同，使命是一种比较笼统的终极目标，而专业设计的阶段性目标是为实现使命而服务的,或者说是高效完成使命必须经历的过程。因此，对于图书馆讲坛来说，目标设计既有终极目标，也有阶段性目标，这些目标的设计都需要回答这样的问题：图书馆讲坛要办成什么样？达到什么效果？获得什么地位？

一、市民的"城市教室"

图书馆通过讲座活动形成的讲坛，首要的目标是教育，这与图书馆使命密切相关。1972年5月，联合国教科文组织在题为《学会生存——教育世界的今天和明天》[①]的研究报告中,正式提出了"终身教育""终身学习""学习化社会"三个基本概念。信息、教育和人类进步三者之间密切联系，通过各种有效的途径接受教育，是人类的一项基本权利，也是人类用以捍卫自身尊严的手段。发达的城市往往具备完善的文化设施——纽约有图书馆200多座，博物馆150多座；伦敦有420多座图书馆，50多座博物馆；巴黎的图书馆有90多座，博物馆80多座。以纽约为例，这个世界著名的国际化大都市的公共图书馆网络相当完备、发达，即便是社区图书馆，其软硬件设备也相当完善；人们利用这些城市公共文化设施保障其基本的文化权利，满足终身学习的需要。

改革开放以来，我国各地推动"学习型城市"的建设和终身教育思想的传播，阅读推广活动蓬勃兴起。图书馆在这个潮流中顺势而为，极大地提升了社会地位和服务内涵。讲座作为主要的活动形式之一，功不可没。

---

① 国际教育发展委员会. Learning to Be：The World of Education Today and Tomorrow［R］. 国际教育发展委员会，1972.

上海图书馆馆长、国际图联管理委员会委员吴建中先生在 2003 年于德国柏林召开的第 69 届国际图联大会上做了题为《讲座应成为城市居民的一所终身教育的大课堂》的报告，充分肯定了讲座作为图书馆的一项新的业务内容所发挥的作用，对讲座的城市地位和社会教育功能做了详细的阐述。信息时代，讲座因其特有的权威、互动和开放等优势被越来越多的人喜爱，正因其对于广泛地开展社会教育做出了可贵的尝试，已经成为现代图书馆实践社会职能的重要方式，是城市居民进行终身学习的最佳选择之一。

二、城市的"学习心脏"

美国著名的图书馆学者、教育家吉尔曼（Daniel Coit Gilman）说："大学图书馆是大学的心脏"。[①] 同样，城市图书馆是城市的心脏，社区图书馆是社区的心脏，公共图书馆常常被认为是区域社会的活力源泉。

在全媒体时代，公共图书馆服务如何不再局限于阅览和外借，根据民众终身学习的需求，组织各类学习和交流活动，从而发挥"学习中心"（Learning Center）的功能？举办讲坛是首选的方式。

首先，传统的灌输式的学习方式将让位于交互式的交流方式。图书馆不再是单纯的信息提供者，读者也不再是被动的信息接受者。图书馆的传统业务如资源采购将更多地听取读者的意见，由图书馆与读者共同培育和开发馆藏资源。其次，服务方式也发生了重大变化。书架加阅览桌的传统阅览室模式被多元化、全媒体的共享空间所取代，读者被邀请参与空间设计、组织研讨活动等。其中，作为核心业务的讲座、展览、读书会、朗诵团等各项活动的开展，不仅丰富了图书馆活动的内容，而且吸引了更多社会人士的关注和参与。

三、终身学习的重要途径

讲座作为一种新型的学习方式，具有天然的优势。图书馆可以利用这些优势将讲座打造为人们开展终身学习的一个重要途径。

---

① 杨威理. 西方图书馆史［M］. 北京：商务印书馆，1988：220.

讲座的优势主要由以下三个方面组成：

（1）权威性。先哲有言："师者，传道受业解惑也。"讲坛在本质上是由各行业精英人士传授给听众高质量、高效率信息或知识的一种平台。通过师者的梳理和提炼，以高度概括的浓缩形式传递给受众，普通听众因此可以省却大量令人生畏的入门功课，这正符合在信息时代人们对于求学门槛低、时间消耗少的学习方式的迫切需求。"听君一席话，胜读十年书"，不啻为对讲座这种学习形式的高度概括。更何况，没有哪一个学府可以每一堂课都为它的学生安排顶尖级的教授来授课，但是图书馆讲坛却能够做到。

（2）互动性。从看书到听书，当代的讲座形态具备娱乐性和互动性。它极大地发挥了知识的动态传播效果，从这一点上看，讲坛与课堂的知识传播并无二致。听众在听讲的同时还可以与演讲人进行交流，产生互动；信息爆炸时代，获取信息的难度空前降低，而信息受众的自信心也在空前膨胀——任何信息，只要大众媒体予以公开披露，普通人都可以掌握。信息的流动越来越对称，这使得市民的素养也在不断提高。

（3）普及性。综合性公共图书馆开设讲坛还有一个很大的优势：广泛的学科种类与图书馆的公益形象相互作用，使得面向普通市民和读者开放的各类公益性普及讲座受到青睐。系统的图书馆讲座吸引不同阶层的市民参与，比如知识与健康讲座吸引了众多中老年听众，都市文化讲座引来了时尚青年、都市白领，科学家讲坛又汇集了热爱科学的莘莘学子……听众群几乎涵盖了社会各个阶层、各个学科领域以及各个年龄段，成为城市的新时尚。

四、城市文化形象的展示窗口

国家有关部门联合成立的"文化产业统计研究课题组"对我国文化及相关产业分类和指标体系做了权威界定，把文化产业分为核心层、外围层、相关层这三个层次。图书馆与新闻广播影视报刊、文化演出场馆、文化研究机构等属于核心层范畴。一般而言，核心层承担的文化责任要比其他层次更重要。

图书馆是一座城市的文化形象。比如，伦敦市每年公共图书馆造访量达到

5150万人次。[①]城市大型公共图书馆在城市生活中扮演的角色举足轻重，当然不仅是因为它的建筑，更在于它的文化影响力。

图书馆讲坛凭借其公益性和开放性成为保障民众文化基本权利的形象代表。无论年龄、性别、学历、国籍，获得的听讲资格是平等的，所享受的图书馆服务也是平等的。不管是讲坛的实体空间还是虚拟（网络）空间，我们能真正体会到海纳百川、激扬智慧，学习、分享、提问、探讨都体现着城市的活力与张力。

五、高端人才的聚集地

我国早期的图书馆学研究的侧重点是图书馆本身。图书馆工作核心是"书"。无论是"三位一体说"（书、人、法），还是"五要素说"（图书、读者、干部、设施和方法），都把"书"放在第一位。从20世纪80年代起，图书馆学开始关注社会层面，于是"交流说"和"知识说"兴起，人们更多地把图书馆放在社会的大背景下进行考察，探讨图书馆与人以及社会之间的关系。从关注图书馆本身到关注图书馆与社会的关系，反映了图书馆学从重结构向重功能转变，把"人"即读者或用户放在更重要的位置上。

这一观念的转变在讲座工作实践中体现得淋漓尽致。开展讲座活动，服务的对象是人——听众与主讲嘉宾。根据人的要求配置服务资源，制定服务标准，保障服务安全。同时，讲座平台聚集最顶级的文化学者、政府"智库"和社会精英持续性、规律化地为社会大众提供高层次的知识服务和学习享受，是高端人才聚集地之一。所以，合理利用好讲座平台，不仅可以为读者提供以人为本的服务，还可以为凝聚人才扮演更高层次的文化产品或服务的提供者。

"上图讲座"曾于2002年组建了上图朗诵团，并成立了朗诵艺术培训基地，招募了一大批朗诵爱好者与专家。那是上海第一个朗诵艺术基地和表演团队，由上海图书馆出资筹划，孙道临先生和秦怡女士亲自参与组建。如今活跃在上海朗诵舞台上的乔榛、童自荣、丁建华、陈淳、陈艳华、陈奇等一批艺术家都是创始人。十多年来，上海图书馆培养了大批朗诵艺术爱好者走上专业化道路。去年夏天，这批朗诵艺术团成员与北京人民艺术剧院的著名艺术家蓝天野、濮存昕等首次

---

① 甘露. 人文视野下创意城市建设与形象塑造研究——以世博会为例［D］. 合肥工业大学，2011：28.

联合登上"上图讲座",这是社会对"上图讲座"品牌下的朗诵艺术水平的极大肯定。

六、信息与文化交流的空间

公共图书馆是城市重要的免费公共空间,讲座是这种公共性的重要表现形式。从场馆到活动,在专业性之上要更加注重公共性。除了让市民能随时进来读书、用书、借书以外,还把举办各种文化讲座、文化聚会、社区的公共社交活动放在很突出的地位。

虽然移动互联网时代盛行虚拟社交,但也有更多的人开始注重面对面的交流。图书馆讲坛营造的氛围、学习感染力、情感沟通力使得人与人的交流变得亲切。作为读者,在图书馆听讲座可以享受获取知识带来的快乐,获得与社会名流毫无距离感的交流体验,与爱好相同的读者产生共鸣。而作为主办者,则通过讲坛传递了信息、实现了使命。对于图书馆则是完成了终身教育的社会职能,对于其他主办方,例如政府部门、社会团体,则是达到了沟通民意、体察民情的效果,亦不啻为一种极佳的宣传方式。

七、讲好中国故事的舞台

作为开放城市的公共图书馆,不仅面向本市和本土的居民,也是一个面向世界各国来宾打开的窗口。外籍友人通过这个窗口了解中国文化、参与文化传播、融入城市生活。以上海图书馆为例,2015年度官方接待外国来宾团组66批,来访人数351人次,举办涉外学术或文化讲座13次;接受捐赠46次,组织境外文化推广活动10余次。图书馆所在的街区是重要的领馆区,也是外国人的休闲聚集地。常有爱好中国文化的外国人在讲座宣传栏前驻足,放置在咖啡馆、餐厅的宣传手册是必备的宣传品,在"上图讲座"活动现场,金发碧眼的老外已经不在少数。

图书馆讲坛一方面把中国的优秀文化传递给全世界,另一方面还大力引进优质的国际资源,实现双向交互。于2013年创办的"上图德稻讲坛"是上海图书馆18个系列讲座中唯一一个以英语作为工作语言,主讲嘉宾全部为外籍人士的讲座。他们中间有"青蛙设计"创始人艾斯林格、好莱坞音乐制作大师王宗贤、2010年上海世博会以色列馆设计者渡堂海、宝马5系设计师贺迈……此外,"上图讲座"还曾经邀请美国前劳工部长赵小兰、著名华裔侦探李昌钰、著名华裔作家严歌苓等到馆演讲,是图书馆讲座走向国际化的先行者。

在这个全球化的时代,世界级城市图书馆要以讲坛为工具,打通世界人民了解中国文化的入口;以内容为纽带,加速中国文化与其他文化的交融;利用好讲座平台,宣传"一带一路"战略,讲好中国故事,多角度推动中国文化走出去。

第二节 图书馆讲坛的品牌设计

通过努力,把讲坛办成图书馆的一个品牌,可以有效地实现讲坛的使命。建立品牌本身是讲坛的一个目标,但品牌设计在目标设计之外还包括几个重要的要素:品牌名称、品牌标识、品牌理念等。以上这些要素通过视觉呈现和文字提炼完成一个完整的名牌概念。通过近十年的努力,从"办讲座"到"做品牌",公共图书馆界对于讲座工作的价值挖掘日见成效,各地图书馆形成了富有地方特色和城市个性的讲坛品牌。在品牌理念的归纳、提炼和视觉呈现方面都有不同程度的创新和发展。

一、讲坛品牌的命名

品牌名称要朗朗上口、容易传播。讲坛名称是品牌形成的首要元素,它提供了品牌最基本的核心要素,反映讲坛的基本定位与目标。它会给读者、听众以先入为主的印象与评价,使大家一提到讲坛名称就能联想到其品牌特点与定位。

讲坛命名一般可以遵循以下这些原则:

(一)品牌名称体现品牌定位

图书馆讲坛当以服务大众、丰富城市文化生活为宗旨,在为讲坛命名时,很多图书馆都考虑到了这个因素,在讲坛名称中体现了图书馆的服务精神。例如,福建省图书馆的"周末讲坛"、常熟图书馆的"市民课堂"等,让市民和读者闻之心生亲切之感。

（二）品牌名称突显地域特点

很多图书馆在为讲坛命名时，简明扼要地冠以地名或馆名，易懂好记，标识性强。例如，重庆图书馆的"重图讲座"、上海图书馆的"上图讲座"、黑龙江省图书馆的"龙江讲坛"、山西省图书馆的"文源讲坛"（馆址文源巷）、广西壮族自治区图书馆的"八桂讲坛"、苏州图书馆的"苏州大讲坛"等，这些都是直接或间接地以图书馆所在地或城市名加以命名的。

（三）品牌命名凸显文化内涵

很多城市都有着悠久而渊源的文化历史与背景，运用一些文化地标或历史人文典故来命名，则使讲坛的名称更显文化意蕴。很多拥有悠久历史的城市图书馆都是从古代藏书楼演化而来，用藏书楼来命名讲坛，不仅风雅，而且响亮。比如，国家图书馆的"文津讲坛"即是借用古代藏书楼"文津阁"的名称，给人以神圣的文化殿堂、丰富的馆藏资源、蕴涵五千年文化和古老文明的总体印象。还有宁波的"天一讲堂"。宁波的"天一阁"是中国现存最早的私家藏书楼，是宁波的地标式建筑，也是宁波的城市文化象征，以"天一"命名讲坛，能更好地凸显宁波讲坛的传统文化内涵。

（四）讲坛命名短促有力

从传播学的角度说，品牌名称不宜太长，一般二到五个字为最适宜，过目不忘，简便易记。讲坛品牌命名确实贯彻了这一原则，并无太标新立异的创意，很好地体现了图书馆服务大众化、普及化的基本原则。

二、讲坛品牌理念

传播学认为，所谓品牌理念，由品牌使命、品牌思想和行为准则三大部分组成。品牌使命说明这一品牌是干什么的，品牌思想就是打造这一品牌的基本着眼点，品牌行为是活动类品牌独有的特征。

对于图书馆讲坛而言，品牌理念是与讲坛名称相对应的，是品牌思想、使命和行为准则的归纳和提炼。在准确、富有个性、表达简洁的同时，针对图书馆的实际情况、业务优势和城市文化个性等提炼出认同感强、具有感召力的文字表述，是讲坛品牌的价值追求，也是品牌精神的高度概括。

佛山市图书馆公益讲座2005年通过社会征集，正式命名为"南风讲坛"。佛山地处岭南，是岭南文化的发祥地与重镇之一，"南风"暗含着地理的寓意，更希望讲座如风，影响到一个地域、一个城市的文化品格和精神趣味。

宁波市图书馆"天一讲堂"则认为，公共图书馆讲坛所形成的"公众空间"正是一个聚合人群的地方，是以讲坛这一文化纽带使人与人之间发生着紧密联系的地方，所以提出坚持"以人为本"的讲坛管理理念。

又如上海图书馆的"上图讲座"，在数十年的发展中形成"积淀文化，致力于卓越的知识服务""世界级城市图书馆""精致服务、至诚合作、引领学习、激扬智慧"的发展目标、愿景和核心价值观。

再如2006年创立的广西壮族自治区图书馆的"八桂讲坛"，由于古代文人以"八桂"称广西，唐代以后，"八桂"成为广西的专称。广西馆以讲座为平台，通过对讲座内容、讲座形式、讲座师资的精心策划，以传播先进文化思想、普及科学知识、提高公众科学文化素质为目标，树立精品意识，深化图书馆的文化内涵。

三、讲坛品牌标识

品牌标识属于品牌的形象识别系统，英文称为"Logo"。品牌标识具有便于识别和推广的作用，主要由符号和变形文字、色彩、形象等元素构成。品牌通过形象标识系统可以让受众记住品牌主体形象及品牌文化。品牌标识要求形象生动、色彩明快、简洁大方、富有寓意。

对于讲坛品牌标识，其设计通常要把讲坛的特点、品质及价值理念等各种要素以融合化的符号形式传递给听众，提高听众的认知，促进听众的联想，使听众产生对讲坛的偏好，进而影响讲坛所体现的质量与听众的忠诚度。

一个好的讲坛品牌标识一般具有简明易认、内涵深远、视觉新颖的特点，以达到艺术与文化的完美结合。

案例3.1："上图讲座"的标识设计

图3-1 "上图讲座"的标识

以变形英文"SLL"与中文字体"上图讲座"组成。（图3-1）"上图讲座"英文表述为Shanghai Library Lecture，因此Logo以英文字母SLL为设计主体，其中右面的L以发散的光波的形状来寓意讲座的知识传播功能，左边的L则显现球形，寓意传播范围涉及全国乃至全球，充分体现"上图讲座"将辐射全国甚至全球的雄心伟略；两个L又象征逗号，预示"上图讲座"的发展脚步永不止歇；Logo右下方又标有SLL三个英文字母，其中L呈现话筒状，体现讲座形式的特性；Logo以蓝色为主色调，充分体现"上图讲座"的知识性。

案例3.2："大众讲坛"的标识设计

图3-2 "大众讲坛"的标识

1. 汉字"大众"有机地变化为三个相连的"人"字，也似巍峨的泰山和屋顶，结合整体的印章，突出深厚的齐鲁文化底蕴以及鲜明的民族精神内涵。（图3-2）

2. 汉字"大众"突出徽标的独特性；三个相连的"人"字体现讲坛"以人为本"的公益性以及促进人与人之间和谐相处、社会和谐发展的内涵。

3. "人"字形似向上的箭头，体现讲坛提升公民文化素质的作用；巍峨的泰山沉稳雄健，体现齐鲁文化悠久的历史和厚重的民族精神积淀。

4. 图案也似屋顶，寓意讲坛惠及民生、服务百姓；整体的大红印章则体现了讲坛对于传承民族优秀文化、弘扬民族精神的郑重承诺。

案例3.3："龙江讲坛"的标识设计

标识的主图案为"龙江"和两字汉语拼音首写字母"L"和"J"的变形，也可看作交织在一起的两条龙，象征黑龙江省。中间背景图案为"省"（shěng）的拼音首写字母"S"，代表省级讲坛。（图3-3）左侧红色图案代表主办方，象征公益事业；右侧蓝色图案代表公众，取大海之意。流畅、立体感强的线条象征着主办方和公众在思想文化等方面的和谐、交融、互动。总体意蕴和谐互动，红、蓝、黑的色彩组合，与极富动感、立体感、现代感的线条，配合中国书法，既富有形式美，又有文化内涵，体现了"龙江讲坛"的文化属性与公益性质。

图3-3 "龙江讲坛"的标识

第三节 图书馆讲坛的主题设计

讲坛的主题设计是指讲坛组织者在对听众结构进行细分调研的基础上，掌握大众需求、结合社会热点、调动社会资源对讲坛的内容和主题进行有效策划，并形成系列化讲座体系的行为。

一、听众的定位分析

在主题设计之前，首先要了解讲坛的服务对象是谁，才能了解真正的听讲需求是什么。这就需要通过对讲坛受众的调查，了解听众对讲坛的看法，明确讲坛的服务对象、服务内容和服务形式，制定讲坛的品质标准和运作方式，使讲坛内容策划更贴切，举办效果更显著。讲坛定位可从以下角度着手：

（一）以听众对象为定位标杆

讲座是针对社会群体组织的公共活动，所以对其目标人群综合状况与客观需求的认识至关重要，也是决定其是否能正确定位讲坛品牌的关键。准确认识到听众对象的需求，能使品牌特征的传播达成对目标人群的有效刺激，同时，又反过来影响讲坛组织者在实施过程中质量标准的制定与贯彻。

通过对图书馆讲坛受众的长期观察，我们发现图书馆讲坛的受众主要是公益性服务群体。其中，按照年龄划分，可分为退休老人、青年在校学生、在职白领青年和中年人；按照教育程度划分，可分为高级知识分子、学历不高却爱好学习的群众、正在求学的学生等；按照社会阶层分，可分为以宣教和行政管理为主的干部学习群体、以拓展视野和积累知识为主的新入职场群体以及以休养生息提升素养为主的有闲阶层……不同的群体对讲座内容和服务的需求都有着鲜明的个性选择，讲坛应兼顾不同群体的需求。

（二）以城市文化为定位标杆

城市文化是一个城市有别于其他城市的特质，是城市的灵魂和精神，它包括城市的精神面貌、文明程度、风土人情、文化底蕴等。不同的城市有不同的城市文化个性。结合所在馆和所在地方的文化特点，充分挖掘本土文化资源，弘扬当地文化特色来举办讲座，使讲坛成为一个城市的"文化名片"，也是一种行之有效的讲坛定位方式。

例如，国家图书馆"文津讲坛"和上海图书馆的"上图讲座"就是两个风格定位各有特色的讲坛品牌。前者是以北京这个历史名城的丰厚积淀作为讲坛内容资源，定位于传统文化弘扬和经典传承，讲座坚持思想性、学术性、知识性，突出雅俗共赏、普及与精深兼得的特点。而上海是个追求兼收并蓄、与时俱进的城市，虽然它的传统文化不及北京、杭州等古城来得深厚，但它鲜明的海派特色和浓厚的都市气息却是其他城市难以企及的。"上图讲座"的"海派文化"和"都市文化"专题就力求充分显现其都市性，把东方大都市海纳百川、各方杂处的文化精神充分体现出来。

二、讲坛的主题设计

通过对听众和城市文化的分析定位，了解优势与需求所在，进而对讲座系列的策划、节庆活动策划、专题讲座策划等进行全面规划和设计，体现图书馆讲坛的能力与实力。

（一）主题活动设计

随着科技的发展、时代的进步、生活的提高，市民对讲坛特别是其内容提出了更高的要求，希望图书馆能提供更丰富、更全面、覆盖面更广的知识讲座。这样的文化需求随着各个图书馆在举办讲坛上的经验积累，已经逐渐得到满足。针对不同群体的文化需求，不同领域、不同主题的讲坛内容纷纷登场——时政热点、文化艺术、社会法律、科学教育、经济金融、健康生活，与工作、生活、精神爱好相关的各个领域的专题都有兼顾。

比如珠海图书馆的"珠海文化大讲堂"，内容设为八大板块："中国传统文化"系列。"珠海历史文化"系列、"当代中国国情"系列、"外国文化风情"系列、"科技教育"系列、"养生保健文化"系列、"艺术鉴赏"系列、"城市人文精神建设"系列。扬州图书馆的"扬图讲堂"经过近几年的发展，已形成一个"主题鲜明、取向多元、引领高端、弘扬传统"的特色品牌，并形成"地方文化""高端名家""大众生活"三大系列。

又如苏州图书馆的"苏州大讲堂"从文化艺术到自然科学，从科技发展到经营管理，几乎涉及社会生活的各个方面，为创建学习型城市增添了活力。目前已形成"名家大讲堂"系列、"苏州市民族民间文化"系列、"文化苏州名家鉴赏"系列，"作家教你写作"系列、"文化遗产保护"系列、"青少年苏州教育"系列、"读者辅导"讲座、"园林文化"系列、"中国历史专题"系列、"少儿乐园"系列、"卫星直播"系列等18个系列讲座。

再比如"上图讲座"每年举行200场以上的各类讲座，在做主题设计时，就有意识地把整个讲座系统划分成了6个板块、18个系列，涵盖时政、文化、法律、社会、艺术、教育、科技、健康等各领域。

科学地规划讲坛内容，设计讲坛主题，不仅丰富了讲坛的结构层次，也使得整个讲坛体系立体化、系统化。

（二）节庆主题设计

主题式的讲座内容之外，公共图书馆另一个非常重要的职能就是丰富市民的闲暇文化生活。事实上，很多图书馆的讲坛就是以休假日来命名的，因其讲坛定位、讲坛内容各馆均不一样，可谓千姿百态。如：浙江的"假日讲座"、福建的"东南周末讲坛"、厦门的"周末知识讲座"、山西的"周末讲坛"等。其实，除了日常休假日，元旦、春节、世界读书日、"六一"、国庆等与重要节庆相关的讲坛设计也是重要一环。

图书馆在策划节假日讲座时应掌握以下原则：

1. 恰逢其时

中国百姓对传统节庆，如春节、元旦、中秋、端午等延绵至今的各种节庆有着深厚的情结，怀着美好的情感。公共图书馆在进行讲坛策划的过程中，对于节庆休假日的主题策划格外重视。策划时，主办者除了要考虑为市民提供文化学习和休闲选择，还要体现聚集人气、传承文化的意味。所以，对于讲坛节庆活动的设计特别需要体现节日元素。中秋诗会、端午话粽、清明思故人等都是极佳的讲座题材。"上图讲座"连续几年在新春佳节推出精心策划的贺岁专题，比如2013年策划"诗意中国春节专题"活动——"春风送暖入屠苏：唐诗中的除岁迎新""春江花月夜：唐诗中的爱情""箫鼓灯影中的热闹和浪漫——宋词中的元宵节"等，几乎场场爆满；于是2014年春节又力推"中国优雅"专题，共有"人间烟火——春节民俗与美食""幸毋相忘——新年话旧饰""澄怀观道——文人香事"，涉及民俗、美食、香道、收藏等各个领域，既有寻常百姓的人间烟火，又有文人雅士的古风清玩，力求多角度展现中国人传统生活方式的智慧与优雅。

2. 专题专策

与中国本土的传统节庆不同，有一些节日是国际性的，也可能是专题性的，比如"国际三八妇女节""五一劳动节"或者"世界健康日""上海科普节""世界读书日"等。其中，与图书馆关联度最高的世界读书日活动最近几年成了热门话题。作为阅读推广最前沿的图书馆讲坛，每逢世界读书日来临，总是会举办相关专题的活动。这里要兼顾好图书馆的引领作用和大众的接受程度，也就是说"曲高"，也必须"和众"。2015年"上图讲坛"的世界读书日讲座主题是"名家名作"，邀请复旦大学等一流高校的顶尖讲师品读"王尔德童话""黑格尔之美""《局外人》的荒诞"与"浮士德的哲学"。用学术的资源、通俗的方式解读外行视为高深的经典作品与思想。我们认为，这是图书馆讲坛精神的现实体现。

3. 把握导向

讲坛不仅是文化品牌，同时也是重要的舆论宣传窗口。在传播知识、开启智慧、彰显学风、陶冶性情的功能之外，它的重要职责还包括追踪热点、廓清是非，成为党和政府政策宣传的重要窗口和阵地。特别是在与国家利益相关的节日（例如国庆节），图书馆还必须策划一些能够凝聚民族情感、抒发爱国情怀、坚持正确导向的讲座活动烘托气氛。2012年国庆节，上海图书馆策划"当代国防"专题，邀请罗援、房兵、杜文龙等一大批活跃在当代军事题材讲坛上的风云人物开讲。

4. 精致服务

在首先满足社会大众的文化需求，高举公益性大旗开展公共文化服务的基础上，我们也发现越来越多的城市出现了有更高听讲要求的社会群体。我们暂且称之为讲坛会员。他们对于讲坛的内容和嘉宾有着更高的要求，希望话题更前沿、嘉宾更权威、形式更时尚、服务更到位，并愿意为此支付一定的费用，以享受更加私人化的听讲服务。针对这样一部分群体，图书馆讲坛组织者尝试性地提出会员制讲坛的概念，提供更精致的策划服务。例如"上图讲座"的"都市文化"沙龙，2003年开办时定位于城市白领中的都市文化爱好者，为他们量身定制相对高端的文化讲坛。文化名人、财经明星、社会名流，甚至海峡两岸乃至国外的高端演讲资源，如赵启正、吴建民、程佩秋、尚长荣、袁岳、胡润等大批名人光临讲坛。加入沙龙的会员们只要花费一场话剧票的费用就可以享受量身定制的各类讲座，除了分享秩序良好的听讲环境之外，还有机会获得讲师亲笔签名的著作、其他关联活动的入场券、会员专享的刊物，优先获得"上图讲座"组织的所有讲坛活动的入场资格，此外，还可参与主办方组织的考察活动，如龙美术馆一日游、上海洋房实地看、绿色庄园行等。

三、合作类专题开发设计

伴随着图书馆讲坛的日常组织和运行成为常态，品牌影响力也随之上升。一种新的办讲模式开始崭露头角，那就是有其他社会机构、政府部门，甚至是企业共同参与的合作性讲坛。这种有既定的讲座策划方向、有明确的听讲对象、有明确的讲座类型和规模要求，甚至还有增值服务目标的讲坛是一种新的主题设计类型，属于定制型讲坛设计。

（一）定制型讲坛的类型

1. 与政府或事业机构的合作策划

张家港图书馆的"沧江讲坛"开办之初，就很注重加强与社会力量的合作，与张家港市社科联、市作家协会等进行了合作，联合举办图书馆讲坛。这样的共建合作，不但使"沧江讲坛"获得了更多的社会资源，也使张家港市社科联及作家协会等部门赢得了极高的社会赞誉，获得共赢。同样，"上图讲座""进百校"专场也是在上海市教委的直接指导下，以上海高校学生为特定的听讲对象组织实施的讲座。自2007年合作以来，收效巨大，从高校学生辐射到全市的中职学生。这一合作模式就是，教委和校方及上海图书馆三家联手，教委补贴讲课费用，校方组织学生听众，"上图讲座"负责讲师遴选、内容策划、沟通协调、送讲上门。通过坚持不懈地在学校举办人文讲座，培育了大批年轻听众，讲坛的教育性和学习性更加凸显。

2. 和企业联手的讲坛策划

2014年年末，在上海通用电气全球年会上，举办了一场别开生面的美学讲座。在"上图讲座"的精心策划下，著名美学评论家、南京大学教授潘知常教授走进全球500强企业，为高管解读文学之美。又如扬州市图书馆携手中国移动开展高端文化讲座，拓展"扬图讲堂"文化品牌的多样化、精细化，进行深层次的资源共建共享……其实，许多以企业冠名形式出现的图书馆讲坛，也体现了来自企业的文化需求。在经济全球化、人们的文化需求日渐强烈的当下，一些有远见的企业开始不满足于传统的员工培训模式或客户服务模式，高端的人文艺术资源进入了管理者的视野，但却苦于没有积累和渠道，而公共图书馆在这方面占有天然的资源优势，因此也具备了合作的可能。

3. 满足社会团体或非营利性组织的推广需要

当公共讲坛成为品牌，它同时也成为公众和媒体关注的信息源，成为推广活动的天然舞台。除了媒体冠名的讲坛品牌之外，利用公共文化平台实现品牌共赢的合作模式也非常普遍。这些团体或组织会着力推荐和展示自身具有的讲座资源，比如讲座老师、既定的听讲人群以及品牌的标识和宣传品。

（二）主题设计时注意的原则

在面向这些合作伙伴推广讲坛品牌、实施讲坛策划、提供讲坛服务的时候，作为图书馆讲坛品牌的运营团队，在合作开发主题设计时要注意以下原则：

1. 安全性原则

站在公共文化服务的立场上，作为讲坛活动的负责人必须本着为公共资源服务、为文化品牌负责的态度，对合作方的资质、社会影响力、所提供的资源进行深入了解，掌握全面的信息，在主题、内容、讲座组织和传播方式的选择上要坚持以舆论安全、意识形态安全、公共秩序安全为首要原则。

2. 公共性原则

必须牢记图书馆讲坛公共性原则，对于合作方提供的资源有充分的价值评估和取舍标准，在主题的策划和主讲人的遴选上务必符合公共图书馆的形象要求和服务等级。

3. 适用性原则

图书馆讲坛是一个开放的学习平台，目的之一是保障人民的基本文化权利。在主题设计时，既要考虑讲坛品牌的普及性和公开性，又要考虑合作资源的专指性和特殊性，在条件允许的情况下尽量兼顾合作方的宣传和推广需求。但一旦与图书馆的公益服务原则发生冲突，则应坚决捍卫讲坛品牌的纯粹性。

第四节　图书馆讲坛的形式设计

图书馆讲坛品牌设计还有一个重要环节，那就是讲坛的形式设计。通过这些年深入人心的品牌建设，各个讲坛品牌都凝聚了一大批"忠实粉丝"。当人们满足了讲坛提供的内容之后，自然而然对听讲效果提出了更高的要求。尤其当下体验经济大行其道，公益设施日趋现代化，听众对公共服务所带来的现场感和参与感要求日盛。如何在相对单一和固定的讲坛空间之内设计出有吸引力的场景氛围和视听效果，让听讲座成为一种精神享受，这就是本节要讨论的问题。

讲坛形式设计包括场馆规模设计、讲坛背景设计、空间效果设计、灯光设计、音效设计等。

一、场馆规模的设计

随着公共图书馆界建设热潮的兴起，各地新建馆舍日新月异，软硬件的条件今非昔比。各种报告厅、演讲厅、多功能厅在图书馆屡见不鲜，甚至还有相当专业水准的表演级剧场。考虑到公共讲坛的开放性、互动性，方便、实用、适当、安全应为讲坛场地选择的主要考虑因素。

在举办讲座时，一般会根据听众人数的多少、欲获得的现场效果选择合适的场地。就国内举办讲座较为成功的一些公共图书馆的讲坛来看，常规讲座以能设置200~400个座位的场所较为适宜。场地的大小、座位的多寡、位置的摆放、背景的呈现、灯光的控制和氛围的营造均对讲座效果产生直接的影响。

对于特别大型的讲座活动，或者是邀请的嘉宾特别著名的情况，主办方应综合考虑各方因素，预判出席人数规模。这样的情况下，主办方要选择有多个疏散通道的大型报告厅或演讲厅，人数可以放宽到800~1000人。同时，最好有专门的VIP通道方便嘉宾进退场。

如果大型报告厅仍然有可能供不应求，主办方就要考虑额外安排主会场之外的分会场，可以是临近的会议室、相对封闭的阅览室，甚至是闲置的展厅，只要能够通过音频或视频共享现场信号即可。

二、讲坛背景的重要性

对于普通听众而言，讲座现场的重心是讲台，讲台的重心则是讲座的背板设计，也叫背景设计或会标、背板，是揭示讲座内容、演讲人等信息的主题会标。虽然每个图书馆由于不同场地条件，背景设计尺寸大小各不相同，但相对于讲座而言，背景设计已经成为讲座最大的视觉焦点，是无声却最有力的广告。

（一）背景设计的要素体现

视觉传达是理念表达的重要载体，成为一种精神、文化的象征和形象的展示。图书馆公益讲座的精神和形象的展示主要就是通过标识和相关视觉物品来完成的。讲座会标是让听众一进入讲座场所就能立即感知讲坛的内容主题，保证主办者力图传达的信息能够被准确获知。一般来说，会标设计必须要考虑以下要素：

（1）讲座主题。包括讲座所属的品牌名称、系列名称和本场讲座的标题和副标题。

（2）主讲人信息。对主讲嘉宾的头衔和身份要表达清楚，如果有两位以上的主讲人或者有特邀主持人，也必须标清头衔。

（3）主办方信息。包括该馆讲坛品牌的标识（Logo），图书馆全称、讲坛品牌名称。如果有其他合作方，还需要同时注明合作方信息，必要时还要体现出合作单位或品牌的Logo。

（二）背景设计的规范要求

背景会标除了一些必要体现的元素之外，还有一些普遍性的设计规范要遵循。

（1）版面篇幅。背景版面的大小格局各不相同，有些大型场地，台口距离听众席较远，背景设计要兼顾全场，可以适当放大，整个场面以协调为上。如果场地是百人以内的中小型会场，背景板就不宜过大，以免产生压迫感。但是无论是什么规格，其字号和字体必须大小适宜，要让场内大部分听众能够清晰地辨认。

（2）嘉宾头衔。如果主讲嘉宾只有一位，而嘉宾提供的职务等又比较多，习惯上取职位最高或者最为人熟知的一个，最多两个，比如王安忆，一般标注"上海市作家协会主席、著名作家"；如果有两个以上主讲嘉宾，要尤其注意名次的排列，考量的因素有讲座内容的比重、名望和地位的分别、两个主讲人之间的关系等。

（3）主办方位次。背景板上一般会标出主办方名称。遇到两个以上的主办方，也需要考虑级别、地位、在讲座中所占比重等综合因素，比如根据主办、协办、或者支持单位等对排名先后加以权衡。

（4）品牌Logo。对于主办方Logo的排列，要遵照平等友好的原则，在同时有几家合作单位参与活动的情况下，建议统一执行。有Logo的可以协商一起上，如果有一家没有，就建议都不上。

（三）背景设计的美学要求

读图时代，人们对视觉审美的要求越来越高。不同内容的讲座配合以不同内涵的美术设计，其视觉效果的呈现是对讲座内容的升华。背景设计的审美趣味对讲座来说也是加分项。

首先，背景板的设计思想服务于讲座内容。其色调、风格是讲座内容的平面展示，与讲座主题有很大的关联度。例如，主题是传统文化的讲座，背景板设计可以多运用中国传统的图案、花纹等元素；主题是科技前沿的讲座，背景板设计可以运用一些抽象符号或大胆明亮的颜色，揭示科技的前沿感和创新意识。

其次，背景板设计还要在一定程度上对讲座内容起到提示和总结的作用。这就需要讲座的设计团队对讲座内容有深刻的领悟，同时又要具备高超的广告设计本领，用平面的方式解读文字。

最后，好的设计还能成为主办方的一张名片。讲座策划团队的审美趣味体现在设计水准上，高雅的审美趣味在优秀的美术设计中给人以美的享受。

三、讲坛的形式设计

回想 30 年前的图书馆讲坛，没有高大上的会议场地，没有现代通讯设备，没有完善的服务机制，讲座现场就是一条横幅、一方课桌、一个话筒，外加一个热水瓶。当今的图书馆讲坛伴随着国内近年来兴起的图书馆新馆建设热潮，其硬件条件已经今非昔比。图书馆讲坛除了提供内容产品，其场所价值也被不断提起，落户在图书馆主体建筑之内的讲座空间，其舞台、灯光、音效等诸多设计因素已经作为讲座的有机部分。这里讨论的形式设计是指讲台的设计。

（一）讲台的位置

图书馆讲座会场布置相对比较传统。在长方形、扇形或方形的会场内，讲坛位置一般是在入口的正前方（很少一部分也会设在入口的一侧），这样听众一入场就可以看到整个讲坛的布置以及会标、横幅等宣传物。实际工作中，也曾有一些立意新颖的讲座会调整场内格局。比如，如果有大型隆重的会议召开，可能会扩大舞台面积，视需要拆除部分座位，比如上海图书馆召开的 2016 国际图书馆论坛就采用了这一方案；还有一类讲座会穿插一些表演，比如旗袍或服装走秀，就可能在观众席中空出一条通道来；有一些追赶时尚的年轻人会喜欢让主讲人坐在听众中间，在观众席中央搭建舞台布景，营造特别的视觉效果。

（二）讲台的配置

标准的讲台配置要求配备课桌、话筒、茶杯、电脑、毛巾、激光笔等。通常一人主讲的讲座，根据主讲人的演讲习惯，选择配备立式讲坛或者传统型课桌，配上名卡和鲜花装饰；如果同时需要使用投影设备，则要安排好讲坛和投影的位置，不使灯光彼此影响。如果是两人以上同场主讲，这种情况往往会有主持人串场，一般来说主持人坐在最靠边一侧，按照发言顺序或者内容主次安排主讲人的座位。同时也提前安排好手持话筒或台式话筒。在主讲人面前要设桌几，布置简单的花艺，视个人习惯放上杯茶或者矿泉水；还有一些有朗诵表演的讲座，可能还要准备立式话筒。

（三）讲台的布置

在一个崇尚视觉语言的现代社会，对讲台设计的个性化追求也体现在图书馆讲座中。例如上海图书馆2014年举办的"他们和她们——民国故事"系列讲座，因为讲座内容涉及民国文人逸事，又有评弹、昆曲等现场助兴，因此在讲台的选择上放弃了传统方式，特别选用了古色古香的雕花红木座椅和茶几、花几，选用青花瓷盆栽植物加以装饰，简洁素雅、大气应景，听众一入会场就进入了讲座氛围；同样也是上海图书馆主办的"青年作家悬疑故事"系列讲座，因参加讲座几乎是清一色的80后年轻人，讲座被设计成台中放置单人的高脚凳，配合以暗场追光，悬疑的剧场式感觉马上呈现，令年轻人大呼过瘾。

四、讲坛的氛围设计

如果说背景板和讲坛的布置是讲坛的主体设计，那么散落在讲座周边那些烘托氛围的设计就是"于细节处见精神"了。

氛围设计是把跟讲座有关的统一设计元素应用于同系列同品牌讲座的其他物料或网络宣传。对于实体讲座来说，讲座入口通道的海报、易拉宝，免费派发的讲座内容介绍、主讲人介绍，讲座的衍生刊物，场内的海报，开场前的投影设计，讲坛上的标志性物品如话筒、台卡、笔记本电脑等，这些都是可以体现"小心机"的极佳载体。这些精心设计的物品不仅可以在现场强化听讲感受，在讲座结束后延长听众的心理满足感，同时运用到网络上，则是品牌传播和宣传的重要手段。

五、讲坛的音效设计

当代讲座已经离不开多种科技手段辅助，如灯光、投影仪、音响、视频等。图书馆的现代化使这些设备运用成为可能。听众把讲座比喻成"听书"，一个"听"字，就对讲座现场的音效设计提出了考验。

很多新落成的图书馆都配有高质量的音响设备，旨在为听众提供免费却高端的视听享受。但即便如此，图书馆讲座会场与剧院、音乐厅仍然有所不同。一般而言，讲座会场会更强调音响系统的听感舒适度。

（1）扩音系统。讲座主要通过主讲人口头达到传播效果，主讲嘉宾的声响控制是首要环节。会场的扩音系统必须经过严谨的设计和调试，以确保讲座和会议的过程中设备运行正常，并且不会产生听觉上的不适感。音响设备一般分有线麦和无线麦两种。其中前者抗干扰性好，保密性强，但移动不方便；无线麦移动方便，但抗干扰性相对较差。讲座中常采用的有桌面台式麦克风和手持式麦克风。传统单人主讲的形式一般使用课桌，建议使用台式麦克风。如果主讲人的演讲习惯比较活跃，多走动和手势，则建议使用手持式麦克风或微型麦克风。有朗读和朗诵、独唱等其他表演形式加入的，可能还要使用台式落地式麦克风。麦克风的高度最好不要正面阻挡演讲人的脸部。

（2）声响控制。首先，讲座工作人员要掌握基本的音控知识，音量控制得当，排除杂音干扰。尤其要根据主讲人的实际情况将音量控制在适宜的范围内，男嘉宾和女嘉宾、声音洪亮或声音细弱的，要根据实际情况在开场五分钟内将声音调节到最佳效果。其次，会场内音箱的位置要安放合理，不可太靠近观众，能暗藏于场地内，不明显外露为最佳。

（3）调节性音响。在讲座现场，既要体现讲座的学习热情，又要保持相对安静的氛围，需要我们熟练运用调节性音响来达到目的。讲座进场部分播放一些与讲座主题和气氛相和谐的背景音乐，帮助听众进场后迅速调整情绪，达到安静听讲的状态。例如在听众入场时，可以根据演讲内容选择播放舒缓的民俗音乐、优雅的西洋轻音乐或轻快的通俗歌曲，但音量不宜过高、节奏不宜太强，以此来营造舒适、放松、自然的会场氛围。

六、讲坛的灯光设计

从风靡于世的 TED 演讲模式我们可以看到，现代讲坛对于灯光的作用已经具有鲜明的潮流意识。然而，目前国内大部分图书馆讲坛做不到专业剧场的灯光效果，目前仅针对普及型讲坛的灯光要求进行设计。

（1）会场内灯光。一般要求有足够的亮度，尤其是照射在会标、主席台中心区域及其桌面上的灯光既要均匀、有柔和感，又要有必要的亮度。听众席区域还应以便于大家现场做笔记的柔和光为主，特别需要注意光线不可直射现场人员的眼睛。

（2）会场外灯光。门口、通道等处，宜灯光明亮，以方便听众入场通行、保障会场安全为原则。

（3）特殊光源要求。有一些特别的讲座要求有较好的舞台效果。比如很多图书馆都举办了普及性的戏曲讲座，推广和传播各地的传统戏曲文化，对听众有很强的吸引力。这样的讲座呈现的效果与一般讲课型讲座不一样，对舞台的灯光、音响、格局都有特殊要求；再比如，有些讲座邀请了歌唱演员助兴，对音响和光源也有个性化要求。这样的情况，图书馆场地管理者与使用者要进行深入沟通，在确保安全的前提下因地制宜，挖掘潜力，或通过外置光源达到效果。

七、其他多媒体设备的运用

构成讲座形式的除了以上论述的各项内容之外，还包括以下细节：

（1）录音。从音响设备中收音，收录整场讲座语音内容，便于音频资料的历史存档。使用录音笔进行收音，确保录音效果。

（2）投影仪。讲座中普遍使用。多媒体投影仪与笔记本电脑连接，将电脑中的资料、图片制作成PPT，动态画面直接投影到屏幕（背投、移投）上，以提示听众。

（3）无线遥控激光笔。集遥控电脑功能与激光教鞭功能于一身，使主讲人在讲台的任何一个角落都可以灵活自如地操作电脑。如控制讲解内容（PPT）自动翻页，发出红色光点投射到银幕上起指示作用，吸引听众注意力。

（4）CD、VCD、DVD播放机。在讲座开始前，从主讲人处获得要播放的光盘，并事先测试播放效果；讲座进行期间，有专人负责，并按照主讲人的示意及时播放。

（5）摄影、摄像。在获得讲师授权后，邀请专业技术人员对整场讲座进行拍摄录影。讲座现场安排摄影师选取各个角度拍摄现场照片，为图书馆讲坛的宣传或制作衍生产品提供图片素材，以获得更好的视觉与宣传效果。

总之，如果说讲座的内容是风骨，那讲座的形式就是血肉，两者结合才能使之呈现出完美的效果。

第五节　讲坛的宣传推广设计

品牌塑造不仅在于其产品内在的设计与运作，更在于其产品最终的影响力。相当长一段时间内，图书馆讲坛是在默默无闻、脚踏实地地做实事，在实践中摸索品牌推广与宣传设计思路。随着社会开放度的提升，人们意识到"酒香也怕巷子深"，对于品牌的宣传设计正式进入了图书馆讲坛工作者的视野。

宣传推广，是以广告、公关、销售、社交等传播方式，将特定品牌推广出去的过程，也是用户对品牌形象与定位形成认知的过程。包含讲坛主体、客体、受众对象和传播方式等内容，也就是谁来推广、推广什么、向谁推广和如何推广这几个方面。公共图书馆讲坛有别于商业性讲座，前者侧重于传播的文化价值和社会效益，后者的最终落脚点是经济价值，同时，当代的讲座工作者，又身处移动互联网全覆盖的时代，这就决定了身为公共图书馆讲坛工作者，不仅要善于挖掘讲座的内容价值，同时要兼顾其传播价值，广泛地运用可掌控的媒体资源全方位地对讲座的前期推广、中期同步、后期传播进行有效设计与规划。

一、互联网思维下的图书馆讲坛宣传

毋庸置疑，我们已然进入了互联网时代。媒体无所不在，信息瞬息万变。一方面，整个国际图书馆界都在探讨传统图书馆的变革与转型。2016年上海国际图书馆论坛上，国际图联主席谢德尔（Donna Scheeder）的主旨发言就在讲变革与转型。建设以知识服务为主体的知识中心、学习中心和交流中心是一个大趋势，原先图书馆注重营造阅读环境，现在除了阅读以外，很多图书馆尝试拓展新型服务和业务项目，图书馆主流业务已经从重借阅转向重综合素养，更加关注人的全面发展，并为之提供服务。图书馆公益讲座正成为图书馆开拓业务新的增长点。

对于讲座活动的推广和宣传必须适应这样的大潮流、大趋势。另一方面，新媒体的信息传递更加碎片化，媒体不再是权威的少数人的代言，便利的移动终端和网络媒体的结合，使新媒体更具有超前的媒体功能优势，每个人都可以成为媒体事件的发起人。同时新媒体在大众手中更多地成为人们记录生活琐事和乐趣的工具，可以随时将各种新奇的东西上传到互联网上与世界分享，每个人都可以借助新媒体与世界建立联系，得到心理的认同。传统讲座的宣传工作要抓住这个特性，适应它、利用它、驾驭它。

我们经常听到互联网思维的关键词：专注、体验、极致、创新、社会化、大数据、平台、跨界、流量……讲坛从内容上说是经典阅读的一种，从形式上又具有体验经济的特征。讲坛的场馆、氛围、人群，以及所引起的现场感和交流欲望使得它既传统又现代，既经典又时尚。

讲坛策划引入用户思维。学习互联网成功经验，从用户的角度看问题。图书馆讲坛策划的方向要从经典阅读到当下热点多点覆盖，不仅满足传统听讲方式，还要争取更多的年轻的数字阅读用户加入听讲队伍，强调参与、交融、互动，改变传道式策划思维。

讲坛运行借鉴平台思维。平台模式的精髓在于打造多方共赢的生态圈，开放是平台成长的必由之路。无论是公共图书馆讲坛同行间的合作交流，还是讲坛品牌与当地社会资源的平等共享，以开放为姿态，大力推行联合办讲、展讲互动等方式，不仅降低了讲座成本，更重要的是大大提高了传播效率，对品牌建设产生深远影响。

讲坛形式上借用跨界思维。现代的讲座要突破单调的说教模式。对于正在成为社会主流的80后和90后，传统的讲座要从内容到形式都尝试创新和改变。讲座完全可以融入其他的艺术样式，表演、朗读、评弹、音乐、戏剧、舞蹈、电影皆可入讲。

讲座服务上运用极致思维。所谓"打造让用户尖叫的极致感受"可能有点夸张，但是当代图书馆应不断尝试提升服务能力和水平。就图书馆讲坛而言，尽可能地完善服务机制，树立服务标杆。比如上海图书馆会员制讲座，脚踏实地地对客户进行了精细化服务。

讲座传播上参考迭代思维。当代的讲座早已不局限在一时一地。纸质刊物、官方网站、微博、微信的迅速换代，使讲座信息、视频、音频触手可及。从台式机到手机，传播的方式不是取代，而是自然过渡，用迭加方式完成创新。

二、设计自有平台，整体推广讲坛

（一）物料的宣传设计

根据上海图书馆对参加"上图讲座"的听众进行的抽样调查结果分析，在了解"上图讲座"信息的渠道中，通过馆内公告栏、大幅海报、宣传手册等获悉讲座信息的占总人数的半数以上。可见，视觉资源的有效使用对于讲座宣传还是有相当优势的。公共图书馆要善于整合馆内的优势资源，对讲座给予积极扶持。例如，每个公共馆内都设有咨询台、公告栏、电子屏幕等，这些都是可以利用的重要宣传形式。在公告栏除了发布讲座信息及安排外，还应加强图书馆形象广告宣传、会员制特色介绍、图书馆理念介绍等内容，这些内容同时可以做成视频在馆内的电子宣传屏上滚动播放，也可以做成读者手册供读者免费取阅；有些城市的图书馆地处城市中心区域，在图书馆外围布置一些大幅讲座海报，这也是占尽天时、地利、人和之举。

（二）建设自主网站

互联网时代，尤其是移动客户端发展日新月异的当下，图书馆讲坛的人气迅速提升，与讲座自媒体的建设互相融合，大力拓展了讲坛的服务功能，借助互联网优势，讲坛本身实现了跨越式发展。

事实上，大部分图书馆已经有了专门的讲坛频道，"上图讲座"还注册了独立域名——"讲座图书馆"。鉴于图书馆讲座网站承担着重要的宣传职责，因此对于网站的功能和视觉呈现都需要进行前期的规划和设计。以"讲座图书馆"为例，网站的功能设计必须实现以下目标：

（1）发布讲坛内容的详细预告信息。视各个图书馆的安排计划，提供全年或全月的全部或部分预告。其中每个单场的讲座时间、地点、主讲人照片、介绍等详细信息必须准确清晰。

（2）提供预订通道。网站的另一个重要功能在于提供预订方法和通道。预订之前必须让用户注册后登录。目前的潮流是注册便捷化，或者使用其他常用账号共享登录，比如QQ账号、微信账号、支付宝账号、微博账号等。只需要简单几步，无须复杂认证即可实现对某场讲座的预订。

（3）重点推送重要活动。每个图书馆都会有一些特别重要的讲座要给予特别宣传，比如一些大型的馆际巡讲，特别有影响力的主讲嘉宾到场或者参与全市甚至全国性的重要活动……这一类需要获得最大宣传效果的专题性活动，网站有责任专门推送。

（4）收听（看）讲座音频或视频。讲座的视频资源是图书馆拥有的独立知识产权的重要文化资源和教育资源。由于资源数量庞大，类别丰富，所占空间巨大，所以这也是讲座网站建设的重中之重。讲座网站要对现有的视频和音频资源制订全面的管理计划。

（5）展示讲座附加价值。网站除了发布讲座预告和视频资源之外，还可浏览讲座刊物的数字版。比如很多图书馆都有与讲座相对应的公益性刊物，在网上提供数字版本让用户了解讲座活动的现场报道、图片展示、主讲人现场演讲等，也是提升讲座活动后续社会影响等的重要手段。

（6）提供兄弟图书馆的共享资源。对于讲座同业来说，各家网站提供的信息是同行之间借鉴学习的重要来源，更是馆际合作的重要窗口。通过网上资源的共建共享，在兄弟图书馆之间形成讲座联动，提升策划质量，共同建设有一定影响力的图书馆讲座网站。

（三）使用社交网站、微博、微信

互联网的发展和技术更新速度越来越快。"上图讲座"于2009年在豆瓣网上建立网页，两年内访问量呈直线上升的态势，2010年，超过6000人次的网友对其表示关注，有9378位豆瓣网友预订过上海图书馆的各类讲座。此外，"上图讲座"MSN网络实时在线咨询已添加网友超过3000人次。2011年，微博作为一种实时分享的体验工具风靡网络世界,被称为"最具传播力的媒体工具"。"上图讲座"适时推出上图讲座微博，并与豆瓣网建立信息发布平台。2013年，当微信成为自媒体的先锋后，"上图讲座"又乘势推出微信公众订阅号。目前的粉丝数量达到4.8

万，并且继续以每月千人的规模增加，每天平均发送 2~3 条图文，包括预告、报道、讲座音频等。因为使用便捷，用户人数逐渐超越"上图讲座"网站。

目前，图书馆的微信公众号（包括订阅号和服务号）已经非常普遍。多元化媒体时代，图书馆讲坛需要有开放的眼光和格局，深谙品牌推广与媒体宣传之间千丝万缕的联系。海报、书签、宣传册、广告牌等印刷型媒介以及网站、移动通讯、社交网络等电子媒介进行全方位、立体化的宣传推广，都为品牌推广提供了无限的可能。

三、联手公共媒体拓展宣传边界

在对自主媒体进行充分设计和利用的同时，图书馆还要积极谋求与社会化公共媒体的深度合作，在场外做足功课，丰富讲坛传播手段，借力发展。

目前，各地兄弟图书馆在探索讲坛进一步传播方面都做了自己的有益尝试。如江苏省张家港市图书馆在每次讲座之前，都提前邀请电视台、报社、电台记者参加，每次讲座都做到"电视有图像、电台有声响、报纸有形象"。

"珠海文化大讲堂"由中共珠海市委宣传部主办，珠海市图书馆、珠海市广播电视台、珠海市报业大厦等单位承办，如今已成为当地一张知名的文化名片。《珠海特区报》《珠江晚报》、珠海广播电视台"珠海文化大讲堂"专栏，免费刊播讲座预告，播发讲座动态新闻。这一案例是组织重视、各单位精诚合作、资源整合的优秀典范，最大限度发挥当地媒体的传播能量，使讲座的传播手段由扁平转向立体。

从 2006 年 4 月起，泰州市图书馆和《泰州晚报》联合开办了"凤城讲坛"，以现场讲座与视频讲座相结合的方式举办公益讲座。这些年来，每月一期的"凤城讲坛"系列讲座，涉及泰州地方历史文化和市民生活的各个方面，受到广大市民的欢迎。

山西省图书馆"星期日讲座"与山西电视台科教频道合作，在"周末开讲"专题中播出，并与《山西日报》《山西晚报》《太原日报》等媒体积极联动，被誉为"思想圣殿，汇古今之音；知识宝库，陈百家之言"。

上海图书馆 2016 年开始牵手喜马拉雅 FM，全方位地实现讲座的立体传播。很多热门讲座现场启用实况转播，满足了潜在听众追求现场感、即时感的听讲需求。

以开放的姿态"开门办讲座"，通过这些与媒体的互动，图书馆的讲坛走出了图书馆建筑，也走出了单纯的读者群体，不仅对讲坛的宣传起到了烘托人气、引导舆论的作用，同时为讲座衍生产品后期的深入挖掘创造了空间。

四、讲坛品牌宣传策略的其他可能

全媒体的时代，国内图书馆界不妨打开视野，多多学习国外的先进经验，提升讲坛宣传的水平和能力。海外很多阅读推广活动的经验值得我们借鉴，如"读遍美国"活动在开展时除印制统一格式的宣传海报外，在其网站主页上还提供了Pinterest、Facebook、Twitter、YouTube等现代交互式工具，以便促进阅读推广活动组织者与参与者之间的交流和沟通。又如新加坡的著名阅读活动"读吧！新加坡"，除运用报纸、广告牌等传统方式外，也运用了博客、Facebook、Twitter等社交平台与读者互动，鼓励读者全面参与到活动中。

当下的图书馆讲坛，也许可以多多关注传播工具与听众群体的匹配度。比如针对年轻群体，网络应该成为主要沟通途径。在网络频道的选择上，一些互动性好的社区网站、视频网站可以作为合作的对象，提升讲座的互动性。以下的探讨提出了几种可能。

（一）制作自己的形象片及周边产品

在讲座开始前1小时用多媒体放映讲坛形象宣传广告或讲坛特色展示。还可充分利用讲座光盘及网络视频等自身媒体宣传形象及理念，可以在光盘或视频播放前加入针对不同群体的形象宣传广告，甚至可以在讲坛的形象宣传广告中，依照不同群体的情感诉求设计不同的形象广告。

（二）加强与IPTV、高清电视、音频和视频网站等新兴媒体的合作

讲坛可与IPTV、高清电视频道、土豆视频、小米盒子、腾讯视频、阿基米德电台、喜马拉雅FM等强势新媒体合作，策划"讲座频道"，使得讲坛的传播渠道大大增强，也能充分利用新型媒体受众年轻化、收听碎片传播快速化的特点，扩大受众份额，增加品牌的影响力。

（三）加强与传统媒体合作的深度和广度

加强与传统媒体的深度合作，与媒体一起策划，也可以根据媒体的要求来选题，也可共同举办节目，共同开设频道。除讲座外，还可以包括访谈、座谈会、辩论会及其他竞技类活动，另外可以与媒体合作进行后期产品的开发。

（四）加强自身传播渠道的建设和利用

品牌宣传与推广需要找到合适的契机，多方同步宣传可整合资源，强化传播效果。有一些规模宏大、规格特别高的讲座，尤其是联动了展览开幕、新书发布或者重要文体活动的讲座，可视具体情况选择召开新闻发布会、举办体验日活动多层次立体宣传，同时通过宣传文章向长期合作的重要媒体进行发布。

第六节 讲坛衍生产品设计

上海图书馆曾经与著名的市场研究企业零点合作对"上图讲座"品牌进行专项评估。在零点公司对"上图讲座"的调查样本中，时间不足和路程太远是听众放弃讲座的重要原因。在参与度不高的原因中，太忙没时间占55.3%，路程远占14.7%。但这些听众最后都无一例外地提出了对讲坛衍生产品开发使用的期待。

的确，听众的愿望永远高于现实，图书馆讲座现场总是受限于一时一地，通过对讲坛衍生产品的开发设计，我们对解决这一传播难题有了初步的方案——图书馆讲坛通过数年如一日的积累，在讲座本身之外还将会产生一大批与讲坛相关的衍生产品，比如讲师资源库、讲座文字稿、讲座课件、视频音频资料、讲座刊物、讲座出版物等，这些产品丰富了讲座服务的内涵，延长了业务价值链，使得讲坛品牌的多元化发展成为可能。对这些衍生服务，同样需要用策划和设计的眼光来合理布局，这些服务功能的完善和优化是图书馆系统建设讲坛品牌的必要条件。

一、讲坛刊物是进行再传播的重要工具

2008年春天，太仓图书馆自行编印的馆刊《尔雅》创刊，每两月出版一期，

被中国图书馆学会阅读推广委员会指定为"书香园地"期刊之一。这份人文导读刊物传播太仓的文化，拉近与读者的距离，成为太仓图书馆的文化名片。

同样，上海图书馆的《上图讲座专刊》《参考文摘》，每月一期，向听众提供最新鲜的讲座资讯，建立一个沟通信息、收集反馈、促进互动的公益平台，不仅为上海市民提供精神食粮，也给全国图书馆同行提供了同业参考和例证。此类的刊物在全国公共图书馆界比比皆是，讲坛举办较为成熟的图书馆几乎都创办了专业的讲坛刊物。这些人文导读刊物拉近了与读者的距离，成为图书馆讲坛的文化名片。

（一）刊物的装帧设计体现文化底蕴

讲坛刊物是讲坛品牌的附加值，连续性的讲坛刊物是讲坛品牌的价值呈现，因此也要强调刊物的装帧设计、排版印刷、内容编辑的专业性和美观度、可读性。有条件的图书馆聘请专业人士或委派专人从事刊物的编撰工作，不仅对讲坛刊物的内容严加把关，对审美设计也提出了更高的目标追求。

（二）讲坛刊物的数字化趋势

同电子书一样，讲坛刊物的数字化程度也大大提高。从刚开始通过邮局寄送，后来演变成电子期刊，进而发展到手机彩信刊物，直到今天的微信公众号定期推送。数字化趋势逐渐覆盖全国，图书馆讲坛要抓住这样的趋势和机遇，大力加强讲坛品牌传播力度。

二、讲坛丛书是品牌建设的重要载体

讲坛刊物之外，讲坛丛书是图书馆讲坛的另一张王牌。

最具知名度的莫过于国家图书馆"文津讲坛"系列丛书。"文津讲坛"是国家图书馆主办的公益性学术文化系列讲座，是国家图书馆乃至全国著名的品牌讲座。"文津讲坛"精选部分讲座内容，汇集成册，出版《文津演讲录》系列图书十册。至今在很多听众的心目中，《文津演讲录》都是教科书一般的经典讲座出版物。

同样，山西省图书馆主办的"星期日讲座"是"文源讲坛"系列中最早成型并获好评的一个讲座形式，它创始于 2000 年 5 月，至今已走过了十余年的时光。十多年来，它以内涵丰富、受众面广、风格独特等赢得了不同年龄、不同层次读者的青睐，更有企业把讲座当成企业文化的学习基地，每到周日便集体来这里聆听并享受讲座。山西省图书馆整理出版的"文源丛书"，涉猎众多领域，适合各个层次的读者。

安徽省图书馆与《安徽晚报》联合推出的"新安百姓讲堂"自2006年3月诞生以来，受到当地听众热烈欢迎，并获得了全国社会文化艺术政府最高奖——群星奖。在开发衍生产品方面，该图书馆也颇有心得，《戴光强说保健——21世纪保健新概念》（上海教育出版社，2008年版）就是"新安百姓讲堂"推出的第一部精品力作。

"上图讲座"更是硕果累累，目前已整理出版《东方大讲坛》（1~3辑）、《上图讲座》（1~3）、《约会名著》《先秦诸子十二讲》《城市·生活——上海世博会讲坛集锦》等"上图讲座"系列丛书十余种，记录了"上图讲座"近十年间最有价值的经典部分，成为品牌爱好者的最佳收藏。

三、讲坛音频、视频开发共享

纸质文件的传播固然代表了传统和经典的力量，而讲座课件、文稿、音频、视频已成为年轻人青睐的学习利器。规划设计好这些产品，是在年轻听众群体中提升品牌影响力的好办法。

（一）扎实推进视频资源库建设

在文化部共享中心的大力推动下，公共图书馆界的讲座资源共享工作进展神速。现在各大图书馆办讲座，签署知识产权保护协议，现场录制，后期制作，资源共享等早已成为行内共识。同时，随着视频资源建设越来越成熟规范，各个公共馆都积累了丰富的资源，为跨地区的合作共享提供了可能。

以久负盛名的"文津讲坛"为例。自2007年开始，"文津讲坛"尝试对相关授权的讲座进行字幕的整理和编辑，并对录像深度剪辑加工，在国家图书馆网站上提供相关的讲座视频供读者阅览。为了更好地推广和共享优秀的讲座资源，"文津讲坛"与文化部下属的全国文化信息资源共享工程中心建立了良好的合作关系。

全国文化信息资源共享工程是新形势下构建公共文化服务体系、惠及千家万户的一项重要文化基础工程，是政府提供公益性服务的重大文化项目。该工程应用现代科学技术，将中华优秀文化信息资源进行数字化加工整合，通过工程网络体系，以互联网、卫星、移动存储、镜像、光盘、有线电视/数字电视网等方式，实现资源在全国范围内的共建共享。像"文津讲坛"这样的优质资源提供者，在全国公共图书馆界还有很多，他们为国家公益文化基础项目的建设做出了巨大的贡献。

（二）以产品共享带动资源共享

以讲坛衍生产品（主要是讲座视频）的共建共享为开端的公共图书馆界的合作模式取得了丰厚的成果，视频资源的共享带来了人力资源的互补。

近些年，公共图书馆界合作办讲、联合巡讲、师资互换十分频繁，在全国掀起讲座热。由上海图书馆牵头的2010上海世博会巡讲历时五年，足迹遍及大江南北；又如长三角易中天巡讲、鲍鹏山巡讲、阎崇年巡讲，更是一票难求；同时，山西省图书馆推荐的于丹、黑龙江省图书馆推荐的隋丽娟等也都在上海图书馆留下值得回味的精彩讲座。

这种以优势品牌带动行业共建、以资源输出促成优势互补的互助模式形成了良性互动。

（三）完善和提升自媒体传播能力

从自主开放讲座网站，主动参与社交网络平台建设，到后来的微博、微信的开发利用，图书馆讲座在自媒体建设上始终保持着高度的热情，与社会趋势保持一致。实践证明这些投入和建设都是值得的。

以"上图讲座"旗下的"讲座图书馆"主网站和微信订阅号的服务为例，其功能不仅包括了基本的信息推送、票务预定等用户必选项，还利用附件功能提供讲座刊物数字版、讲座音频欣赏、视频精粹回看、即时讲座报道、志愿者社区互动……为打造全方位的微信阅读体验，"上图讲座"团队还专门开发了上海图书馆微讲座视频Libtalk。这是为了满足年轻人阅读时间碎片化、阅读习惯个性化的趋势而专门开发定制的视频讲座。每段视频时长六至八分钟，邀请著名演讲家、书评家、文化学者、作家等走进虚拟演播室，这种经裁减、精编而成的微信讲座，用手机便可以聆听，既无须等待，又可多次回看。Libtalk内容涉及文学、艺术、科学、影视、戏剧、阅读等多个领域，观众可以随时随地进入讲座天地，与智者对话，与知识同行。

在现场讲座持续红火的今天，公共图书馆讲座应先行一步，积极探索讲座微平台建设，主动适应自媒体时代的受众口味，探索创新发展的可贵尝试。

四、讲坛衍生产品及服务的社会化辐射

讲坛资源在业界的共享工作已经取得卓越的成效，而在各自所在的城市，图书馆讲坛同样有着广阔的用武之地。"上图讲座"自2007年起就与上海市教委合作，对寄宿制重点高中、松江大学园区、上海市开放大学、全市职业教育机构开放"上图讲座"的师资和视频讲座资源。学生们不仅可以免费点播"上图讲座"视频，还可以足不出校享受到"上图讲座"的优质师资——在上海市教委的直接关心下，"上图讲座"已先后走进松江大学城、南汇临港大学城、闵行大学园区、上海师范大学等高校。其中，"上图讲座"与上海视觉艺术学院合作开办的"云间大讲堂"被纳入校方学分系统，历时七年多精心打造，积累了百余场优质讲座，根据演讲内容编撰而成的《云间高致——云间讲坛艺术人文演讲录》已于2016年夏天于上海书展与读者见面。

同样作为公共资源，各大公共媒体与图书馆之间长期存在着互相需要、友好合作的关系。媒体的参与扩大了图书馆的社会效益，图书馆的资源又提供了对媒体可持续发展的支持。例如，"上图讲座"常年与电台的品牌节目《市民与社会》合作，该节目因为多次邀请过政界或商界的名人而被市民广泛关注。节目以现场采访为主，但是周末档期的编排常常遇到困难。"上图讲座"抢占先机，以公益性讲座录音弥补节目空白；而经过电台专业编辑制作的录音文件又特别具有传播性，这些文件又再次成为图书馆制作宣传品的内容支撑。

抓住这样的需求，公共图书馆适时地打出自己的品牌，不仅通过媒体放大活动效应，还能够打开长期合作、凸显品牌价值的通道。比如在媒体上开设专栏、定期刊登讲座文稿；或提供现场录制的有利条件，在宣传氛围和细节上做足文章，在公众视野下尽可能展示图书馆讲坛的文化符号和个性元素。

参考文献

[1] 赵俊玲，郭腊梅，杨绍志．阅读推广：理念 方法 案例［M］．北京：国家图书馆出版社，2013．

[2] 杨白璇．浅谈公共图书馆讲座——以厦门图书馆讲座为例[J]．中国西部科技，2011（26）：93-94．

[3] 李萍．论图书馆讲座品牌创建的策略［J］．图书馆界，2013（2）：15-17．

[4] 孟化．国家图书馆文津讲坛品牌成长之路以及思考[J]．大学图书馆情报学刊，2013（4）：55-58．

[5] 关月红．打造公共图书馆公益讲座服务品牌——以中山市中山图书馆"香山讲坛"为例［J］．图书馆情报工作，2013（S1）：191-193．

[6] 马云，虎雅东．"互联网＋"背景下的品牌设计与推广特点研究[J]．包装工程，2016（10）：17-20．

[7] 石继华．国外阅读推广的品牌化运作及启示［J］．图书馆情报工作,2015（2）：56-60．

[8] 任喆．论品牌设计的基本原则［J］．品牌，2015（7）：7．

[9] 白琳，赵文俊，韩华．视觉文化传播在大型公关活动策划中的运用研究［J］．文学界（理论版），2012（8）：374-375．

[10] 吴晞．天下万世共读之：公共图书馆与阅读推广［M］．上海：上海科学技术文献出版社，2014．

[11] 吴建中．21世纪图书馆新论［M］．上海：上海科学技术文献出版社，2003．

思考题

1．讲坛的专业设计对于讲坛品牌的塑造、维护和创新会有哪些积极的贡献？
2．在新媒体和自媒体十分活跃的当下，图书馆讲坛组织者如何运用互联网媒体平台更好地设计和推广讲坛活动？
3．作为讲坛的设计者，不仅需要对讲坛有宏观上的把控，也需要有细节上的眼光。你怎么看待这个问题？

第四讲

图书馆讲坛的资源组织

讲坛是多要素集合的平台，是由策划人、主讲人、听众、主持人、场馆、时间、地点、宣传等要素所组成的"场"，听众、主讲人、主持人都是"场"中的核心要素，但是在显性的核心要素之外还有场馆设施、信息发布、社会合作等诸多隐形元素在发挥着重要的作用。"场"中的每一个要素都是可变的动态存在。因此，就讲坛工作的特点和性质而言，它是个具有较高活跃度、较大可塑性的工作形态。图书馆的讲坛工作应该对这些变量有较好的应对方式，更应该有较好的管理方式，同时吸引和争取各种社会力量的培育和支持，促进图书馆讲坛可持续发展。

第一节 听众

听众是讲坛的重要构成要素，也是图书馆讲坛的重要资源。图书馆讲坛的根本目的是满足听众的需求、向听众传播知识和文化。没有了听众，讲坛就成了无源之水、无本之木，听众的满意度是衡量讲坛成功的尺度，同时，听众需求是讲坛主题设置的基础，听众是讲坛扩大影响、建立品牌的重要助力，听众的满意度是图书馆争取讲坛其他资源的筹码。因此，为听众办好讲坛是图书馆服务的出发点和落脚点，尊重听众、接近听众、了解听众、倾听听众的讲坛才具有生命力。所以，图书馆讲坛从主题策划、主讲人选择、时间选择、环境布置到组织举办，都以听众的需求和特点为重要前提。

一、调研并分析读者需求

怎样才能策划听众喜闻乐见的讲坛活动？这是每一名讲坛工作的负责人都要面对的问题。以听众需求为导向，为听众设计讲座就是其中的奥秘。对听众调研的调查研究永远是成功组织讲坛的能量源泉。图书馆可以通过发放调查问卷、评估测试等方法收集听众的兴趣、爱好，为选题策划提供依据，甚至可以筛选整理出听众感兴趣的选题、内容及主讲人倾向，然后由图书馆员进行策划组织，从而既满足听众的需要，也提升讲坛的服务效能。兼具专业性、普及性、知识性以及趣味性的讲坛才是读者喜爱的讲坛。

在满足听众需求的同时，还要注意引导听众，培养听众的品位，提高欣赏水平，防止出现一味迎合听众而使讲座走向低级媚俗的倾向。把握住讲座定位，慎选主题，以正确的舆论引导听众的思维走向，以高尚的精神、优秀的作品培养听众的相关兴趣，使听众产生对图书馆讲座的认同感和归属感，从而使讲座工作能真正发挥其社会教育的功能。

二、细分听众，丰富讲坛活动

图书馆为所有人服务，是通过服务的整体性来体现的。具体到某个讲座，面对听众群体的不同、文化素养不同，需求也就不同。对于任何服务而言，服务内容是否能够针对需求，是首要关注的问题，所以，能否细分听众，是讲座资源组织中解决"讲给谁听"的问题，也是讲座能否引起听众关注、调动其参与积极性的关键问题，决定了讲座的成败。[1]以听众需求为导向，按照听众的年龄、性别、职业、兴趣、需求等进行细分，打造多元而立体的讲坛活动。从需求出发首先要明确为什么人做讲座，搞好听众群体的划分，他们在年龄、性别、职业、社会角色、需求等方面，同一性的指数越高，讲坛效果就越好。馆员可依据年龄层、文化程度等划分听众，明确每一场讲座适合的受众，然后进行相应的宣传活动，使讲坛有的放矢。如为老年听众举办养生保健、书法鉴赏等讲座；为女性举办家庭保洁、家庭理财、美容美妆等讲座；为青少年举办自然保护、宇航知识、趣味科普等讲

---

[1] 吴惠茹.中美公共图书馆讲座服务对比与启示［J］.图书与情报，2011（6）：93-96.

座，精确划分听众群体，使得每个讲座主题都可以吸引和培养固定的听众群，同时使讲座策划、宣传、后续产品开发都有针对性，使资源得到合理配置。此外，也可以寻求社会合作，组织团体听众，根据特定需求做好专题讲座，从而提升讲坛服务效果。

三、提供贴心和专业服务

讲坛以参与性和互动性为重要特征，除了主讲的"讲"外，还要为读者搭建"问"的桥梁，发挥图书馆讲坛的交流平台作用。为读者设"提问"环节就变得非常重要，同时也有技巧而言，可以在讲座开讲之前征集听众的问题，也可在讲座过程中设提问环节。

图书馆可以充分利用馆藏资源，事先把下一阶段讲坛的主讲人的文章或专著等检索归类，设立专架，向读者推荐。这样，一是可以营造讲坛氛围，扩大讲坛宣传，二是可以让听众事先了解主讲人的背景、学术观点等，便于开展互动，三是使讲坛、图书专架、读书、观点互动等形成一个有机的阅读推广组合体系。

积累听众信息，定时发送讲坛活动信息。图书馆讲坛有长期规划和年度计划，体现出很强的计划性和系统性，所有讲座可以至少提前一个月完成细化策划并对外发布，可以做好听众信息积累工作。为了让尽可能多的读者获取预告信息，可以在讲坛活动中发放纸条或摆放留言簿，讲座前后告知听众是否需要定时收到图书馆的讲坛信息，对有需求的听众可以在纸条和留言簿上登记他们的联系方式。讲坛结束后，工作人员进行整理，实现讲坛信息的点对点发送。目前阶段，听众一般以手机短信、邮件或微信等形式获取讲座信息。

深化服务，编制讲坛推荐书目。很多讲坛活动结束之后，听众感到意犹未尽，希望就该主题继续探讨。一场活动的结束不应是讲坛服务工作的简单收尾，根据讲座内容进行荐读是深化讲坛服务成果的另一重要途径。首都图书馆举办的"乡土课堂"是一个在国内率先进行的乡土教育讲坛活动。自2012年起，它推出了"二为一"荐书书单，即根据本场讲座主题，要求主讲人荐书，同时讲坛主持人做馆员荐书。发放"二为一"荐书书单已成为乡土课堂的惯例，满足了那部分"意犹未尽"的听众的需求。

以听众为本，体现图书馆文化服务的专业性和指引性。讲坛活动是个立体的活动现场，除了接待主讲人，还要服务好听众。在讲座中为他们提供文明、得体、温馨的指引服务，确保讲坛活动有序开展。一般而言，一场讲坛活动至少要设两名工作馆员，一名馆员需负责接待主讲人，另一名则主要在现场做文明引导和服务。为了取得更好的服务效果，讲坛活动还可以招募志愿者参与服务，让现场的服务工作更细致、更温馨，更充满人文关怀。

第二节　主讲人

一个讲坛品牌是否具有鲜活的生命力，能否长久、可持续地发展下去，主讲人非常关键。作为信息和知识的输出方，主讲人是讲坛的核心要素，是单场讲座活动的灵魂所在，是成功举办讲座的关键。讲坛是否受到人们喜欢的一个最主要原因就是它是否拥有一批学识深厚、风趣幽默的主讲人。一般来说，讲座内容是否新颖丰富、通俗易懂、生动有趣，主要看主讲人讲演水平的高低。

要有计划地发现和培养图书馆的主讲人队伍。诚然，对于公共图书馆开展的公益讲坛，选择主讲人要考虑到听众的喜好、图书馆经费及讲座的自身发展程度等因素。这些因素同时也和主讲人队伍的建设有着纷繁复杂的关联，只有选择合适的主讲人因地制宜、因时制宜地举办讲坛活动，才能取得最好的活动效果，才能助力打造富有本馆特色的讲坛活动。

一、主讲人应具备的基本条件

首先，主讲人应具有丰厚的学识和修养。讲坛以传承文化、传播知识为己任。主讲人的现场演讲通常历时近两个小时，具有丰富的信息含量，而且台下的听众水平不一，不乏有相当专业的听众。因而主讲人需具有丰富的学识修养才能在讲坛中旁征博引、侃侃而谈。因此，一般邀请主讲人就他最熟悉且研究成果最丰硕的领域开展演讲，以便于既最大限度地发挥主讲人的演讲魅力，同时让讲坛内容丰富、客观、准确。

其次，主讲人应具有个性化的"言语"风格。从应用语言学的角度来看，对语言的具体运用就是"言语"。同一种语言，不同的人使用起来就会产生不同的言语风格，不同的言语风格的表达效果也是各不相同的。对同样一件事情的描述，有的人妙语连珠，有的人简单直白，很大一部分原因是语言能力和言语风格的不同。讲坛是听和说的艺术，需要语言丰富多彩、生动活泼。

二、主讲人是讲坛品牌建设的重要因素

首先，选择、挖掘主讲人队伍，建设讲坛专家数据库。加强与政府、高校、企事业单位等的合作，图书馆提出选题要求，合作单位推荐候选主讲人，这样可以邀请到更多的本地作家、学者、教师走进讲坛，丰富图书馆讲坛内容。同时，图书馆也可以开拓外地资源，引进"外脑"。图书馆可与因地缘关系合作频繁的兄弟馆探索建立讲座联盟新模式，实现主讲人资源的有效共享，提高效率，并使多方受益。依靠本土资源，挖掘本区域学术科研人才，这样既可降低成本，又可在短期内吸引大批听众。

其次，适度重视名人效应。公共图书馆举办的公益讲坛需要名人的支撑。众所周知，社会公众普遍对名人有一种崇拜、渴望谋面的心理，加上广大媒体多方面宣传，听众在了解主讲人和讲坛内容后，大多数都会慕名而来，而许多心怀社会责任感的名家也愿意投身于公益讲坛，这也会让讲座活动产生事半功倍的效果。但是由于名人对于讲座时间和地点要求较严格，同时出场费用较高，对于一些图书馆而言又有组织难度，因此要适度利用名人效应，讲坛的持久发展力还是要依靠图书馆的综合策划及组织实施能力。

再次，与主讲人协商主讲内容、PPT制作、所需图片资料等细节，提升讲坛的精彩程度。对于演讲者而言，可以通过声音的强弱、快慢以及各种肢体语言来表达其思想和感情，也可以通过现代信息技术用屏幕演示来形象地反映各类图像、数据、图表以及访谈的场景。在富有哲理地演讲的同时，通过多媒体手段向听众展示众多的珍贵历史照片和示意图，可以增添讲座的信息量和趣味性。因为演讲与写作不同，除了丰富的知识，演讲还需要生动、幽默并富有逻辑的表述，图书馆对主讲人的演讲水平和技艺一般要做了解和调研，这也是讲坛能否成功的重要因素。

三、建立讲坛主讲嘉宾库

图书馆讲坛要想长期开展，就必须事先做好功课，建立好讲坛主讲嘉宾库。这个主讲嘉宾库中不能笼统地只解决哪个主题、哪位专家学者可以讲，而是要十分清晰地反映出以下内容：

（1）某一主题有哪些专家学者擅长，把主题尽量细化，把专家学者的姓名排出来，且再做一个排名。如阅读主题，许多人可以担任主讲，但如果继续细化为"经典阅读""阅读与图书馆""阅读与少儿教育""阅读方法"等具体的讲座题目，就需要有明确的主讲人排名，而且，当题目基本相同但听众对象有差异时，主讲人的排名也会出现差异，这需要图书馆把握。

（2）某位专家学者在本地有哪些受众，这需要根据统计或调查才能得出结论。如果是在本讲坛做过讲座的主讲人，且讲坛工作人员平时做好了统计工作，自然就会有数据。此外外地讲坛的媒体报道，各图书馆或其他机构举办讲坛的自媒体报道，都是这些信息收集的渠道。

（3）畅销书的作者。对于图书馆而言，发现畅销书的途径比其他机构要多得多，不仅有外部的信息，也有行业的信息，如阅读排行榜、馆内图书借阅统计等。

（4）某个领域的研究者。这与主题擅长有些相近，但就讲坛的主讲人来说，能讲且能讲好的不一定是作者，特别是一些历史传承、民俗文化、非物质文化遗产等方面的讲座更是如此。如昆曲、苏州评弹、造园艺术、工艺美术等，适合的主讲人可能是演员，可能是工艺师，可能是研究者。这需要图书馆做好调查研究，地方报刊的报道、网络上的信息、社会上的口碑等都是信息来源，图书馆馆员要做有心人。

第三节　主持人

随着公共图书馆讲坛的日益普及，到图书馆听讲座、学知识已成为许多市民的一种生活习惯，这不仅是对图书馆讲坛活动的认可，同时也对推动全民阅读和市民终身学习具有重要的意义。随之而来的是，讲坛事业的发展对图书馆讲坛主持人的要求也越来越高。从国内公共图书馆讲坛的现状来看，目前图书馆讲坛主持人主要由本馆图书馆员担任，也有一些图书馆在重要讲坛活动中邀请专业主持人担当。经验证明，一个优秀的主持人，往往是一个优秀的讲坛的基础，如佛山市图书馆公益讲座起步早、发展快，与当时佛山市图书馆讲座的主持人杨河源密切相关；"上图讲座"的成功，虽然因素很多，但主持人拱佳蔚的贡献不可低估。因此，主持人是讲坛成功与否的重要因素，是图书馆讲坛的重要资源，这里主要从资源角度来讨论由图书馆馆员担任讲坛主持人的要求和条件，当好主持人的其他要求见第六讲。

为了更好地发挥传播知识的桥梁作用，一名合格的图书馆讲坛主持人必须具有良好的道德修养、语言修养和文化修养，同时还应适当修饰外表形象。因此，每一个担任公共图书馆讲坛主持人的馆员都要紧跟社会前进的步伐，积极参与相关技能培训，不断提升自身的舞台能力、语言修养、文化水平和职业素养，努力成为专业而优秀的讲坛主持人。

一、成为讲坛形象的代言人

图书馆讲坛的主持人必须具备优良的专业形象和综合素质，合适的主持人是图书馆展示服务水平和塑造社会形象的重要元素。主持人的挑选，既要注意形象气质、学识修养，还要考虑语言表达能力、组织协调能力。公共图书馆讲坛的主持人一般由各馆馆员担任，少数情况下会由馆领导、协办单位负责人或者外聘主持人担任。当一名馆员以主持人的身份出现在读者面前时，他的言行举止和所体现的精神风貌都代表了这座图书馆的形象。

二、主导讲坛活动有序开展

图书馆是一个公共文化服务机构，也是一个有社会责任担当的机构。图书馆需要为发布的信息准确与否、传播的知识科学与否承担社会责任，要确保讲坛内容能在读者中形成科学的、正面的影响。因而，作为公共图书馆讲坛的主持人，要能合理地控制现场节奏，发挥现场协调能力，把握讲坛进行的方向，主导整个讲坛的进程。虽然讲座活动以主讲人讲授为主，但讲座开头通常先由主持人介绍主讲嘉宾，进而引出主讲人及讲坛内容。作为图书馆的讲坛，不仅要介绍主讲人的职务职称信息，还要简要介绍主讲人的学术研究信息，甚至是最重要的学术观点或研究成果；主讲人主要内容演讲完毕，主持人要精炼总结本场讲坛的主旨，同时开启听众与主讲人的互动交流环节。在此过程中，主持人要必须有全局意识，引导主讲嘉宾和现场读者基本按照预先设定的计划有序完成讲坛内容。为了更好地完成整个讲坛流程。主持人要事先了解嘉宾的个人背景，以自然流畅的聊天方式，引导嘉宾尽可能完整、全面地表达自己的思想，既不能让气氛沉闷冷却，也不能让气氛过于热烈吵闹，甚至演变成嘉宾与读者之间或读者与读者之间的激烈辩论、争吵。

三、协调讲坛各种突发情况

公共图书馆讲坛不同于高校举办的受众多是知识水平较高的老师或学生的讲坛，公共图书馆讲坛的读者群构成复杂多变，他们来自社会各界，很难形成共同的审美趣味，信息接收和理解能力也参差不齐；也不同于专业学术机构举办的讲坛或沙龙，其受众多是机构内部成员，或者利用付费进场的方式限制参与人数和范围，可控性很强。公共图书馆讲坛提供的是所有读者都能平等获取的免费公共资源，读者群是一个临时的、随意的组合，里面的成员互不相识，人员流动性大，多数情况下不会考虑自身言行对集体或他人造成的影响。这种情况下，讲坛主持人就需要发挥重要作用。主讲人进行演讲时，主持人要随时留意现场情况，处理突发状况。讲坛主持人的调控作用主要是指调节处理讲坛过程中由不同读者群造成的各种突发状况。

另外，主持人全场必须认真听讲，当发现主讲人的语言、观点不符合政策法令、核心价值、科学真理时，应在讲座结束时表明主讲人的这些观点是主讲人的个人观点，不代表本讲坛的观点；主讲人的观点与主旋律严重相悖时，主持人须立即打断讲座，向主讲人指出错误，并向听众表明图书馆讲坛的立场。

四、切合讲座进程的角色意识

主持人要参与讲座活动的全过程。主持人是讲坛计划的参与者、讲座方案的策划者、主讲人的邀请者和接待者、讲座过程的主持者、讲座衍生产品设计的参与者……其实，从某种意义上说，主持人是讲坛的管理者。作为讲坛的管理者，主持人需要在不同的时间和场合扮演不同的角色。

（1）形象大使。这在上面的"代言人"中已经有涉及，主持人的"代言"，在外部（主讲人、听众、媒体等）代表了讲坛的形象，主持人的衣着是否合适、举止是否得体、学识是否渊博、谈吐是否幽默等，虽然是个人素质的表现，但作为主持人时却代表着图书馆的形象。

（2）联络人。主持人根据讲坛的工作计划，联络主讲人、邀请记者、向听众发布信息等，扮演着"联络人"的角色。这时，主持人需要良好的沟通能力，这决定了能否邀请到合适的主讲人和媒体记者。

（3）倾听者。主讲人在讲授中，主持人必须扮演"倾听者"的角色，获取并分析讲座信息，把握讲座方向，这样才能在讲座后的主持中提炼知识要点，引导读者思考，从而顺利开展互动环节，实现听众与主讲人之间平等有序地交流。

（4）传播者。主持人通过主持，不仅是引出主讲嘉宾，而且要传播对图书馆讲坛、对图书馆本身有利的信息，宣传图书馆讲坛，树立讲坛品牌。

（5）发言人。主持人扮演"发言人"角色，不仅是负责开场的主持词，而且在负责讲座的全过程中，包括邀请、接待专讲人和记者，与听众沟通等过程中，阐释图书馆讲坛的目的、意义，宣传公共图书馆的核心价值、理念及服务。

（6）混乱应对者。即主持人在讲座主持中，一旦遇到突发事件，要担当起"混乱应对者"的角色，及时应对、正确处理。为此，图书馆讲坛对可能的突发事件要事先制定应急预案。

（7）谈判者。在策划、落实、组织等过程中，会出现一些权益问题需要处理，如主讲人是否同意录像或录音、是否同意图书馆在网络上传播、是否愿意将讲稿结集出版等，这需要主持人懂得"讨价还价"，有通过谈判达成共识的能力。

总之，主持人是讲坛的重要资源，综合素质高的主持人有利于图书馆讲坛品牌的塑造，对推动图书馆的其他工作也大有裨益。

第四节 场馆

场馆是图书馆讲坛的基本资源。公共图书馆讲座的场馆一般选择在报告厅，也可采用非固定座椅的多功能厅，甚至可以借用（租用）会场、剧场来开展讲座。随着讲座形式的多元化，讲座已经不一定采用课堂的形式授课，而是根据主题、听众等需要出现了如讨论、座谈、交流等，可以划分为"正襟危坐型""互动交流型""中心发散型"等多种形态。但在，大多数的讲坛场馆还是选择在学术报告厅，报告厅的功能分区一般有舞台区、读者区、公共区、后台区、接待室。报告厅的好坏，其一是体现在听觉上，不管人坐在哪个位置都听得清楚，不失真；其二是体现在视觉上，绝大多数听众能够不受遮挡地看清屏幕课件，且画面清晰、流畅、无频闪、无抖动，长时间观看也不觉得累。除了这些，讲坛场馆应满足的基本功能及相应的设施要求如下：

会议系统，可以投放PPT，可播放CD、DVD/VCD、MD、磁带等多种节目源的音视频信号，能接收外部AV信号，能显示本地计算机的VGA/RGB信号。

报告厅的环境一般比较明亮，对视频要求非常高，视频和图片播放需要在较高的亮度环境中进行，因而需要安装多媒体计算机、DVD机、高品质投影仪、LED全彩显示屏，以实现计算机对文字、图像、音视频的同步或者异步显示、发布等，以保障听众在室内观看到清晰明亮的画面。

场馆有合理的灯光及音响智能管理系统，能满足简单的演出需求。

可实现摄像联动，能将现场的演讲音视频进行录播，对音频的处理系统进行备份。

主要设备可接受集中控制系统控制，实现智能化操作及管理。

主席台采用活动桌椅，线缆采用地面地插安装。

一、舞台灯光系统

舞台灯光系统主要由舞台灯具和调光设备组成。调光设备是配合会议要求及演出剧情变化控制灯具开关与亮度和颜色变化的电子设备，通过它的编程，可实现对舞台灯具和光源的控制。目前所使用的灯具光源有传统热光源系统和冷光源系统。传统热光源系统的光线硬、用电量大、产生热量大、损坏率较高，且会带来环境温度的升高，不利于相关工作人员的发挥。但是，冷光源系统具有光线柔和、色温稳定、用电量小、产生热量小、灯管使用寿命长、环境温度低等优点，有利于相关工作人员更好地发挥。所以，选用可调光冷光源系统。

此外，讲坛场馆内需有面光、顶光、天幕光、逆光等灯光设计。

面光与顶光。主要为舞台区的主讲人服务。当直接或垂直向台面打光时，可渲染背景主色调，效果极佳。顶光使用自上而下照射舞台的聚光灯。光线应柔和细腻，轮廓清晰，色彩还原自然真实，并能够有效消除下巴、鼻子两侧的阴影。

天幕光、逆光与背景光。天幕光分为天排散光灯和地排散光灯两部分，主要是对舞台深处背景幕的照明。逆光可增强轮廓，但不宜过大，以舞台主讲嘉宾头部和肩膀不过亮为准。背景光主要用于提高背景的亮度，让整个画面主题明确、层次分明，背景亮度不应影响到主讲人的亮度。

由于主讲人的胖瘦各异，主光、副光、侧光、顺光等的垂直度、高度需做相应的调整，同时要兼顾对服装光、发型光的相应的考虑。

二、场馆音响系统

音响系统是讲坛最重要的设备，应实现对其设备的专业管理和使用。报告厅四周应当安装吸音材料，并铺上地毯，以降低声音的反射，防止出现回音现象。所有音频设备的连线应规范，接地要牢固，最好是采用星形接地的方式，以防出现交流噪声。语言声要求清晰、明亮，每个座位都听得清楚，不失真。音乐声听起来要有空间感、平衡感，没有噪声、回声等音质缺陷。音响设备中重要的设备设施有以下几种：

话筒。话筒应当选用优质的动圈话筒或配有防风罩的静电型电容式话筒，采用中近距离的录音方式。根据讲坛互动交流环节的需要，还需配置多个支持自动选择频率、多频带的手持无线话筒。

音箱。音箱是音响系统的终端，是还原声音的唯一设备，它的质量和效果直接影响整个音响系统的好坏。

功放。功放在音响系统中相当于一个发动机，将来自前级的信号进行音频放大，以推动音响工作。根据场馆的建筑材料、空间结构选用不同的品牌。

数字调音台。调音台是调音控制系统的主体，是扩音系统中的关键设备，通过调音台完成对声音的艺术加工、处理和展示。

数字音频反馈抑制器。它充分利用扩声系统提供的良好音质和足够大的音量，让声音准确、清晰、自然地重放，避免啸叫声等杂音。

三、中央空调系统

中央空调是报告厅的重要组成部分，它直接关系到人体的舒适度。根据规范要求，冬季空气调节室内温度18~22℃、相对湿度40%~60%，风速不大于0.2m/s；夏季空调室内温度24~28℃、相对湿度40%~65%，风速不大于0.3m/s。

报告厅是半封闭、人员密集的场所。随着演出活动的进行，二氧化碳等废气逐渐在场馆内产生、聚集，加之自然环境的污染因素，建议采用送风气流均匀、舒适的新风系统。送冷风时，气流不能直接吹向观众；送热风时，热空气不要在观众厅上部滞留而形成分层现象，以免造成气流不能送到下部，观众厅温差过大。

四、报告厅观众席设计

观众席的设计直接关系到观众的视野。一个好的观众席，能够让讲坛起到事半功倍的作用，讲坛场馆的座位距离、视觉效果、座椅布置等是不可忽视的。好的讲坛场馆的观众席位应实现水平视角范围在30°~60°，前排最大不大于120°。场馆还要通过从前到后依次提高高度，使尽可能多的观众有最大的视野，地面要设计成踏步式或斜坡面，兼顾残疾人和坐轮椅的人的需求。

第五节　资金

资金是开展一切活动的基本保障，也是图书馆讲坛的重要资源，虽然影响图书馆讲坛发展的因素很多，但毋庸置疑，许多图书馆讲坛的开展受制于资金不足。

公共图书馆的经费来源主要是政府财政拨款，但由于各地经济发展水平、政府财政状况、对公共图书馆事业的重视程度以及对讲坛作用的认识存在较大差异，各地图书馆讲坛发展水平参差不齐。因此，如何组织资金、合理利用资金、提高资金使用效果，成为图书馆讲坛发展的重要课题。

一、讲坛的经费支出项目

讲坛的经费支持其实范围很广，但有些费用已经在图书馆总经费中列支，如主持人等的人员经费，电费，设备（空调、灯光、音响、投影等）的保养、维修、更新费用等，除此之外，主要涉及以下项目：讲师费、宣传费、材料费、视频编辑制作费、图书和光盘出版制作费。其中，前三项的支出属于必要支出，后两项根据各个图书馆的经费状况，或者是讲坛经费组织情况，以及图书馆在讲坛工作和文献资源开发上的规划而定。

虽然图书馆上报财政的年度预算中有讲座经费的明细，但在财政下达的预算科目上，往往只有"专项业务费"一个科目，把图书馆开展的所有业务活动的经费打包在一起。由于下达的经费往往低于上报的预算，因此，图书馆需要根据"专项业务费"这个经费"盘子"，对年度工作计划进行选择和决策，或者减少业务项目，或者自己组织资金。

（一）讲师费

讲师费是指与讲坛主讲人有关的费用，包括讲课费、差旅费、食宿费等。支付合理的讲师费是对知识和付出的必要尊重。按照目前的财务制度，讲课费根据主讲人职称、知名度，从1000~3000元不等，著名的、品牌度高的讲坛，往往能够以较低的讲课费请到名家，这是品牌效应的体现。

（二）宣传费

宣传费包括海报、宣传折页、活动手册、讲座背景等设计制作费用，有时还可能有在报纸上刊登讲座预告等的费用。这些开支，是为了让社会、听众及时知晓讲座的主题、主讲人、时间、地点等，便于听众选择，是讲座的基础服务手段，是讲坛内容、个性、特色、品牌宣传的条件。

(三)图书、光盘出版制作费

图书馆讲坛大多采用现场讲演的形式,受到时间、空间和地域等诸多因素的限制,能够现场享受讲座服务的听众数量总是有限的。从传播优秀文化、打造讲坛品牌、提升服务效能、实现均等服务等理念出发,开发讲坛的衍生产品,为市民提供讲坛的衍生服务,是图书馆讲坛工作的重要内容。

为此,要及时将讲座内容的文字或音视频资料加以整理并在网站上予以推送,也可等讲坛资源积累到一定程度时结集出版,实现图书馆讲坛效能最大化。因而,图书馆需要有讲座期刊编辑经费、讲座内容结集出版经费、讲座音像光盘制作经费,另外还有与此相关的知识产权费用。

(四)其他费用

除了上述基本的费用外,讲坛工作有时还会需要一些其他经费,如因举办讲座购买的桶装水费用,临时聘请主持人的费用,某些讲座另外聘请的配合人员费用(如戏曲讲座会聘请演员配合),甚至可能还会发生著名主讲人的超额讲课费等。

二、讲坛费用的资金组织

影响图书馆讲坛工作的因素很多,我们既不能把讲坛成效不理想、品牌不显著、市民不满意等全部归咎于经费不足,也不能不正视资金不足对讲坛工作巨大的制约作用。其实相比较而言,在讲坛所需的各种资源中,资金因素的重要程度远不如人的因素更重要,任何工作的成功与失败,人的因素总是第一位的。

事实上,很少有图书馆能够通过财政预算获得充足的讲座专项经费,各个图书馆通过各个渠道得到的讲座经费也是千差万别,表4-1是全国省级、副省级公共图书馆讲坛经费的汇总表:

表4-1 公共图书馆专项经费情况调查结果表[①]

讲座经费	50万元以上	20~50万元（不含50万元）	10~20万（不含20万元）	10万元以下（不含10万）	无经费
图书馆个数	3	9	6	13	9

---

① 苏华.全国省级、副省级公共图书馆讲座情况调查及分析[J]图书与情报,2012(5):41-43.

调查显示，各类图书馆都有不同渠道的经费来源，但超过 80.2% 的图书馆认为讲座经费投入仍然不足。

在目前讲座经费差距大、地区分配不均的现状下，广开思路，多途径、多渠道地获取经费支持成为讲座进一步发展的首要对策[①]。解决经费短缺问题，无非是增收、节支两条腿走路：争取财政拨款，争取上级机构补助，争取和吸引社会力量参与；采取联合举办讲座等办法减少支出。

（一）争取纳入经费预算

讲坛经费虽然没有专门的财政预算科目，但在图书馆上报的年度经费预算中还是要把讲坛预算列进去，并与财政部门沟通协调，形成讲座是图书馆服务的重要组成部分、是推动全民阅读的重要方式、是建设书香社会的有效途径的共识，把讲坛经费纳入预算，列入专项业务费中去。

争取财政支持的前提是图书馆把讲坛办出较高的知名度和美誉度。即使年初没有列入财政预算，通过其他途径筹集经费，也要把讲坛办出影响，让市民欢迎、领导肯定，成为图书馆下半年争取财政追加预算经费的重要砝码。我们知道，财政部门在编制预算时，一般留有机动财力，同时，由于经济的发展，年度财政的实际收入一般都会大于预算收入。这部分财政资金总需要安排出去，这就为我们争取讲坛经费预算追加提供了条件。这个时候，如果图书馆讲坛办得比较有成效，就有较大可能争取到追加经费。事实上，国内一些讲坛办得好的图书馆，一开始也没有财政专项经费，但通过坚持不懈地争取，做出讲坛品牌，最后实现了讲坛部分经费纳入财政预算的目的。

（二）争取上级机关拨款

除了争取纳入财政预算外，向上级争取也是讲坛经费的重要来源。各地组织部门、宣传部门都有宣传教育任务，图书馆争取承办这些机构的讲座，既有了主题，又有了经费。如苏州图书馆通过争取，得到了中共苏州市委组织部"先锋讲坛"的承办权，获得市委组织部的专项经费；常熟图书馆"市民课堂"常年获得常熟市委宣传部的专项经费支持；广西壮族自治区图书馆争取到广西

---

① 人民网.4年投入900多亿 国家公共文化服务体系建设日益成熟［EB/OL］.［2010-08-04］.http://culture.people.com.cn/GB/12335213.html.

"知识工程"办公室讲座经费；辽宁省图书馆、成都图书馆等也都争取到了当地社科联、宣传部等政府机关的讲座经费支持。

（三）争取社会力量参与

社会力量参与是公共图书馆讲坛解决经费问题的重要途径之一。通过与社会各界的合作，获取其可提供的讲座经费、免费宣传、免费师资等多项、多元化支持。

制作讲座视频光盘，达到全国文化信息资源建设共享工程国家中心的质量要求，就可以获得补助经费。文化共享工程于2003年启动，主要面向全国各省图书馆的公益讲座征集，中国国家数字图书馆也于2010年开始此项工作。[①]在推动讲座资源共享的同时，他们也付一定费用给制作单位，此项经费可在一定程度上弥补各馆讲座经费的不足。如湖北省图书馆2010年仅凭借上传图书馆讲座资源至中国国家数字图书馆这一项便获得上百万元补助。但调查中发现，2010年仅有22%的图书馆上传讲座资源，而上传超过10场的更只有12%。[②]因此，该项工作亟待加强，在促进讲座资源共建共享的同时，图书馆自身也可获取一定的经费支持。

寻找具有社会责任感的企业和企业家，从道义上打动他们，向他们宣传公共图书馆服务在社会发展中的重要地位，图书馆讲坛在全民阅读中的重要作用；从行动上感动他们，为他们提供力所能及的信息服务，帮助企业建立读书会，为企业建设良好的文化提供帮助，或者把讲坛中某一系列讲座的冠名权出让给企业。如此，总能找到愿意帮助图书馆举办讲坛的企业。如江西省图书馆等获得社科联、高校等师资支持；厦门市图书馆获取企业经费赞助，与中国人寿厦门分公司合作，人寿年出资10万元，将厦门市图书馆12场系列讲座冠名为"厦门市图书馆周末知识讲座·人寿大讲堂"；苏州图书馆从2003年起，在没有讲座专项拨款的情况下，说服苏州苏明装饰有限公司每年出资6万元，双方联合举办12场讲座。[③]

---

① 张彦博. 共享知识提升素质传播优秀中华文化共同促进公共图书馆讲座水平的全面提升［A］. 国家图书馆，文化教育部. 全国公共图书馆讲座工作论文集［C］. 北京：国家图书馆出版社，2010.
② 张彦博. 共享知识提升素质传播优秀中华文化共同促进公共图书馆讲座水平的全面提升［A］. 国家图书馆，文化教育部. 全国公共图书馆讲座工作论文集［C］. 北京：国家图书馆出版社，2010.
③ 苏华. 全国省级、副省级公共图书馆讲座情况调查及分析［J］. 图书与情报，2012（5）：41-43.

（四）强化管理，提高效能

图书馆讲坛是一种公共文化服务，但其运行如果引入企业管理的方式，在许多方面可以在不断加强管理的基础上，降低成本，提高效益。

"苏州大讲坛"的"名家大讲堂"系列寻找联合冠名单位，《苏州日报》社愿意以免费刊登整个"苏州大讲坛"预告、每次用整版深度报道"名家大讲堂"为条件获得冠名权，而另一企业愿意以8万元资金获得冠名权，苏州图书馆经过成本测算，最后决定与报社合作，虽然少收入8万元，但其提升的宣传效果和品牌形象，是无法用金钱来衡量的。

在报告厅座位数一定的前提下，每场讲座的上座率体现了讲座的成功程度，也反映了讲座的服务效能。由于讲座一旦确定后，其固定成本不变，听众越多，每位听众的单位成本就越低，社会影响就越大。反之，上座率太低，即使讲座主题、主讲人、内容都很好，但也可能造成一定的负面影响。讲座上座率的影响因素，除了主题、主讲人、内容外，预告宣传、环境布置、主持水平、以往讲座的服务水平等都会影响听众的选择。只有加强内部管理，强化考核机制，调动积极性，把讲坛的相关工作都做好，才能使图书馆讲坛越办越好。

党的十六届六中全会通过的《中共中央关于构建社会主义和谐社会若干重大问题的决定》，把构建公共文化服务体系作为保障公民的基本文化权益。维护人民群众的基本文化权益，让百姓共享文化发展成果日益成为从上到下的共识，相信各级党委、政府一定会日益重视图书馆讲坛的作用，在政策和人员上给予倾斜，在经费给予保障。而在这过程中，图书馆必须想方设法把讲坛办好，做出成绩、做出影响。

第六节　媒体

图书馆讲坛要做出品牌、做大影响，成为民众乐于接受的阅读方式，还必须充分用好媒体这个资源。

现代社会中，媒体的作用和影响是显而易见的。电视、广播、报纸、期刊等传统媒体的力量仍然不可忽视，它们具有辐射面广、影响力大、可信度高、传播持久的特征；网络媒体具有速度快、便捷的特点，且便于保存讲座资料，具有传统媒体不可比拟的新优势。图书馆如何有效地、高质量地开展图书馆讲坛宣传和推广，综合且适宜地运用各种媒体的力量，是需要研究的一个重要课题。应该认识到，无论是传统媒体，还是新媒体，都是图书馆讲坛的重要资源。图书馆讲坛活动通过与媒体的合作，使讲坛活动变得更加活泼生动，可以进一步扩大受众面；媒体多层次、立体化的传播推广犹如为讲坛活动插上翅膀，让讲坛活动迅速积聚讲座受众群体，获得更广泛的社会效益。面对新技术手段和社交媒体的发展，这里所说的媒体包括公共媒体（传统媒体、网络媒体）和自媒体两个部分，自媒体指图书馆官方运营的微信、微博等。

一、公共媒体的宣传推广作用

（一）讲坛信息发布推广

讲座方案一经确定，图书馆就要主动联系媒体，邀请媒体采访、编写并播报讲坛活动信息，向社会预告讲座信息，便于听众安排时间。所以，讲坛信息的预告既是图书馆讲坛业务开展的需求，也是媒体自身为社会公众提供的便捷服务。通过媒体，市民可以方便地获取图书馆讲坛的信息，然后根据讲坛题目、主讲人介绍、时间地点，结合自身兴趣、需求等确定是否参加图书馆讲座活动。

（二）讲坛内容发布推广

图书馆讲坛活动不应仅仅满足于信息开发和告知社会公众讲坛的预告信息。每一次讲坛都是一次精彩的演讲，都是主讲人、主持人知识和智慧的结晶，鲜明的主题、精彩的内容、及时的信息组成优质的文化资源。而媒体对这一讲座资源信息的发布和推广是更深层次的推广，特别是媒体对主讲人的采访而形成的深度挖掘，就成为图书馆讲坛推进社会大众深入阅读的一种方式。一般而言，电视报道可以及时广泛地宣传讲坛，声情并茂，可以引起市民关注，激发市民参加现场讲座的愿望；而刊登在报纸的讲座内容信息和深度采访，不再是讲座内容的照搬实录，而是精彩编辑、筛选而出的精粹信息，可以吸引更多的人阅读，深化讲坛的社会服务效果，同时也扩大了图书馆讲坛的影响。

（三）媒体助力讲坛策划实施

除了刊发信息，媒体对于图书馆讲坛有更大的支持作用。图书馆讲坛活动可以邀请媒体文化版的编辑、记者参与到讲坛活动的策划工作中来。由于媒体的工作性质，它对于社会文化热点的把脉和对读者需求的掌握有自己独到的认识和观点，他们的观点、意见和建议与公共图书馆价值观点的融合，可能会为讲坛主题的策划提供建设性的意见和建议，甚至有些讲座可以直接与媒体联合主办，激发媒体参与图书馆讲坛的积极性。

二、自媒体的内向深度挖掘

随着网络技术的发展，特别是微信公众平台和手机 APP 的运用，图书馆自媒体发展到了一个全新的阶段。许多公共图书馆通过微信公众号等平台实现公告推送、图书订阅、个人借阅信息查询等服务功能。国际图联制定的《公共图书馆服务发展指南》建议，图书馆员应该参与到媒体的宣传活动中去，"应当培训图书馆员工利用传播媒体来宣传图书馆的服务，学会如何应对媒体的询问"，"他们还必须能够为地方报纸写文章和准备通讯稿"[1]。自媒体正是践行这一方式的最好试验田。

加强对微信读者用户的研究，可通过收集的读者信息，进行相关的演算分析，根据读者的年龄段、职业、教育背景等数据进行图书的推荐，为读者提供真正符合他们需求的图书，实现个性化的服务。主动向适合人群推送讲坛活动信息及讲坛内容。

自媒体可以采用灵活多样的方式展现讲坛信息内容，加大音频、视频等图文信息的使用，使读者如亲临现场，同时在微信公众平台上发布图书馆的讲座活动信息及音视频，也提高了图书馆的服务层次，方便读者的参与和查阅，实现讲坛服务的多样化。

微信公众平台能够为读者提供预约服务，帮助读者解决没有名额、没有座位的后顾之忧，也为图书馆预估讲座参与情况提供客观依据。

---

[1] 国际图联 / 联合国教科文组织. 公共图书馆服务发展指南 [M]. 上海：上海科学技术文献出版社，2002.

第七节 合作

图书馆讲坛的资源总是有限的,而市民对获取讲坛的信息和知识、享受文化权益的需求相对而言是无限的。因此,图书馆不能单打独斗,必须与社会各界广泛合作,充分利用一切可以利用的资源,同时,图书馆不要抱住自己的资源不放,而要以开放、分享、共赢的心态,只为一个目标:提供普遍均等的服务,推动全民阅读。

2008年2月15日,中国图书馆学会七届四次理事会通过了《图书馆服务宣言》。宣言第七条写道:图书馆人与一切关心图书馆事业的组织和个人真诚合作。图书馆欢迎社会各界通过资助、捐赠、媒体宣传、志愿者活动等各种方式,参与图书馆建设[①]。社会化合作有效解决了图书馆讲座开展中的经费、资源等问题,要想进一步巩固与持续发展,需建立社会化合作长效机制。从参与程度划分,图书馆讲坛活动的主要合作形式有主办、联合主办、承办、协办等。

一、与政府机关合作

普遍均等是公共图书馆服务的核心理念,目的在于保障所有人,无论其社会地位、年龄、性别、身体状况和种族宗教等,都能就近获取其需要的知识、信息、文化资源及其他图书馆服务。然而,普遍均等服务是一项系统工程,需要在政府的主导下,公共文化领域内外的各部门通力协作,讲坛服务也不例外。有政府主导或参与的大型讲坛活动的组织实施可以得到相应的支持和保障,举办的规模和层次就会更高,社会影响力也将更大,同理,图书馆讲座进社区、进机关等,也需要政府机构的支持,所以,加强与政府机关的合作,是图书馆讲坛深入持开展久的重要途径。

二、与大学及研究院所的合作

高等院校、科研机构是人才荟萃的地方,其知识结构和更新速度在所有行业中居领先地位。学者、教授应以自身的专业知识和文化背景,利用讲座尽可能地

---

① 图书馆服务宣言[EB/OL].[2015-03-01].http://www.lsc.org.cn/c/cn/news/2010-12/21/news_5091.html.

向公众报告研究方向和研究过程，将社会科学乃至一部分自然科学的研究成果让社会认知。专家学者还可以将自己的学术思考和人生思考通过讲座传播出去，一方面推动学术创新和发展，另一方面也为专家学者本人赢得社会声誉。合作机构对于主讲人的讲座内容及水平高低有着更直接的了解和审核，既保证了主讲人的数量，又可以选派具有一定实力的主讲人，进而保证讲坛的可持续发展。

三、与业内同行合作

全国公共图书馆讲座联盟、长三角城市图书馆讲座资源共建共享工程、浙江省公共图书馆讲座联盟等，以资源共建共享、优势互补、共同发展为前提，签订了长期合作协议，为全国及区域性公共图书馆讲座发展奠定了长期、稳定的合作基础，也取得了很好的效果。公共图书馆讲座与业界外其他社会资源的合作也可仿效此法，在双方互惠互利的基础上建立长期合作关系，以保证合作的长效、持续发展。

四、与志愿者合作

20世纪90年代以来，我国公共图书馆就陆续开始招募和利用志愿者。近几年，志愿者的服务内容由常规场地服务向更广、更多的项目和岗位拓展。在讲坛工作中，志愿者的工作内容也越来越多，比如对于讲坛信息的发布，文稿的整理及视频、音频及图片资料的整理等。大量志愿者加入讲坛服务工作，可让讲坛更加规范、视角更加多样、服务也更加客观。

思考题

1．一场讲坛活动中最核心、最灵魂的要素是什么？这一要素是怎么发挥作用的？
2．与企业争取资金支持或与其合作时应把握的原则有哪些？
3．如何让图书馆微信公众号的讲坛服务效能最大化？
4．志愿者作为一种社会力量可以参与图书馆讲坛各个层面的工作，如何有效利用及管理志愿者？

第五讲
图书馆讲坛的宣传

图书馆开展讲坛工作的价值：在读者层面，优秀的文化讲坛能够提升读者的精神文化修养，提高读者的知识文化水平；在作者层面，通过图书馆讲坛工作，作者能够与读者群体直接接触，这不仅能扩大图书的影响，而且能及时地得到读者的反馈，让作品更接地气；在图书馆层面，图书馆举办讲坛能倡导全民阅读，促进优秀文化知识的传播，同时也能提升图书馆的社会文化影响力，打造图书馆特色服务品牌，更好地提升图书馆的服务品质；在国家、社会层面，通过图书馆讲坛这个纽带，使专家学者与广大听众围绕作品进行交流，分享优秀的文化和丰富的知识，从而不断提升人民群众的科学文化素质。因此，一个独具特色的图书馆讲坛品牌，往往能够体现出一个地区、一个城市乃至一个国家较高的文化品位与精神文明水平。将图书馆讲坛放置于以上四个层面的价值下思考，不难发现，图书馆讲坛本质上是一个文化传播的中介，或者说是一个促进作者与读者相互之间交流的平台。在新媒介环境下，类似的网络直播平台非常多，如果单就讲坛工作本身来看，并不一定比其他的新媒体平台更有价值。但讲坛若是由图书馆组织，就具有了独特的意义。这种意义在于"图书馆"这种象征着人类精神文明的存在方式，以及"图书馆"这样一种隐喻着人类文明的符号，对优秀人类文化的传承与人类精神世界的塑造发挥着重要作用。如奥地利哲学家卡尔·波普尔说过："假如世界毁灭了，图书馆还在，很容易重建世界，如果图书馆也没有了，我们就会变成原始人。"[1]作为人类文化保存和社会文明传承的重要机构，图书馆在人类文

---

[1] 卡尔·波普尔，陆衡. 开放社会及其敌人[J]. 博览群书，1999（11）：46.

明发展历程中，始终起着收集、保存和传播人类知识的作用。在这个意义上，图书馆讲坛正是图书馆核心价值的体现，图书馆将有形建筑、建筑艺术和社会文化高度统一结合，为读者打造一个社会空间、文化空间以及交流、互动、分享的多维空间。本讲要解决的问题是："图书馆讲坛工作为什么需要进行宣传"，以及"通过何种渠道和工具进行宣传"。

第一节　图书馆讲坛宣传的意义

图书馆讲坛宣传的核心意义在于"图书馆"对人类文明的传播。只有依托"图书馆"这个传承人类文明的载体，立足于"图书馆"这个文化符号，开展图书馆讲坛的传播与宣传，才能够形成读者、作者、图书馆以及社会文化之间的相互融合，进而凸显图书馆的服务品质、提高国民文化素养、推动国家精神文明的进步。图书馆讲坛的宣传有两个层面的含义：文化的传播（Communication）与意识形态的宣传（Propaganda）。具体而言，图书馆讲坛的宣传主要指图书馆讲坛是对人类文化的传播（Communication）。这里的"传播"（Communication）一词，除了有传递资讯的意思之外，还有信息接收对象接收到所传递的信息，并且加以认同的意思，因此，传播又有人类"共同分享"的意思。宣传（Propaganda）中所传递的资讯往往具有强烈的目的性与暗示性，常用在政治与商业领域。如果是宣传，那在目的性与文化性的权衡中，经常是偏向于前者的（如有些商业广告，为了增加商品销量，宁可弃文化与常识于不顾，采取夸张的方式，一味增加受众的视听感官刺激，以此达到提升销量的目的。就词义而言，宣传一举，不应该是图书馆所为）。因此，本讲谈及的图书馆讲坛"宣传"，并非是"宣传"（Propaganda），而是指"传播"（Communication）。

一、推广全民阅读，提升读者精神文化修养

随着时代的发展，读者的需求发生了新的变化。读者对信息服务的需求从信息内容延伸到信息获取方式，从原来的由"量"到"质"，深入到由"质"到

"悦"，读者不仅要求图书馆能够准确地提供自己所需要的信息内容，更需要在信息获取的过程中获得一种愉悦的心理体验。这也意味着读者对图书馆资源的需求已经不再是普遍式、整块式、粗犷式的需求，而是简约式、个性式、精华式的需求。图书馆讲坛是读者阅读水平达到一定高度，追求个性化、精致化阅读体验的产物——只有当读者对所阅读的书籍产生了浓厚的兴趣之后，才会愿意花更多的时间去关注相关的图书馆讲坛，就其本质而言，属于读者对信息获取方式的新需求，即进一步追求纸媒阅读之外的"现场聆听"。因此，图书馆讲坛实际上是读者阅读能力提升后，对图书馆所提供的服务方式的新要求。图书馆讲坛属于图书馆空间服务的一种。国外一直都很重视图书馆讲坛等读者文化活动的研究。在美国，图书馆被认为是社会的"第三空间"。"第三空间"是人们停留、消遣、交流、思考并能够自由地释放自我的地方，是人与信息、人与人之间交流的知识共享空间。2009年，在意大利都灵市举行的国际图书馆协会联合会上，"作为第三空间的图书馆"的主题备受关注。图书馆的"第三空间"可以实现从"书本位"到"人本位"的转变。"书本位"强调的是静态信息，而"人本位"则更加强调动态知识的交流，通过拓展图书馆的"第三空间"，能够为读者提供一个平等、温馨、自由、互动的学习与交流空间，最大限度地发挥图书馆的社会公益性作用。这就为图书馆讲坛的开展提供了新的思路。在国内，图书馆日益成为社会大众以及大学生校园活动的重要空间，图书馆讲坛也逐渐常态化、多元化、特色化、网络化（网上直播）。例如，国家图书馆的"文津讲坛"面向社会、面向大众推出了一系列的双休日学术文化系列讲座，讲坛主讲内容文理兼并，涵盖社会科学各个学科，并涉及自然科学的某些领域。除此之外，"文津讲坛"还将自身作为一个"可移动"的文化载体，通过不断增强自身品牌的宣传效应，尝试"走出去"战略。例如，2009年与广州各地联合举办"文津讲坛""走出去"系列活动，将优秀的文化传播到全国各地。在宣传方式上，"文津讲坛"不仅有现场讲座，还通过文字或者视频报道以及国图网站发布在线视频等方式进一步推介讲坛内容，吸引了大量的现场听众以及网友听众，其精选"文津讲坛"部分讲座内容，汇集成册并出版《文津演讲录》，更是有效地推广了全民阅读，提升了读者精神文化修养。在高校图书馆中，图书馆讲坛也受到了学生的欢迎。例如：中国人民大学图书馆举办的

"求是园国学讲坛",邀请中国当代著名作家王蒙先生做了题为《中国传统文化的显著特点》的讲座,受到了广大学生读者的欢迎,不仅增加了读者对中国传统文化的了解,同时也很好地促进了高校图书馆的阅读推广工作。(图 5-1)

图 5-1 中国人民大学图书馆"求是园国学讲坛",著名作家王蒙正在做题为《中国传统文化的显著特色》的专题讲座

二、提高讲坛知名度,凝聚读者人气

作为图书馆服务的一种新形式,图书馆讲坛是广大读者工作学习之余的重要文化分享空间,图书馆讲坛的宣传逐渐成为图书馆营销的重要方式。图书馆营销的重点不仅仅是满足读者的需求,更要创造并且引领读者的需求,进而凸显图书馆的价值。与商业领域的产品市场营销不同,作为公益性机构的图书馆营销更侧重于文化概念营销。鉴于目前我国图书馆营销方式从网络新媒介营销和图书馆空间服务营销逐渐过渡到全媒体、多渠道营销的大趋势,以图书馆讲坛为核心,整合立体式的图书馆全媒体营销方式,将为图书馆现有资源和服务的营销方式提供新的视角,进而更好地提高讲坛的知名度、凝聚读者人气,达到提升图书馆的服务品质与社会价值的效果。

在"互联网+"的新媒体大环境下,图书馆讲坛的宣传具有重要的价值与意义。首先,从网络新媒体营销的层面来说,新媒体环境下,国外图书馆都开始充分利用博客、Twitter、Facebook 以及移动终端等,开展读者文化活动。在国内,几乎所有的图书馆都开通了微信、微博等新媒体平台,推介图书馆资源与服务。图书馆讲坛往往能够吸引大量的读者关注图书馆的这些新媒体平台,凝聚读者人气,培养读者参与图书馆讲坛的行为习惯,逐渐将"去图书馆听讲坛"塑造成读者日常生活的一部分,从而将图书馆讲坛浓缩成一种文化标签,融入每个读者心中,进而将图书馆的各种服务做到每个读者的心里,让图书馆成为读者日常生活的重要组成部分与精神家园,从而打开图书馆营销的新局面,形成另一种泛在图书馆,即要在读者的心海里泛在,心即是图书馆。例如借鉴国内掀起的"微"浪潮,开展图书馆概念营销,打造图书馆"微服务"等,都可以很好地提高图书馆讲坛的宣传效果,进而凝聚读者人气,帮助图书馆形成特色讲坛品牌,提升讲坛的知名度。其次,从图书馆空间服务营销的层面来说,图书馆讲坛是图书馆空间服务的重镇,体现着图书馆服务未来的发展趋势。从服务方式来看,未来十年,图书馆将超越图书和传统图书馆的概念,成为"知识中心""学习中心"和"交流中心"[①]。这里的"中心"除了有方位上的含义,还有空间的含义,即图书馆将会是一个用来提供知识、学习以及分享交流的空间,这个空间也会是全社会的"知识中心""学习中心"和"交流中心"。图书馆讲坛可谓是"中心中的核心",是当今图书馆作为"知识中心""学习中心"和"交流中心"的一个"形象代言人",彰显着图书馆的精神气质,引领着图书馆未来的发展趋势。

三、塑造"渠道型图书馆",提升图书馆的社会形象

图书馆讲坛作为一种图书馆面向社会的服务方式,不仅能够很好地推广全民阅读、提高读者精神文化修养,而且能提高图书馆的知名度、凝聚读者人气。传统提升图书馆形象的方法往往是基于具体的宣传手段层面,并没有从图书馆的发展形态上来提升图书馆的社会形象,即依托图书馆讲坛,开启一种全新的图书馆形态,来提升图书馆的社会形象,推动社会公益合作。换句话说,以图书馆讲坛为支点,通过改变图书馆自身的运营模式和服务理念,将图书馆这个整体打造成一个能够不断提升图书馆社会形象的"宣传工具"。这一层面的图书馆讲坛宣传

---

① 吴建中.2025年图书馆"长"什么样子[EB/OL].http://news.xinhuanet.com/local/2016-01/23/c_128658954.htm,2016-01-23/2016-03-16.

与其说是一种宣传方式，不如将其看作图书馆在全媒体环境下的一种存在方式，即以图书馆讲坛为核心，系统地运用图书馆的服务渠道，本身就是一种全新的图书馆运营模式。这种运营模式区别于以往的"传统图书馆""数字图书馆"以及"智能图书馆"，在此运营模式下的图书馆是一种全新的图书馆存在形态，即"渠道型图书馆"。这种形态的图书馆对应的服务理念是"渠道为王"，"渠道为王"的服务理念将更加注重图书馆发展的渠道构建和营销模式的探索，并尝试以"渠道为王"的图书馆存在形态，这样一种更加系统的宣传整体，取代分散且不成系统的各种宣传方式，进而更有效地提升图书馆的社会形象

随着网络技术以及各种新媒体技术的发展，图书馆的社会形象与地位开始出现危机，如"图书馆灭亡论"等的提出。为了满足读者不断增长的信息需求，图书馆离不开新技术的应用，但由于新技术的应用，尤其是网络信息技术的应用，又不可能避免地让图书馆的存在价值受到质疑。如果此时仍然只关注读者对信息资料的需求，不断引入新技术，将导致图书馆灭亡而非发展。美国著名图书馆学家兰开斯特（F.W.Lancaster）在1978年就曾提出："在下一个二十年（1980—2000年），现在的图书馆可能完全消失。"[1]2011年1月2日，美国Alfres大学的Brian T.Sullivan发表了《2050年大学图书馆尸检报告》一文，重新燃起了20世纪70年代末鼓噪一时的"图书馆灭亡论"的战火。[2]实际上，图书馆并非正在衰退，相反，随着新技术的应用与图书馆资源的日益丰富，图书馆面临着前所未有的发展机遇，真正面临危机的并非图书馆本身，而是履行图书馆服务理念的方式和手段。"渠道为王"的服务理念及模式，将图书馆的服务渠道提升到与图书馆的技术、资源处于同等重要的地位，认为图书馆服务渠道本身便蕴含着一种新的服务形态——渠道服务。图书馆讲坛是渠道服务的重要载体，以图书馆讲坛为依托，综合利用实体媒介、虚拟媒介和空间媒介等渠道，分析图书馆讲坛的营销模式，将能够更好地促进馆藏资源与新技术应用的融合，推动图书馆的转型与发展，将图书馆打造成为社会文化的传承者与代言人，进而提升图书馆的社会形象。

---

[1] Lancaster F. W. Libraries and librarians in an age of electronics［M］. Arlington：Information Resource Press，1982.

[2] Sullivan B. T. Academic：library autopsy report，2050［R/OL］. https：//chronicle. Com/article/Academic–Library–Autopsy/125767.

那么，如何依托于图书馆讲坛，构建"渠道型图书馆"，进而走出"图书馆灭亡论"，提升图书馆的社会形象？首先需要对"渠道型图书馆"的整体结构框架进行简要分析。"渠道型图书馆"的"骨骼"是架构在读者与图书馆之间的立体式的服务渠道体系，"血肉"则是围绕各种"服务渠道"筛选出来的图书馆的"资源""技术"以及"读者用户"。其次需要对"渠道型图书馆"的宣传渠道进行分析。对于图书馆而言，渠道即媒介，处于图书馆与读者、信息资源传送端与接收端之间的各种媒介渠道。图书馆的社会形象重在宣传，宣传效果不仅取决于宣传内容，还取决于对不同媒介的选择。从某种意义上而言，图书馆本身就是一个横跨读者和人类知识文化之间的媒介或者说中介，因此，按照媒介的不同形态，"渠道型图书馆"的服务渠道可以分为三大类，即实体媒介、虚拟媒介和空间媒介三大类。传统的纸媒、新型的硬盘等为实体媒介；互联网、通信协议、社交应用、移动通讯等为虚拟媒介；图书馆讲坛等为空间媒介。空间媒介是融合了实体媒介和虚拟媒介之后出现的第三类媒介。由于新媒体对知识的承载逐渐取代传统媒体，图书馆的物理空间出现富余，逐渐形成既承载实体媒介，也承载虚拟媒介的媒介形态，图书馆讲坛便是这样一种"空间媒介"（三类媒介会在本讲第二节"宣传的载体与方法"详述）。

从"渠道型图书馆"来看，"服务渠道"实际上是图书馆社会形象的"宣传渠道"。上述三类图书馆的服务渠道不仅是图书馆资源的重要组成部分，同时也是图书馆新技术应用的重要领域。当图书馆所有的服务渠道积累到一定程度，原来的服务渠道（服务方式）便可以成为一种渠道服务（服务内容），而这种渠道服务便是未来图书馆发展的新方向，此时，图书馆的资源建设与技术应用都围绕着图书馆的服务渠道展开，即"渠道为王"。图书馆的服务渠道实际上是沟通图书馆与读者之间的桥梁，无论是图书馆的技术，还是资源，都离不开图书馆服务的对象——读者。而对接图书馆技术、资源、服务和读者需求的便是图书馆服务渠道，这也就意味着提升图书馆的社会形象、推动图书馆的发展转型都离不开形式多样的服务渠道，甚至可以认为完善的图书馆服务渠道是图书馆未来发展转型的基础和提升图书馆社会形象的关键。而图书馆讲坛便是图书馆所有的服务渠道积累到一定程度形成的服务内容。图书馆讲坛从原来的服务渠道（举办活动的场地）成为一种渠道服务（专家学者＋文化社交空间），这种服务渠道是其他任何场所无法取代的，因而也成为图书馆的一种独特的服务资源。除此之外，图书馆讲坛又是直接面对高层次读者群体的服务，配以全方位的宣传体系以及反馈机制，能够有效地获得第一手的读者需求，进而帮助图书馆更新现有的服务内容。除此之外，图书馆作为一种沟通社会与知识的中介，加之本身又是非营利性机构，是天然的社会公益大使。通过社会合作，举办各种公益性的文化讲坛，有助于将图书馆的人文关怀推向社会。

图书馆讲坛的宣传应该将图书馆的服务渠道上升到本体论的高度，认为图书馆服务渠道，例如举办特色讲坛等，与图书馆技术、资源处于同等重要的地位，强调图书馆服务渠道本身就蕴含着一种新的服务形态，即渠道服务。渠道服务是图书馆服务的重要内容。在新的时代背景下，通过开展高品质的图书馆讲坛，搭建、整合并且营销图书馆的服务渠道，能够更好地促进馆藏资源与新技术应用的融合，提升图书馆的社会形象。这将是一条推动未来图书馆转型与发展之路。

第二节 宣传的载体与方法

宣传工作的核心在于对宣传媒介的认识与应用，图书馆讲坛的宣传亦然，因此，要探讨图书馆讲坛宣传的载体与方法，首先就需要分析图书馆讲坛所处的媒介环境。传统媒介环境、新媒介环境以及空间媒介环境组成现代图书馆讲坛宣传的媒介环境，不同媒介环境下的图书馆讲坛的宣传模式各有不同。只有在不同类型的媒介环境下，探索与之相匹配的宣传方法、模式，才能够更好地保证图书馆讲坛的宣传效果。

一、图书馆讲坛所处的媒介环境

北美媒介环境学派的代表人物，20世纪原创理论家马歇尔·麦克卢汉（Marshall McLuhan）认为媒介塑造信息内容，"媒介即信息"。"媒介即信息"是指媒介不仅是信息内容的传播者，同时也是信息内容、人类生活方式乃至社会文化的缔造者，媒介作为一种连线文化的信息技术传播渠道，本身便包含着图书馆所有的服务内容。从资源的角度来看，知识信息的存储和组织管理是图书馆的重要服务内容和立馆之本。因此，包括图书馆所有的资源、服务以及图书馆本身，都可以看作一个架接在知识信息资源和读者之间的信息文化传播媒介。"媒介即信息"意味着媒介形式影响并决定着媒介传播的内容以及信息使用者的偏好，只有寻求到与此种媒体相适应的内容，才能更有效地传播相应信息。北美环境学理论针对读者不同的用户体验，需要制定不同的交互方式，这便为图书馆讲坛的宣传提供了服务与研究对象。通过了解读者信息的使用习惯，改进图书馆讲坛的宣传方式；通过研究各种媒介的特点，把握不同媒介对内容的偏好。例如：在内容简洁实用、呈现形式多样化、社交交互性等方面，组织与各个资源推介渠道相匹配的宣传内容，进而有效提升读者的体验。不同媒介环境下，图书馆讲坛宣传模式的侧重点也各有不同，通过分析图书馆媒介环境并寻求到与此种媒体相适应的图书馆讲坛的宣传模式，则能够更有效地开展图书馆讲坛的宣传工作。不同类型媒介的性质如表 5-1 所示：

表 5–1　不同类型媒介的性质对比

媒介类型	宣传途径	时效	容量	深度	理性	权威
传统纸媒	报刊	快↓慢	大↓小	深↓浅	弱↓强	弱↓强
电子媒介	广播、电视					
网络媒介（Web1.0）	信息发布门户					
网络媒介（Web2.0）	互动社交平台					
网络媒介（Web3.0）	各类新媒体					

与此相对应，图书馆讲坛的宣传载体可以分为两大类：传统媒体和新媒体。图书馆讲坛的基础在于图书馆的物理空间，换句话说，图书馆讲坛得以举办的前提条件是拥有一个举办讲坛的场所。从媒介的载体来看，图书馆讲坛的宣传面临

的媒介环境大致可以分为三类：实体媒体、虚拟媒体和空间媒体三大类。实体媒体主要包括书籍、报刊、影视光盘、磁带、录像带等，这类实体媒介构成了图书馆的传统媒介环境。虚拟媒体主要指一些数字化媒体，例如：互联网、数字电视、多媒体视频、电子杂志、网络讲坛、移动通信技术、各类 IM 软件以及社交应用，这类虚拟媒介则构成图书馆的新媒介环境。处于传统媒体和新媒体之间的是第三类媒体，即空间媒体。

由于新媒体对知识的承载逐渐取代传统媒体，图书馆的物理空间出现富余，逐渐形成全新的学习空间、IC 空间等，构成图书馆空间媒介环境。值得一提的是，空间媒介是一种既古老又新颖的媒介形态，它是所有其他媒介形态的基础，因为无论是实体媒介，还是虚拟媒介，都会占有一定的空间，前者为物理空间，后者为网络空间。将空间本身视作一种媒介，就意味着空间媒介既包含着实体媒介，又包含着虚拟媒介，也就是说在空间媒介中将会存在两个知识流，一个是实体知识流，另一个是虚拟知识流，即"线上与线下"的双向知识流。图书馆讲坛的宣传主要面对的正是这样一种空间媒介环境。随着现代通信技术的发展，空间媒介具有最快的时效性（现场网络直播）、最大的信息容量（多媒体融合）以及最深的知识深度、最强的理性和权威性（专家现场讲座），而讲坛内容时效性强、信息容量大、有深度、有理性、权威性强，这些特性正是图书馆讲坛宣传的题中之意。

二、读者的信息偏好与图书馆讲坛的宣传特征

图书馆讲坛的主要宣传对象是读者，因此，在具体的宣传过程中，应该充分考虑当今新媒体环境下读者的信息偏好，并以读者的信息偏好为中心，制定与之匹配的宣传方式。在新媒介环境下，图书馆的馆藏资源逐渐由单一纸质资源发展为电子资源与纸质资源并重。印发用户手册、讲座培训等传统宣传方式已经难以满足现有用户对信息传播方式与内容的偏好，图书馆需要积极应用新媒体，打开图书馆讲坛宣传的新格局。

新媒介环境是一个信息爆炸的环境，也就是说当今的读者并不缺少知识信息，缺少的是更有效地获取自己所需知识信息的途径。面对海量、纷繁的信息，读者

没有时间，也没有能力获得全部的有效信息，因此，信息用户更青睐那些自己感兴趣、简洁并且实用性强的信息，对图书馆讲坛的宣传而言，首先要做的是"减法"，而非"加法"，无须对讲坛做过多的宣传，而只需要强调讲座的主题、时间、地点等最关键的信息，做到让读者一目了然。其次，表现形式上选用生动形象的信息传播方式，这能够更好地吸引读者的注意力。读者往往更愿意选择色彩明亮的海报、精致且具有一定纪念意义的宣传书签、轻松幽默的视频故事，在这些方面可以充分利用如Photoshop、电子杂志等软件与技术，以及微博、微信等新媒体社交软件，将音频、视频、图文完美地结合在一起，形成读者喜闻乐见的信息传播形式。再次，在接受方式上，读者更加偏好主动交互式的宣传模式。在传统媒介环境下，读者与接受信息之间的交互很少，读者往往只能被动地接受信息，无法主动选择信息。在图书馆讲坛的宣传中，如果能够开展具有交互功能的信息宣传，将能够更好地吸引读者参与，并且表达自己接受信息后的评价。

根据读者的信息偏好，图书馆讲坛的宣传应具备以下三个特征：第一，宣传内容简洁实用。图书馆讲坛在提供宣传服务时，传递给读者的信息内容应该清楚、明了，让读者在最短的时间内获取最实用的信息。第二，呈现形式具有多样性。在现代信息技术和无线通信技术的支持下，形成了各种基于网络门户宣传平台及移动终端设备通讯渠道。如：上海图书馆讲座开辟了讲座视听阅览室，可点播400多场讲座。宁波市图书馆组建"天一讲堂"听友会，以座谈研讨、读书交流为主要活动形式，定期开展集中阅读、主题讨论、专家解读等活动，培养听众群，还建立了基于即时通讯技术（Instant Messaging，简称IM）的读者社交群，搭建听友互动平台。第三，信息宣传效果很大程度上取决于信息的交互性。图书馆馆员及时提供讲坛宣传信息，并且通过新媒体社交平台等方式，使得接收信息的人能够及时提供信息反馈，这样的双向互动是图书馆服务宣传所要达到的理想效果。

三、图书馆讲坛的宣传策略

在不同的媒介环境下，图书馆讲坛的宣传策略往往有所不同。

在实体媒介环境下，与图书馆讲坛宣传相关的媒体主要有书籍、报刊、影视光盘、磁带、录像带、宣传册、纪念品等，与此相对应，图书馆讲坛的宣传策略主要有这样几种：

首先是书籍宣传。书籍宣传又分为讲坛主讲人签名赠书和讲座汇编书籍两种形式，主讲人赠书宣传是指图书馆讲坛通过签名赠书活动吸引更多的读者参与到讲坛中来。讲座汇编书籍是指经主讲人授权后，精选讲座内容并结集出版，深化讲座服务成果，达到图书馆讲坛深度宣传推广的效果。比如：国家图书馆精选"文津讲坛"部分讲座内容，汇集成《文津演讲录》出版。这些书籍都对图书馆讲坛起到了很好的宣传推广作用。

其次是报刊宣传。报刊宣传是指图书馆讲坛与报纸、期刊合作，详细刊登讲座的举办资讯、摘要与全文，为读者提供进一步深入学习讲坛内容的阅读条件，从而实现图书馆讲坛的宣传，再者通过与当地报刊合作，不仅能够让更多的读者了解讲座安排，而且报纸刊登的讲座内容能够让无法参加现场讲座的读者获得再次学习的机会。除此之外，这种报纸宣传的形式有助于扩大讲坛知名度，更有利于图书馆讲坛邀请专家学者，形成知识集群效应。例如：山东省图书馆讲座的宣传渠道主要就是通过《齐鲁晚报》进行宣传推广，并与《齐鲁晚报》合办讲座，这一系列举措大大提高了讲座的成功率。

再次是影视光盘、磁带、录像带等的宣传。图书馆将讲坛内容录制成多媒体讲座视频，由音像类出版社出版，供广大读者学习使用，以此达到塑造图书馆讲坛品牌的宣传效果。如"上图讲座"把讲座光盘免费送到上海300个东方信息苑、17个公益服务点、社区精神文明联席会议的38家成员单位，为上海市和外省市图书馆提供讲座光盘200余种、1万余张，很好地扩大了图书馆讲坛的宣传范围。

最后是宣传册、纪念品的宣传。图书馆讲坛可通过制作精美且具有一定实用功能的宣传册与纪念品，通过让读者留作纪念与收藏，来实现图书馆讲坛的宣传，例如：制作一些精美的，有关梅兰竹菊、二十四节气、金陵十二钗等传统文化的主题，或者尝试一些流行的动漫卡通形象，比如：口袋妖怪、大黄鸭等萌宠类型的、背面带有图书馆讲坛举办信息的书签、扇子等小礼品吸引读者的关注，免费供读者自行取走，都可以起到很好的宣传效果。在虚拟媒介环境下，与图书馆讲坛宣传相关的媒体主要有互联网、数字电视、多媒体视频、电子杂志、网络讲坛、即时通讯技术、移动通信技术等，这类虚拟媒介则构成图书馆的新媒介环境。

在空间媒介环境下，与图书馆讲坛宣传相关的媒体主要有阅读学习空间、展览厅、信息共享空间、讲坛所在的场地等，这些场地构成图书馆空间媒介环境。例如：在图书馆的借阅大厅或者阅读场所放置讲坛宣传海报，在图书馆大屏幕等电子显示屏上轮流播放讲坛信息来吸引图书馆读者的关注。除此之外，还可以在图书馆的电子阅览区的电脑桌面上放置讲坛举办的消息，让读者了解讲坛举办的信息。同时还可以在利用图书馆的空间开展讲故事、讲座沙龙、阅读疗法、技术体验、读书会、知识竞赛、立体阅读等活动中，积极宣传图书馆讲坛资讯，让更多的读者参与进来。通过以上可利用的空间，吸引读者关注图书馆的社交媒体平台，逐渐建立起读者群。

四、图书馆讲坛的宣传载体

（一）通过讲坛宣传讲坛

通过讲坛宣传讲坛是一种整体性的讲坛宣传方式，主要包括图书馆讲坛的社会化宣传与品牌化宣传，其本质上是一种图书馆讲坛的运营方式，即将图书馆讲坛纳入到图书馆以外的社会环境中，通过整合社会资源、塑造讲坛品牌，来吸引并且创造读者的关注与需求，进而实现开拓图书馆讲坛的读者市场、宣传讲坛的目的。通过讲坛宣传讲坛，主要有以下五个步骤：

第一，根据本馆的馆藏特色与社会环境确定讲坛特色与风格，设计讲坛的品牌形象。这又包括文字与图片两个方面，文字是指讲坛名称的命名，以及对讲坛风格的文字介绍，图片则是指能够代表图书馆讲坛的表示符号（Logo），在 Logo 的设计上不仅要有充满视觉冲击力，让人过目不忘，同时还要有一定的文化底蕴，能够彰显图书馆作为社会文化中心的身份。

第二，整合社会资源，寻求合作单位，共同举办讲座，自上而下地保证图书馆讲坛的宣传。例如：黑龙江省图书馆与政府部门合作，创办"龙江讲坛"。该论坛由黑龙江省委宣传部、省文化厅、省社科联、省教育厅联合主办，黑龙江省图书馆、社科联评普办公室具体承办，如此一来不仅能够更好地保证讲座的品质，而且可以从政府层面，借助省委宣传部等国家机关的宣传力量促进图书馆讲坛的宣传推广。

第三，在具体的宣传过程中需要建立专业化的品牌宣传队伍。宣传队伍主要由三个部分组成，分别是：文字宣传人员、美工宣传人员、协调宣传人员。以武汉"名家论坛"为例，论坛成立讲坛办公室，人员由武汉市委宣传部、市社科院、武汉图书馆中的精英骨干构成，任务是完成讲座选题的社会征集工作，召开含办单位工作协调会，确定具体讲座题目、主讲人、讲座时间和地点，完成报批和宣传彩页的制作与发放，负责主讲人的联系、接待工作，组织活动现场，安排读者与现场嘉宾的互动与交流等。文字宣传人员主要负责海报文案的策划、文字宣传等工作；美工宣传人员主要负责论坛海报、宣传彩页的制作；协调宣传人员则主要负责沟通协调，对主讲人的联系、接待工作，组织活动现场，主持论坛，安排读者与现场嘉宾的互动与交流等。

第四，走进社区，到人民群众密集的地方去，自下而上地为图书馆讲坛的宣传打基础。除了图书馆内的固定讲坛之外，还可以开设形式多样的"流动讲坛"和"分论坛"，根据不同社区群众的类型及其发展历史，推出个性化的分论坛，比如："图书馆讲坛"走近军营系列讲座。"图书馆讲坛"社区系列讲座，努力将优秀的论坛讲座送到人民群众身边。四川省图书馆"巴蜀讲坛"本身就是一个流动的讲坛，在四川全省市州县区图书馆流动举办。"文澜讲坛"2003年启动"文澜讲坛·社区行动联盟"，使图书馆讲座走进街道和居民社区，这样不仅提高了图书馆讲坛的品质，更赢得了好的口碑，为图书馆讲坛未来的发展开拓了良好的社会空间。

第五，讲坛资料的搜集整理与后期制作。实体论坛的结束对于图书馆讲坛的宣传而言仅仅是刚刚开始，将讲坛的内容进行加工制作，并且打上图书馆论坛的品牌 Logo，是利用图书馆讲坛宣传讲坛的重要一步，即经主讲人授权后，将精品讲座内容书籍化或者电子化，冠以图书馆讲坛的品牌进行出版，以期更好地实现通过图书馆讲坛宣传讲坛。例如：上文所提到的"上图讲座"系列出版物，以及在此基础上，向社区以及其他图书馆赠送的电子化讲座光盘资料，这些讲坛衍生产品都能够更有效地实现用讲坛宣传讲坛的目的（具体可参见本书第七讲）。

（二）传统媒体宣传

图书馆论坛的传统媒体宣传是指图书馆讲坛在宣传过程中，通过与报社、电视台等传统媒体合作，对图书馆论坛进行宣传。宣传的内容主要有：讲座预告、讲座主要内容、电视新闻、讲座评论等。

在图书馆讲坛的宣传过程中，报纸媒体与电视媒体各有特色，可以实现有效互补。众所周知，报纸宣传的长处在于报纸内容的权威性、深刻性与及时性。随着移动互联技术的发展，目前很多报纸都有自己的电子版报纸，以及APP等手机端应用，比如：央视新闻APP、人民日报APP等，这就意味着报纸媒体不仅能够保证图书馆论坛消息的权威性，而且能够在第一时间推送图书馆讲坛资讯，引起读者的重视与关注，尤其是使用充满逻辑与理性的文字去记载讲座的内容，会使得讲座内容更准确完整地呈现在读者面前。除此之外，作为传统媒体的报社非常有利于讲坛专家的邀请。但是报纸媒体的缺点在于讲座现场感不强，无法通过大量的图片与音频的方式传播讲座内容。利用报纸媒体宣传，山东省图书馆的做法可供借鉴：山东省图书馆讲坛借助《齐鲁晚报》的发行量与社会影响力，很好地实现了图书馆讲坛的宣传，同时促进了图书馆讲坛的发展。第一，通过《齐鲁晚报》，山东省图书馆扩大了讲座的影响力，使全省人民都能知道讲座安排。第二，每期讲座都由《齐鲁晚报》开辟专版进行报道，使不能到现场听讲座的人们也能详细了解讲座的主题内容，更好地发挥讲座"市民教室"的作用。第三，《齐鲁晚报》的宣传，更加有利于专家的邀请。2006年登上大众讲坛的26位主讲人中，有15位是博士生导师。如此学术水平高的专家能顺利地答允做讲座，与讲座能在《齐鲁晚报》这样大型的媒体上进行整版宣传是有很大关系的。

电视媒体的优势在于现场感强，可以在短时间内抓住用户的眼球，让读者身临其境地体验讲坛氛围。缺点在于，电视机是一种以娱乐休闲为主的媒体，主要是用来看看电视剧和娱乐节目。除此之外，为了兼顾电视节目的可看性，讲座在内容深度上往往不够深刻，信息容量虽然大，但是不够凝练。图书馆讲坛开展电视媒体的宣传的方式自然也是与当地电视台进行合作，除了对论坛做前期新闻宣传，还可以与电视台合作制作图书馆讲坛电视节目。比如：央视的《百家讲坛》等。由于电视节目制作的投资大，存在一定的制作周期，同时需要兼顾主讲人与电视台档期之间的时间差，因此需要提前准备，早做策划。再如：上海人民广播电台的名牌栏目《市民与社会》在双休日推出"上图讲座"广播版，上海东方电视台

《东方大讲坛》经常播出"上图讲座"的精彩内容。

（三）互联网宣传

图书馆讲坛的网络宣传是指借助互联网开展的图书馆讲坛宣传，用时下流行的说法来说便是"互联网+图书馆讲坛"。图书馆网络宣传的主要输出端是PC端，宣传主要的载体是图书馆的门户网站、社交网络（SNS）、博客（Blog）、百度百科、维基百科等，通过网络开展图书馆讲坛的宣传，对于图书馆而言可谓既熟悉又陌生。熟悉的是图书馆门户网站已经成为图书馆推介资源的主要渠道，是大家再熟悉不过的宣传途径；陌生的是随着互联网自身的进化与发展，逐渐从Web1.0进化为Web2.0，由图书馆主导生成网站内容的模式，转型成由读者用户主导生成网站的新模式。在这一转型过程中，出现了很多全新的互联网产品，例如：社交网络、博客、百度百科、维基百科、知乎、天涯论坛等，在这些互联网产品中，图书馆讲坛的宣传内容不再是仅由图书馆来撰写制作，而是主要依靠读者用户自己撰写讲座心得、分享讲座现场照片来实现图书馆讲坛的宣传。

社交网络已经成为人们，尤其是年轻人信息交流的重要工具。将社交网络平台作为图书馆的宣传口径之一，能够很好地提高图书馆讲坛的宣传服务效果。社交网络具有很强的交互性，它将个人主页与公共主页结合在一起，并且提供各种多媒体格式支持。图书馆可建立公共的宣传主页，通过好友分享等方式提升图书馆的宣传服务力度，扩大宣传信息的扩散范围。用户能够通过留言、投票等方式与图书馆讲坛进行信息互动，帮助图书馆获取用户需求，提升图书馆讲坛的服务质量。

除此之外，维基百科、百度百科、知乎、天涯论坛等也可以作为图书馆讲坛的宣传渠道。国家图书馆举办的"文津讲坛"在百度百科上就创立了词条，词条对"文津讲坛"的历史、宗旨、原则以及人物做了详细的描述，能够帮助读者更好地了解"文津讲坛"，进而很好地宣传国家图书馆和"文津讲坛"；更重要的是"文津讲坛"这一词条是开放性的，读者可以自行完善词条，将自己对讲坛的认知与理解写进词条，这样一来，"文津讲坛"的内涵也便会随着读者的增长而自行完善，在读者的推动下，实现讲坛宣传内容的自我更新和与时俱进。

（四）手机宣传

据中国互联网络信息中心（CNNIC）发布的《第 37 次中国互联网络发展状况统计报告》统计，截至 2015 年 12 月底，中国网民达 6.88 亿，互联网普及率为 50.3%，网民中使用手机上网的比例高达 90.1%。[①] 可见，手机已经成为读者接受资讯的重要渠道，通过手机端开展图书馆讲坛的宣传乃大势所趋。图书馆论坛在手机端上的宣传方式主要有短信平台、IM 即时通信技术，如：微信、腾讯 QQ、MSN、飞信等各种 APP。

通过手机端，图书馆建成了基于移动图书馆 APP 的宣传推介模式，如中国国家图书馆的"掌上国图"；也有的建成了基于官方微博、微信公众号等的宣传推介，如清华大学图书馆的官方微博以及北京大学图书馆、中国人民大学图书馆等开发的微信图书馆，将微信公众服务号与移动图书馆相融合，读者不仅可以通过微信获取海量的移动图书馆资源，同时可以通过微信朋友圈第一时间分享给自己的朋友，这就开拓了手机端开展图书馆讲坛宣传的新模式。图书馆讲坛的宣传可以基于移动图书馆客户端、微信公众号定期推送讲坛资讯、建立专门的 QQ 群和飞信群，让对讲座感兴趣的读者加入群聊，形成固定的读者群。除此之外，还可以利用网络上的二维码生成网站，通过二维码技术，将嵌入 QQ 群、微信公众号等相关网址的二维码印制在海报、宣传栏等上，如此读者便可以通过扫描二维码持续关注图书馆讲坛的资讯推送。

在新媒介环境下，尤其是在手机端下，每一个手机端不仅是一个信息接收端，同时也是一个信息创造端，即自媒体端。图书馆讲坛在宣传的过程中，还应充分利用读者"自媒体"资源。当前社会中不乏讲坛工作的忠实读者与热心粉丝开通的个人公众号，以一己之力推动阅读推广，这些个人公众号就是自媒体的重要组成部分。首先通过新媒体互动平台开展资源推介与活动推广，吸引读者关注并成为推广用户，再通过新媒体互通平台创新读者体验，逐渐引导读者参与到图书馆讲坛的宣传中来，激发读者的创造力，指导读者撰写讲坛推广策划，形成不同学科、不同专业读者，以自媒体为单位，参与图书馆讲坛宣传的局面。活动结束后，

[①] 中国互联网信息中心. 第 37 次中国互联网络发展状况统计报告 [R]. 北京：中国互联网络信息中心，2016：37-39.

图书馆又可将读者的"听后感"等公布在新媒体互动平台上，供读者分享并获得意见反馈，进而改善图书馆讲坛宣传的质量。通过这一模式，首先向读者宣传了图书馆讲坛信息，其次满足了读者自我价值实现的需求，让读者参与到图书馆讲坛的宣传中来，最大化地提升了读者体验，同时，由于读者的参与，不仅能够让图书馆讲坛的宣传异彩纷呈，而且大大减轻了馆员的工作量，让馆员由图书馆讲坛宣传的"生产者"转变为"把关人"。最后，通过图书馆与读者自媒体的双重宣传推广，实现图书馆讲坛宣传覆盖率的最大化。

（五）宣传册宣传

就实际情况来看，狭义的宣传册是指多页且定制成册的宣传册。广义宣传册则可分为三种类型：第一，单页的一般称之为宣传海报；第二，折页类宣传页或者宣传折页；第三，多页且定制成册的称为宣传册。无论是宣传海报、宣传折页还是宣传册，封面的设计都至关重要，过去都说"好的开始是成功的一半"，在新媒介环境下，"开始的好坏就决定了成败"。一个与讲坛主题相彰得益的宣传册封面，能够迅速地激发读者的阅读兴趣，扩大宣传册的宣传效果，至于宣传的内容页，只需考虑内容简洁、排版整齐即可。值得一提的是在内容的排版上需要给读者的视觉体验留有余地，不能为了追求宣传内容的全面而将版面设计得过于拥挤，这样虽然丰富了宣传册的宣传内容，但是却增加了读者的视觉负担，在全媒体时代，反而容易适得其反。

设计制作宣传册的软件主要有：Microsoft Word、Adobe Photoshop、Adobe Illustrator、CorelDRAW 等。在制作宣传册的时候需要考虑讲坛的主题、纸张的规格、色彩搭配、语言分割以及绘画类型。纸张主要有 A3、A4、A5 三种规格，可根据实际需求选择纸张大小。纸张规格确定之后，需要根据讲坛的主题设计宣传册的风格。宣传册的风格形式主要有：中国风、现代风、卡通动漫风等，构成宣传风格的元素是文字类型、绘画风格以及色彩搭配。这些元素的组合搭配会产生截然不同的视觉体验与宣传效果。

如果要在宣传册设计过程中尝试创新，使其能够在众多宣传册中脱颖而出，需要考虑以下六点：

第一，迅速抓住用户的注意力，创造最大的影响力。比如通过标新立异、反常规的方式增强视觉吸引力。图 5-2 中图书馆馆员穿着迥异，非常另类，标题为：我们不懂时尚，但我们善于检索资源。这种强烈的对比反差就可以迅速地抓住用户的注意力，幽默的对比又能够给受众留下深刻的印象。图 5-3 则将英文中的 BOOK 发音与鸡的"喔喔"叫声联系起来，并将海报取名为"鸡在图书馆"，这种标新立异的方式有效地吸引了读者的关注。

图 5-2 《我们不懂时尚，但我们善于检索资源》海报　　图 5-3 《鸡在图书馆》海报

第二，色彩创新。通过计算机代码调配出独特的颜色，并进行色彩搭配，让读者获得一种"从来没见过"这种颜色的视觉体验。网络上有很多配色网站，不仅有颜色与计算机代码之间的对照表，也支持不同颜色格式之间的转换，例如：将 HEXcode 转换成 RGBcode，这样便可以通过直接输入所需颜色的代码，实现"调色"的效果，进而获得独特的颜色。在颜色搭配方面需要采用"同色异调"（图 5-4）与"异色同调"（图 5-5）的方法，"同色异调"是利用相近颜色的明度差异实现变化，"异色同调"是指利用相近色调的色相差异实现变化。最后，如果看到喜欢的颜色，可以通过 Photoshop 等软件的吸管工具，获取自己想要的设计颜色（如图 5-6）。

同色异调

- 利用相近颜色的明度差异实现变化。

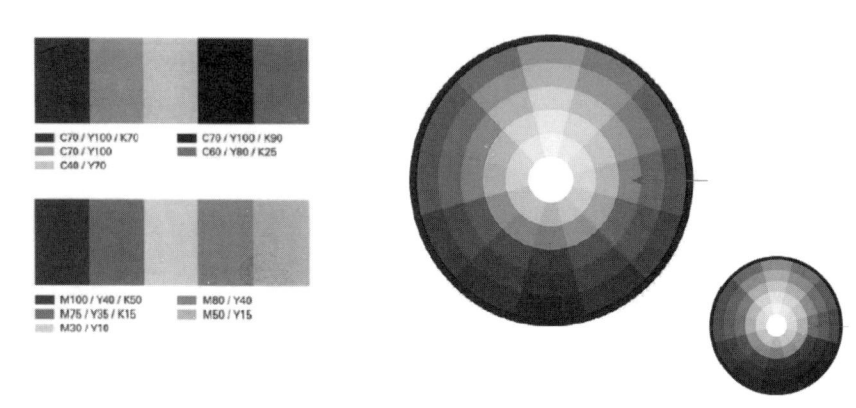

图 5-4　同色异调

异色同调

- 利用相近色调的色相差异实现变化。

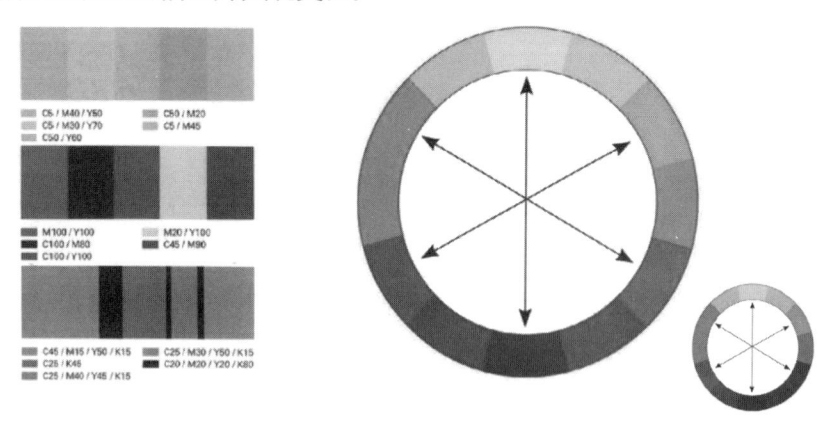

图 5-5　异色同调

取色

图 5-6　利用吸管工具取色

第三,尽量用图片取代文字,用图片说话,用图像来表达宣传的主题或者内容,让读者更加形象生动地了解讲坛的内容,例如图 5-7。整个设计文字内容都非常少,图片为主,文字为辅,用人脸和"×"的符号传达了"安静学习"的意思。

图 5-7　安静学习

第四,可以借助某些流行文化元素,例如:明星、电影角色、卡通动漫人物等来制作宣传册。图 5-8 便是利用了美国电影《蝙蝠侠归来》的形象和名称,下面紧接着 Returns his books to the library(蝙蝠侠将他的书还给了图书馆),

135

幽默风趣地传达了图书馆要求读者按时归还图书的规定。图 5-9 则利用卓别林图像进行了联想，因为卓别林的电影多是"默片"，将其与图书馆里需要保持安静的规定结合起来，从而让读者心领神会。

图 5-8 与蝙蝠侠相结合的图书馆宣传　　图 5-9 与卓别林相结合的图书馆宣传

第五，在文字排版上需要将文字体验转换成视觉体验，需要遵循以下四个布局原则：（1）亲密性。如果将文字关联转换成视觉体验，那么物理布局越接近，就意味着文字内容有关系，因此最好将相关的内容模块放置在一起，内容模块最好控制在 3~5 个，内容模块之间需要用"留白"与不同字体区分开来。如图 5-10，通过对内容模块进行分割与组合，有效地提升了文字内容的可读性与亲密感。（2）对齐。对齐是指在文字的排版过程中通过"对齐"的方式来实现不同内容模块的区分，以此增强读者的视觉体验与宣传效性果。从视觉体验或者说视觉语言来看，相互对齐的内容往往意味着很强的相关性。（3）重复。重复也是针对视觉体验而言的设计元素，并非是指文字内容的重复，比如"加粗"的使用，"加粗"往往意味着"强调"和"重点"，除此之外，如果需要增加不同内容之间的联系，可以同时重复"加粗"来增强彼此之间联系的视觉体验。（4）对比。对比是指在宣传册设计中可以将不同的内容模块设置不同的背景色，然后在彼此的内容模块之中又加入彼此的背景色，以此通过不同内容模块中的背景色块交流，增加整个

画面的色差对比，从视觉体验上构建整个宣传册内容的层次结构，让视觉感受更加充满层次感与立体感。

图 5-10　内容模块间的"留白"

第六，考虑打印设备等海报打印技术条件。海报设计的效果与最终打印出来的效果不一定完全吻合，也就是说在电脑显示屏上设计出来的海报和最终打印出来的海报会出现色差。这就需要在设计海报的时候考虑打印设备的技术条件。一般而言，显示屏的配色模式是 RGB 模式，而印刷配色模式是 CMYK 模式，在海报设计过程中选择的颜色如果超出了打印机能够打印的色域，就会出现色差，进而无法实现海报设计阶段预想的效果（如图 5-11）。

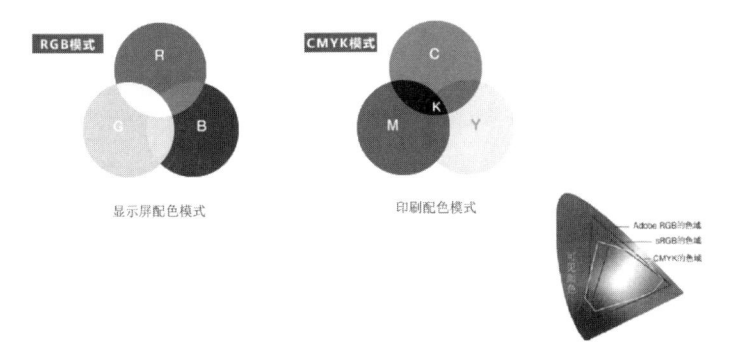

图 5-11　显示屏配色与打印配色的差异

（六）宣传栏宣传

在新媒介环境下，宣传栏的使用可以为图书馆讲坛的宣传带来一股"复古风"，反而能够给人带来耳目一新的感受。宣传栏的放置分为室外、室内和流动式三种类型，室外一般都放在流动性较大的地区，如进入图书馆的道路两侧、人行道两侧、公交车站、地铁站等有大量让人流驻足停留之处，室内则一般是放置在不同功能区域之间较为醒目的通道墙壁之上。除此之外还有一些"流动"的宣传栏，例如公交车的车身等。

宣传栏内容的设计主要有两种类型，第一种是文字为主，图片为辅。第二种是图片为主，文字为辅。针对第一种类型，图书馆讲坛的宣传可以介绍性的文字为主，例如：阐述图书馆讲坛的历史背景与发展历程，通过举办的次数、参与人次等数字统计展示讲坛取得的效果，指明讲坛未来的发展方向与期望等，如果有条件，还可以设置读者留言栏，添加一些读者的留言，让整个宣传栏的内容更加饱满。对于第二种类型而言，可以考虑漫画等风格来吸引读者的关注，同时配以大量的讲座现场照片，包括专家讲座时的照片、现场互动的照片等，让读者有一种身临其境的感受。随着宣传栏的发展，宣传本身的物理结构也逐渐成为宣传的一部分，例如：古色古香的楼台飞檐式的宣传栏就可以凸显出宣传栏内容的历史韵味，现代化的简约线条则能够体现出图书馆的现代气息，这样一来，宣传栏本身便可以首先吸引读者关注，让人们不禁想前来欣赏一番。

（七）其他载体宣传

除了上述宣传方式，还有许多其他的图书馆讲坛宣传方式，甚至可以说，图书馆讲坛的宣传方式无所不在，只要我们用心去发现，所有的一切都有可能成为图书馆讲坛的宣传载体。例如：主讲人签名赠书，即通过现场互动等环节，赠送主讲人签名本，来吸引读者参加讲坛，进而实现图书馆讲坛的宣传。还有通过设计图书馆吉祥物来宣传图书馆讲坛，比如：日本熊本市的熊本熊，日本熊本县还专门为其设立官职，2011年熊本熊被授予当地营业部长兼幸福部长的职务（图5-12），成为日本第一位吉祥物公务员，熊本县不仅通过熊本熊来振兴本县经济，而且很好地宣传了本县，起到了很好的宣传效果。我们不妨想象，如果在图书馆中也设立这样一个类似熊本熊的吉祥物作为"图书馆幸福科"的科长或者图书馆讲坛的"坛主"，会不会收获到意想不到的宣传效果呢？通过制作时下流行的"微电影"进行宣传也是一个不错的选择，比如：将一对情侣参加图书馆讲坛的故事设计成一个唯美的爱情故事，两人在讲坛上一见钟情，约定若干年后再次去图书馆讲坛等。除此之外，在一些城市，地铁已经成为一座流动的城市，充分利用地铁宣传图书馆讲坛也是一个很好的办法。

图 5-12　熊本熊部长在上班

五、图书馆讲坛宣传的未来及展望

为了顺应全媒体时代，从第三空间和全媒体运营的角度，推出"渠道为王"的全新图书馆讲坛理念，拓展图书馆读者文化活动渠道，精细化管理读者文化活动，形成"O2O"（Online To Offline）线上线下相结合的图书馆讲坛宣传模式，制作专业的图书馆讲坛 APP，形成"掌上图书馆讲坛"。这既是图书馆的线上讲坛，也是图书馆讲坛的宣传途径。构建"O2O"线上线下相结合的图书馆讲坛 APP，主要有两个方面的价值，首先是能够通过扫描二维码、吸引关注等方式将参加过讲坛的读者固定下来，作为未来图书馆讲坛的主要参与群体和反馈群体，逐渐建立起保证图书馆讲坛发展的读者群。其次可以应用大数据分析等技术，构建图书馆讲坛 APP 系统模型与虚拟系统，充分挖掘读者的行为价值，逐渐将读者线上活动与线下活动相融合。例如：给读者参加图书馆讲坛的行为赋予一定的价值，这种价值称之为"行为值"，无论是在图书馆的日常阅读、参加讲坛，还是查找资料，通过扫码或者登录系统即可捕捉到某种特定的行为，并针对不同类型的读者行为给予不同程度的奖励。奖励可采取积分制。"行为值"实际上可以理解为是图书馆发行的一种虚拟货币，通过"行为值"不仅可以兑换到图书馆讲坛推出的讲座 VIP 票，还可以换取图书馆赠送的纪念品，同时还可以利用"行为值"支付实现阅读互助，进行时间管理，规范读者行为，提高图书馆资源的利用率。这样一来便会出现一个基于图书馆讲坛积累的优质读者群，并且通过这批优质的读者群推动图书馆讲坛品质不断提升。

在全媒体时代，图书馆讲坛宣传既要顾及能够留住多大规模的读者群，也就是图书馆讲坛的"回头客"，这一批优质的图书馆讲坛"粉丝"可能会对图书馆讲坛的发展方向产生重大影响，同时还要体现为所有人服务的理念，吸引最广大的市民利用图书馆，把知识传播、科学普及、培养读者等作为讲坛服务均等化的目标。这使得图书馆讲坛未来的发展可能会出现两种分化，即：为解决普遍均等服务问题的图书馆讲坛和高素养读者的分享讲座。不管是何种讲坛，其主讲人从某种意义上而言可能本身就是最资深的读者，当广大读者的阅读素养达到一定水平，也便具备了为其举办讲坛的可能性，开辟出百花齐放的大众讲坛，让图书馆讲坛充满生机。

思考题

1. 请简述图书馆讲坛工作的宣传策略与宣传载体。
2. 试根据本馆讲坛工作开展情况、读者类型等制定本馆讲坛宣传工作实施方案。

第六讲 图书馆讲坛主持人

21世纪以来，公共图书馆通过明确自身的使命和核心价值，通过创新思路、管理、模式、技术等，推动了公共图书馆服务的均等化和专业化，大力开展阅读推广、开设讲坛，使得图书馆讲坛已成为许多城市的文化风景，成为图书馆的名片。图书馆讲坛在发展过程中，催生了一支特殊的图书馆馆员队伍——图书馆讲坛的主持人，他们集策划、主持、推广、管理于一身，融合阅读推广人、图书馆馆员、媒体策划人、公益活动组织者、团队公关代表等多个身份于一体，他们活泼、敏锐、前沿，打破了传统图书馆馆员的严肃、沉默、学究的形象，他们是传统的现代演绎，某种程度上更是一种突破和创新，是本教材第四讲中所阐述的办好图书馆讲坛的重要资源之一。

本讲从主持人在图书馆讲坛中的重要性、当好主持人应该具备的素质和能力、主持人的行为举止、主持中的技巧几方面，讨论如何成为合格的讲坛主持人。

第一节 讲坛主持人的出现及必要性

在讨论设立讲坛主持人的必要性之前，回顾一下讲坛主持人这个职业角色的发展历程，有助于我们提高对图书馆讲坛需要拥有自己的主持人的认识。

一、初始阶段

图书馆讲坛刚起步时，其主持形式通常是在开场时由一位讲座部门的领导上台，提醒大家讲座即将开始，简单介绍嘉宾，剩下的时间都是主讲人的。一般情况下，主持人也会陪坐在主持台上一直到结束。这与大部分起步阶段的讲座举办条件有限有着较大关系。"上图讲座"在1978年诞生后的十年间也堪称艰苦简陋。没有"高大上"的会议场地，没有现代通信设备，没有完善的服务机制，三个工作人员戏称自己的工作就是刷浆糊、抄信封（当时的讲座通知全靠邮政寄送），讲座现场就是一条横幅、一方课桌、一个话筒、外加一个热水瓶。那个时代，讲座主持人并不是一个必须的符号。

二、萌芽阶段

发展到一定阶段后，这种情况有所改变。当一些有影响的主讲人应邀到来时，图书馆会邀请馆级领导或更高层级的领导担任主持人，一方面是表示对该活动的重视程度，另一方面也充分表达对主讲来宾的尊重。通常，领导的主持稿都是事先拟定和审阅过的，主持时只需照本朗读，也很少有与嘉宾和现场听众的互动。但是因为各级领导的重视，图书馆讲座因此进入了公共媒体的视野，品牌建设初见成效。虽然现场的听讲感受还谈不上完美，但是为图书馆讲座事业的发展奠定了良好的基础。

三、发展阶段

当讲座品牌建设初见成效，讲座的社会认知度和参与度日益提高之时，讲座主持人的专业化趋势日益显现，兴起一股邀请主持人"外援"的风潮。以"上图讲座"为例，当时的一些重量级讲座也曾花费重金邀请过电视或广播媒体的主持人，也曾引起追捧和轰动。例如上海卫视的杨蕾、读书节目的主持人张颖、外语频道主持人崔文等都曾客串过"上图讲座"的主持。她们的专业化风格和优秀的职业素养给大家留下了深刻的印象。此举对提升讲座品牌的影响力是有积极贡献的。但是久而久之问题出现了。首先，邀请主持人的花费对发展中的公益讲座而言是一笔不小的开销，其次，外援的加入虽然提升了讲座活动的档次，但是对主讲嘉宾而言却缺少与主持人充分的沟通和交流，甚至有被压抑感；再次，也是最重要的一点，由于外援主持人的加入只是友情帮助，他们对讲座主题、策划思路、听众结构、嘉宾背景等无更深入的了解，无法真正融入主题境界，无法产生精神的共鸣。

四、完善阶段

当认识到图书馆讲坛是图书馆服务的重要内容之一时，如何不断创新，实现可持续发展就成为当前图书馆讲坛所面临和亟待解决的一个重要课题。现今的图书馆讲座工作已脱离萌芽状态，进入日臻完善的阶段。无论是讲坛品牌发展的需要，还是讲坛工作专业化分工的需要，或者是具体讲座质量提升的需要，主持人的作用日益凸现，甚至已经成为讲坛重要的要素或资源。而专业主持人正是在这个重要阶段中逐渐出现并迅速成长起来，并逐渐呈现年轻化、专业化、职业化的良好态势，越来越多地活跃在各地图书馆讲坛上。

通过对讲坛主持人发展过程的梳理，我们可以这样认为：

（1）讲坛主持人是时代发展的需要。当今的中国社会已经告别高消耗、低增长的初级阶段，逐渐进入专业分工的时代，我们发现被细分的工作更具有竞争力。尤其是数字图书馆来临的时代，当代图书馆的转型势在必行，构建新的交流空间是讲坛工作的职责和优势所在，讲坛主持人的亮相对此大有裨益。

（2）讲坛主持人是阅读推广的需要。在全民阅读活动蓬勃兴起的当下，图书馆讲坛的作用不容小觑。一个优秀主持人将成为讲坛活动的灵魂，可提升讲坛亲和力，吸引更多的读者参与。

（3）讲坛主持人是品牌建设的需要。众多的实践证明，好的文化传播品牌与主持人是相辅相成的关系。图书馆讲座已经成为城市的公共文化窗口，成为重要的学习品牌、文化品牌和宣传品牌。培养一个与品牌气质一脉相承的主持人，假以时日必将展露光芒。

（4）讲坛主持人是图书馆人力资源建设的需要。当代图书馆早已超越了以藏书为核心的服务模型，当今的服务模式是以"知识"为核心，尤其是流动的知识。知识靠传播方可流动，正如传播要靠人才实现。任何事业，人才的培养是根基，图书馆不仅需要服务型人才、研究型人才，也需要形象与内涵兼顾、能力与素质并重的传播型人才。

第二节　讲坛主持人的定位

讲坛主持人是一个近十年来出现在传统图书馆界的新名词。他脱胎于图书馆馆员，但又有别于一般的馆员；他与普通媒体主持人有相似之处，但又与他们有着鲜明的个性差异；他是整个讲坛品牌的一部分，扮演着多种不同的角色；他们的定位应该是一个"主持人＋"的概念，超越了一个单纯的主持人本身。主持人定位是一个值得探讨的课题，这需要从宏观和微观两个方面加以阐述。

一、相对于讲坛而言的宏观定位

（一）面向社会的图书馆人

馆舍、馆藏、服务政策、工作人员形象等众多因素综合构成了人们心中的图书馆形象。如果说馆舍和馆藏是一个图书馆的硬实力，那么图书馆人就是图书馆的软实力。他们的文化水平、业务能力与工作态度是决定图书馆形象的主要因素。

图书馆讲坛的策划、管理、主持人大多由图书馆馆员担任。与普通馆员相比，他们经常出现在图书馆讲坛等一些对外活动的讲台或舞台上，他们的形象成为读者对图书馆的聚焦点，客观上是图书馆形象的一种外在体现。主持人的精神风貌、言语举止都在台下所有听众的注视之中。一言一行，一字一句，都必须以职业形象的要求加以规范。

（二）面向读者的知识传播者

如果说图书馆讲坛是实现图书馆传播公众文化功能的重要平台，那么专业主持人便是一位极其重要的传播者。主持人总是伴随着讲座活动出现，是活动的一部分。优秀的主持人甚至成为一个知识传播的符号，可以影响听众情绪、调动全场气氛、驾驭整个过程和每个环节、沟通嘉宾与听众的关系，引导听众更深入地思考理解并主动提问交流，使讲座的效果得到升华；更重要的是，主持人能够通过自己的努力，一方面使平面的知识立体起来，更有趣味、更有普遍意义，另一方面综合听众的意见，反馈到讲座策划和馆藏服务中，使知识传播效率最大化。

（三）面向公众的品牌推广人

21世纪的今天，图书馆讲坛的工作范例早已列入公共关系理论的范畴。"上图讲座"曾两次荣获上海公关案例奖就是佐证。讲坛主持人队伍是一支融合了阅读推广人、图书管理员、媒体策划人、公益活动组织者、团队公共代表等多个身份于一体的复合型人才团队。主持人始终伴随着讲坛品牌出现在公众面前，不仅要经受受众的检验，更要在面对媒体时表现出图书馆人博学、知性、得体的特质。在受众、媒体和社会眼中，主持人是最佳的品牌推广人和代言人。诚如崔永元因《实话实说》而家喻户晓、曹可凡因《可凡倾听》而享誉沪上，主持人与节目（讲座）本身共生共长、彼此成就。一个气质出众、谈吐得体、进退有度、积淀丰富的主持人是图书馆讲坛最佳的公共形象代表。

二、相对于讲座而言的微观定位

讲坛主持人相对于一个单体活动而言，定位显得更为务实和直接，下面就以主角与配角、调控者与参与者、阐述者与倾听者这三对关系为切入点加以论述。

（一）主角与配角

主持人、主讲人和听众构成讲座活动的三个基石。这三者中作为桥梁和纽带的主持人，必须主导整个讲座过程、把控流程、掌握节奏，同时作为东道主，又必须具有主人翁意识，充分表达主办方的办讲思路，这个时候，主持人是绝对的主角。但同时，当讲座进入主题演讲，主讲人成为内容的主导时，主持人必须退居配角的位置，穿针引线，甘当绿叶，虚心求教。

（二）调控与参与

一般的讲座活动，分为开场、主题阐述、互动交流、提炼收尾这几个阶段。在开场和结尾时，主持人是把控全场的主人，是调控者。当主讲人进入主题阐述时，主持人就是一个和观众平起平坐的参与者。当主持交流环节的时候，主持人就要把自己放在主讲人和听众的中间，引领思考，抛砖引玉，把听众的情绪带动起来，鼓励发言、虚心求教，这对主讲人也是一种良性的刺激。

（三）阐述与倾听

讲座活动的策划思路、背景的交代等是由主持人完成的，这个工作主要集中在活动开始和结束的阶段。节目开始的时候，主持人需要通过自己的讲述，让嘉宾及听众了解谈论的话题，激发听众的参与热情；讲座结束时，主持人则需要对谈话全部内容进行总结和评价，深化谈话的意义，感谢嘉宾和听众的参与。

同时，主持人又是一个愿听、要听、会听的倾听者。愿听是姿态，要听是态度，会听是能力。主持人的水平高下在"听"字上可见一斑。有些主持人在节目中忽略了"听"这一环，刻板地按照谈话提纲列出的问题逐一提问，没有深刻理解演讲的内容，忽略嘉宾的情感因素，毫不关心嘉宾的回答，暴露了主持人能力的欠缺以及对自己的角色认识不足，这样的主持是失败的，当引以为戒。

第三节 讲坛主持人的现状及特点

图书馆讲坛主持人与一般意义上的公共形象主持人有共性，也有差异。对于图书馆讲坛而言，图书馆馆员担任主持人有着独一无二的优势，也有一些需要用学习和训练来克服的弱点。这里着重阐述一下图书馆讲坛主持人的特点所在。

一、图书馆馆员担任讲坛主持人，熟悉讲坛的策划思路和举办背景

目前大部分图书馆并没有招聘专职主持人，只是在招募讲座团队人员时会附加一些对主持人的基本条件，比如普通话达标、形象大方、擅长表达等等。因此大部分主持人很可能身兼数职，同时是讲座活动的策划人、组织者，甚至还是后台管理者。他们对讲座的来龙去脉有着充分的了解，跟主讲人之间沟通密切，有的甚至还是好朋友。他们了解讲座的主题和内容，能够在活动中跟主讲人默契地交流和沟通。尤其是一些对话型的讲座，能够很快进入正题，深刻挖掘主题思想，触发主讲人的真情实感。同时，这些主持人由于是图书馆常驻工作人员，非常了

解听众，知道大家想听什么，能够引导听众跟上主讲人的节奏，帮助其理解内容，提升讲座效果。

二、图书馆讲坛主持人大都没有主持专业背景，主持技巧略有欠缺

目前图书馆讲坛的主持人通常是由在馆内选拔的形象、气质、谈吐俱佳的年轻同志担任，或者由工作团队中某一位符合主持人基本形象的馆员担任，真正科班出生的还是少数。这就不可避免地使我们的主持人在进入角色的时候有点生疏，在临场发挥中不尽如人意。比如有些讲坛的主持人，普通话还未达到播音标准，有的甚至还带有较重的地方口音；有的主持人，缺少对舞台的了解，再加上审美的问题，在形象设计上会不合时宜；还有的主持人，在主持一些重大活动的时候，或者缺乏历练，或者缺乏自信，面对数百人的大型场面会怯场，一上台脑子空白，不知所措，或者不断地卡壳，不能不说是一种遗憾。作为一个公共品牌的主持人，对于主持基本技巧的训练和掌握还是需要做好指导和培训的。

三、图书馆讲坛主持人的知识结构相对于讲座内容而言，相对单薄

图书馆讲坛的内容丰富，主题涉及社会、经济、法律、社交、教育、文学、音乐、绘画等众多领域，可以说包罗万象，无所不谈。这对于主持人的知识结构就提出了很高的要求。"上图讲座"的一位老前辈就说过，讲座人要做"胡椒粉""万金油"，什么都懂一点，什么都知道一点……一个人的知识结构相对于整个讲座体系而言，肯定是单薄的。很多讲座团队把策划人、主持人按照条线和板块分工合作，尽量使专业与工作对口。但限于目前阶段的讲座工作还不能做到完全细分，所以主持人也好，策划人也好，要不断地丰富自身的知识结构，尽可能多地学习新的思想和知识，不一定精，至少对策划的主题和背景要有起码的认识，在主持开始之前做好资料收集和准备。这样才能做一个合格的主持人。

四、图书馆讲坛主持人的工作准备和临场水平要求高

讲座主持人与一般的节目主持人有相同点，更有不同点，从某种角度说，讲座主持人比一般媒体的主持人难度甚至更高一些。一般的广播或电视媒体主持

人，有时只负责一个或几个栏目，且有完善的工作团队在背后支持。而图书馆讲坛的主持人很可能身兼数职，从文案到现场，精力耗费更大。

同时，公共媒体主持人的节目一般分为直播和录播，录播的画面对着摄像机即可，即使表现失误，也有修改的余地。而图书馆讲坛的主持人都是现场主持，在心理压力巨大的情况下，主持人要流畅、自然、亲切大方地主持整场讲座或者报告会，中间不"吃螺丝"、不失误，又要有礼有节、有思想地与主讲人完美互动，同时还要面对现场可能出现的种种问题。这确实是图书馆讲坛主持人不得不面临的挑战和考验，也是值得图书馆讲坛主持人骄傲之处。

第四节 讲坛主持人的素质建设

主持人的素质修养，是指主持人除了作为一个"人"的素质修养外，进一步在这个职业范畴中所应该具备更高层次的素质修养。换句话说，除了在道德伦理上应该具备的作为社会人的基本要求和素质外，主持人还应该符合行业的要求。主持人的素质修养，是体力与智力、知识与道德、性格与才能、理性与直觉、美的体验与美的表现等方面的综合体现。

一、主持人的大局意识

讲座一旦开始，主持人的一举一动、一言一行都暴露在听众的注视之下，此刻他代表的是主办方的形象。一名合格主持人的立身之本，应该是一份高度的责任感和大局意识。

（一）牢记自己是宣传阵地的守护者

图书馆讲坛是先进文化的传播窗口，是公共服务的共享平台，但根本上讲应该是我们党和政府的宣传舆论阵地。一方面，主持人面对的是我们请来的主讲嘉宾，他们大多数是著名专家学者、文化名人；另一方面，作为服务"零门槛"的公共图书馆讲坛，我们又需要平等、一视同仁地面对广大的讲坛听众，他们来自社会各个阶层，有着不同的年龄、职业、地位、知识结构，可谓参差不齐，仅凭寥寥数位工作人员无法对成百上千位听众做出非常准确的甄别。

当我们面对高高在上的主讲人时，我们在谦虚好学的同时要有礼有节，在对他们所掌握的知识怀有敬畏之心的同时，对讲课的内容评价要怀有平常之心。比如讲座内容中涉及国际问题、港澳台问题、大国关系、军事纷争，甚至是意识形态等敏感题材时，主持人要保持清醒的头脑和明确的态度，保证讲坛的纯洁性和坚定性。主持人必须做好四件事。第一，正式邀约之前，必须多种渠道确认主讲人的身份、立场、专业成就等，这些可以通过圈内专家咨询、网上搜寻，或者与当地宣传、理论、社科联等管理部门联系来获得。第二，事先与主讲人有充分的沟通，对于讲课的内容有基本的了解，请主讲人提供课件或不少于三级的提纲，帮助我们判断讲课内容是否合乎规定。第三，向主讲人婉转并郑重地申明图书馆讲坛的立场和态度，取得与主讲人之间的精神默契。第四，在讲座前的知识产权中约定，主讲人的讲课内容符合党和国家的有关规定，如有违规言论，图书馆将保留相应的法律权利。

（二）牢记自己是城市文明的践行者

印度著名图书馆学家阮冈纳赞认为，"一个图书馆成败的关键还是在于图书馆工作者"。因此，当面对的是城市居民和普通读者时，主持人代表的是图书馆讲坛的主办者，代表知识殿堂的知性、儒雅和睿智；当面对来自全国各地的客人时，主持人的形象和素质再次成为城市风貌和时代精神的集中体现；当面对来自世界各地的外国朋友时，主持人也就成为中华文明的继承者和传播者。一位主持人的基本文明规范应该做到：工作时间内，专业守时、尽忠职守；迎送嘉宾时，谦逊文雅、态度恭敬；主持讲座时，言语得当、进退有度；登台亮相时，服饰得体、妆容淡雅；言语交锋时，巧妙化解、轻松救场；场内拥挤时，淡定指挥、确保安全；突发状况时，临危不乱、有序退场……主持人风光出彩的背后是长期坚持的良好作风和累积的工作经验。

（三）牢记自己是专业服务的提供者

图书馆学家刘国钧先生曾提出："馆员应有之素养，尤以和蔼之态度及丰富之常识二者，最须注意。前者所以吸引阅者，后者所以指示阅者也。"作为一个公共文化机构，图书馆提供的是专业化服务，是保障公民享有基本文化权利的地方。图书馆是保存人类文明与知识的崇高殿堂，图书馆讲坛主持人作为这座宝库的管理人员之一，不仅要掌握专业领域的策划、主持、宣传等基本技能，还要掌握图书馆学、情报学等图书专业知识，应时刻谨记自己首先是一名图书馆馆员，然后是图书馆讲坛的主持人，在工作中要尽到图书馆馆员应尽的责任与义务，充分展示服务的专业性。

二、主持人的责任担当

要成为一名优秀的图书馆讲坛主持人，丰富的科学文化与雄厚扎实的专业知识缺一不可。上一节已经说到，一个讲坛主持人首先是一名图书馆馆员。作为图书馆讲坛的主持人，则必须要做到以下几点：

（一）忠诚于图书馆事业，坚持图书馆职业理想

图书馆馆员需要树立现代公共图书馆服务理念，把"读者第一，服务至上"落实到行动中，以满足读者需求为服务的出发点和落脚点，平等、礼貌地对待每一位读者（听众），使其置身于亲切和谐的氛围中，从而由内到外地感到愉悦和舒适。

（二）具有社会责任感，尊重生命价值

作为馆员，我们有责任和义务善待每一位读者（听众），以人的精神成长为目的，努力保证每一位读者（听众）享受服务的权利。图书馆馆员面对读者和听众，不论他们来自哪里，从事什么职业，有什么身份，都要一视同仁，为其提供平等服务。不但要从讲座内容策划、宣传管理等方面兼顾每个听众能从图书馆听到想听的讲座，更要努力改进服务外延和服务模式，为听众和读者提供更简便和人本化的听讲模式，迅速满足读者对图书馆的服务诉求，体现全心全意为读者服务的职业道德水准。

（三）具有职业精神，架起读者与图书馆、物质与精神的一道桥梁

主持人还应该具备广泛的科学文化知识，不但要了解讲坛品牌和服务流程，更要了解所在图书馆的基本情况，如文献馆藏，以及馆藏文献的结构和布局、重点和特色，为社会提供哪些服务，开展哪些阅读推广活动。这样才能真正在对读

者的服务中提供足够专业、细致的服务，把讲坛与图书馆的其他服务有机地结合起来，把讲坛作为读者与图书馆服务之间的纽带，并以此扩大图书馆讲坛的影响力。如果主持人对自己要提供服务的专业领域没有一定的了解，就可能会在日后的工作中闹出笑话。

三、主持人的职业素养

图书馆讲坛的主持人，要在讲坛上真正地放出光芒，还必须在一个合格图书馆馆员的基础上同时具备更完善的主持专业素养和更丰富的知识结构，这就是所谓主持人素质必备之"专与杂"。"专"是身为主持人必须具备一些专业素质；"杂"是主持人的知识水平、艺术修养、法律观念、行为准则的综合体现。

（一）主持人的记者素质

讲座内容往往涉及某一领域专家和学者的最新研究课题，面对这些陌生的领域，主持人首先要具备一种"记者"素养，学会采访专家、提出问题、分析问题、总结问题，在讲座的准备期和实施期，这种记者素质将贯穿始终。

（二）主持人的编辑素质

主持人的每一句主持词都是原创的文案，现实情况下，主持稿都由主持人亲自撰写，完全是个人对主题的提炼和归纳，体现了主持人对主题的理解能力和对文字的驾驭能力。同时在讲座过程中，主持人必须从主讲人的阐述中迅速提炼精华，对自己前期的理解加以修正，或者从听众提出的问题中筛选契合主题的问题加以评述，这时候主持人就是一个经验丰富的资深编辑。

（三）主持人的语言素质

主持人是吃"开口饭"的，优秀的表达水准和语言能力是必备素质。要使一档节目获得受众的肯定，首先就要使节目内容充满魅力，吸引受众。口齿清晰、发音标准、用词精确、风格简练，包括熟练掌握一门外语等……当代主持人要具备扎实的专业素质。

（四）主持人的心理素质

主持人的心理素质是指主持人在自身成长和发展的过程中形成的比较稳定的

心理机能，是主持人心理品质和心理能力的统一，是应付、承受与调节各种心理压力、摆脱各种心理困扰的能力，是适应社会发展需要、及时调整心态迎接挑战的必备素质。

（五）主持人的知识修养

人们常用"杂家"来形容主持人，它所要表达的意思就是主持人应涉猎广泛，触类旁通。主持人应是复合型人才，无论是文学、语言、历史、地理、美学、心理学，还是社会学及一些自然科学等，有关这些方面的知识，主持人都应学习。不仅面要广，还要根据主持的节目类型和主题，强调它的深度。这是衡量一个主持人合格与否的最直接的标志。主持人只有在拥有丰富的知识，具有较高的文化素养时，才能更深刻地理解党的方针政策，准确传递节目所要表达的思想和情感，铸就自身良好的精神气质。作为一名主持人，要不断更新知识、开拓思路、活跃思维，提高自己的知识水平和文化修养。

四、主持人的人文精神

在公众视野里，我们能列举出很多耳熟能详的主持人，赵忠祥的沉稳、孟非的睿智、倪萍的亲和、董卿的大气、柴静的担当……无论时代怎么发展，一名好的主持人应该在采访报道中、在与嘉宾的交流中具有强烈的社会责任感，同时要拥有一定的人格魅力以及平等、宽容、富有同情心。正因为如此，他们才被人们记住。白岩松在《我们能走多远》中提道：主持人拼到最后拼的是人格。人格的背后是什么？那就是一个人的情怀，通俗点儿说，就是一个主持人的人文素养。

一般认为，人文素养的实质，不是表示某种"能力"的素质，而是以人为对象、以人为中心的一种"精神"素质。它以人的价值、人的感受、人的尊严为衡量的尺度，其核心内容是对生命的尊重，对人类生存意义和价值的关怀，是一种为人处世的基本"德性"。一个具有人文素养的人，必然具有爱心、同情心、恻隐之心，这是一种内在的精神力量，而不仅仅是某种行动能力。中国传统文化中的仁爱精神、悲悯之心等具有人文精神内容，经千百年"化民成俗"（朱熹语）的积淀，许多已深入到民间，融化在百姓的血脉中，长期在培养国人的人文精神中默默无闻地发挥作用，润物无声。中国的民间，具有丰富的人文精神"富矿"。

公共图书馆，在全世界都被公认为是最具人文关怀的公共场所，它所倡导的文化权利和公共服务，是文明社会对人文精神的最佳诠释。图书馆讲坛主持人身上的人文素养不仅是一种职业技能的体现，更是一个图书馆服务水平的证明，是一个讲坛品牌的精神实质的综合体现。这正是我们在讨论主持人素质的时候需要重视的一个问题。

"人文关怀"的核心是对人本身的关注、尊重。一个具有人文关怀的主持人，必定有深刻的感知力和高超的领悟力，无论在个人形象、沟通技巧、语言运用，还是在主持人与观众、嘉宾关系的处理等方面，都会有自然得体的表现。我们很难想象，一个人文素养颇高的主持人，会以奇装异服吸引听众的注意力；我们也很难假设，一个懂得尊重与关爱的主持人，会自以为是地在台上滔滔不绝，而无视听众与主讲人的感受。

五、主持人的审美素养

美的事物，总是带给人愉悦。听讲座，不仅是学习，更是熏陶，培养对文化的品位实际上也是培养审美的过程。一台经过精心策划和组织的讲座，必定布置得当、制作精良，从宣传设计到现场呈现体现的不仅是这台讲座的分量，也体现着一个团队的品位。图书馆讲坛已经度过了初级阶段，在朝着品牌化发展的道路上大步向前。一台美的讲座，就包括主持人在讲坛上的亮相和言行，这对于讲座的现场效果和后期传播，都会带来非常积极的影响。

有人把审美理解成容貌和身材，这是狭隘和过时的观念。容貌是一个人的先天条件，改变的可能不大。但身为讲座主持人，即便不都是俊男美女，也可以通过有意识地培养审美的感受力和相应的技能训练完成基本的形象塑造。审美对人的一生是非常重要的，对一个主持人尤其如此。良好的审美能力将使主持人在播音、传达、沟通、表现等方面更上一层楼，将美的精神不知不觉间贯注到自己的形象之中，在一定意义上也将"美"带给观众，从而积极而愉悦地影响受众，提高活动的整体效果。

培养审美趣味其实并不难。个人卫生的保持、轻描淡抹的妆容、庄重大方的着装，都能给读者以自然健康、精神焕发的美感；而和蔼的笑容、得体的举止，可使读者感到图书馆馆员作风的严谨，自然产生出愉快和信任的感觉；此外，悦耳的声音、文明的用语、儒雅的表述，使听众和讲座工作者心中产生和谐的共鸣。

主持是跟美息息相关的艺术，是涉及形象塑造、语言表达、音乐、绘画、情绪、心理等多方面的复杂综合体。生活中到处都是美，罗丹说："不是生活中缺少美，而是缺少发现美的眼睛。"同样，把审美融入到讲座的主持工作中，本身就是一种美的创造。

第五节 讲坛主持人的能力建设

做一个合格的主持人，除了具备基本的素质，同时也必须具备必要的能力。比如语言、形体等硬件要求，还要求具有沟通、控场、应变等软实力。

一、主持人的语言表达力

主持人要具备全面的素质，掌握多种能力，其中最重要的一项能力是掌握语言的艺术。古有"先声夺人"一说，《红楼梦》中凤姐出场便是"未见其人，先闻其声"，可见一个人的声音语言相对于形象塑造的重要性。"字正腔圆"作为播音吐字的最高境界，一直是许多播音员、节目主持人不懈追求的目标之一。职业主持人对语言的运用都经过了相对专业的训练，而图书馆讲坛主持人因为学历背景和工作经历的关系不具备非常专业的语言素质。在此列举一些讲坛主持人需要了解和掌握的基本常识。

（1）语音条件。包括音域、音质、音高、音色。其中音域部分，不论男女主持人均宜以中音为佳，不能过低，也不能太高；音质明亮、清晰、优美，男音不能太低，显得过于浑厚沙哑，女音不能太高，否则容易尖细高亢；吐字既要准确清晰，又要圆润饱满，前者关系到"字正"，后者关系到"腔圆"。圆润饱满，就是要有比较丰富的泛音共鸣，使字音悦耳动听。

（2）用声要点。掌握控声、停顿、重音、节奏。发音吐字必须灵活自如，轻快流畅，同时又要抑扬顿挫，疏密相间，错落有致。这样，语言才能像水一样流动起来——水的声音听起来总是悦耳的。语言技巧是表情达意的手段，学会根据不同的场合、内容调整语气语调和停顿节奏。例如：开场时庄重、权威，介绍专家时隆重、专业，与读者交流时则应该亲切平和，冷场时可以略微活跃，过于火爆时则必须冷静克制。

（3）用语规范。互联网时代，主持人有朝着个性化、风格化方向发展的趋势。媒体热点的此起彼伏，网络用语的日新月异，对主持人的语言修养提出了新的考验。角色不同的主持人可以有不同的风格，有的严谨郑重，有的则轻松亲切，很多新兴的词汇有时也可以用来生动表达节目内容。但不管风格如何，规范用语的一些必要原则必须遵守。两年前，广电总局就曾对媒体主持人发出"通知"，要求主持人除节目特殊需要外，一律使用标准普通话。不得模仿地域特点突出的发音和表达方式，不使用对规范语言有损害的俚语俗词等；用词造句要遵守现代汉语的语法规则，避免滥用生造词语和不规范网络用语；要规范使用外国语言文字，不在普通话中夹杂不必要的外文。

（4）语感优美。图书馆讲坛主持人除了知道什么是对的语言，还要知道什么是美的语言。主持人的口语表达要掌握节奏感，风格简洁明快。表达观点时用短句阐述思想；抒情时懂得运用合适的名人名言、古语和诗词；同时，主持人也需要熟练使用必要的修辞，遣词造句不但精准，还应该有美感、有温度、有态度、有力度。

（5）掌握一种外语。如今的图书馆讲座，特别是大都市的公共图书馆，外国人演讲和外国人听讲都已经司空见惯。主持人能够熟练掌握一种外语，是图书馆的国际化体现，也是城市的文明象征。已经有不少的图书馆具备了这样的条件，更多的图书馆则已经看到了潜在的需求。主持人的外语水平可以通过培训、自学来达到，也可以在招募新成员时有意识地加强这部分要求。

（6）摆正位置，避免雷区。在主持过程中，也会发现主持人因为种种原因表现得不尽如人意。有些是由于个人能力或经验不足造成的，也有一些是必须通过培训教育和自我管理加以避免的，下面简单加以说明：

一忌哗众取宠。主持时切忌用语夸大、不实，有的主持人为了赶时髦或者迎合听众，或者是刻意地讨好主讲人，都会在用词时失去分寸，这是主持的大忌。恰如其分、不卑不亢才是正确态度。

二忌模棱两可。观点表述要清晰有力，态度明朗，主持人要牢记自己是讲坛主办方的代表，任何模棱两可的表述都会被认为是主办方的态度，会对讲座的内容导向产生决定性的作用。

三忌闲言碎语。主持过程中，语言尽量言简意赅。主持人不是主讲人，大部分时间是配角，切忌喧宾夺主；闲话一多，讲坛显得不够庄重，对主讲人来说是一种遗憾，主持人必须引以为戒。

四忌自以为是。主持人毕竟不是全才，在众多的讲座门类面前很难做到面面俱到。有些主持人碰到自己熟悉的话题会非常兴奋，在台上又比听众多了发言机会，很容易抢过话头，自说自话。殊不知这样不专业的表现暴露了自己的无知，也伤害了听众的热情。

五忌提及个人隐私。在公共讲堂上，应避免一切涉及隐私的个人话题，特别是主讲人为外籍人士或者为女性时，关于收入、年龄、婚姻状况等话题，除非主讲人自己提起，否则主持人应全力避免。即便是在提问时有听众意外地提及，主持人也应该审时度势，巧妙化解。

二、主持人的行为表现力

在主持人的语音之外，还有另一种语言也相当重要，那就是行为语言。行为语言包括主持人的形象、气质、体态、眼神、手势……这些要素和语言一起，构成了留给听众的"首映"效应。

（一）主持人的站立行走

开场上台时可自然面朝听众，挺胸收腹，上体正直，双肩放松，两臂自然前后摆动，脚步轻而稳，目光自然，面带微笑。仪态从容，不慌不忙，不急不徐；表情轻松自然，符合主题性质。

站定时挺直、舒展，双臂自然下垂。女性站立时，脚位应与服装相适应，双腿要基本并拢，穿紧身短裙时，脚跟靠近，脚尖分开呈"V"状或"Y"状；穿礼服或者旗袍时，可双脚微分；男性站立时双腿微分腰背挺直。还有一种站法：

身体舒展，双脚成"丁"字，下身微侧，上身平直面向听众，双臂自然下垂，双手微握且虎口朝内靠向大腿，肘部外凸以稍离身体，这可以给台下听众感觉较为自然。当前方有讲台时，主持人可将手臂自然放置于讲台两侧。

主持人可以脱稿主持，也可以随身携带提示卡或文字稿，特别是某些大型会议的主持，需要主持人介绍莅会的领导名单时，文字稿是必备的。主持人上场时可以自然手持，如有讲坛可以放置于讲台之上，若没有则持于胸前，一般以不遮挡视线和脸庞为宜。念稿时表情自然大方，语调不慌不忙，注意眼神与观众的交流。

（二）主持人的眼神与表情

形体之外，主持人的眼神与表情是构成主持效果的一部分。

亮相登台时，主持人面部放松面带微笑，目光直视观众席，如果前排有贵宾就坐，可与对方有短暂的眼神接触，并微微颔首表示欢迎。

引出嘉宾时，主持人的眼神应以嘉宾为中心。此时如果嘉宾已在台上就坐，主持人宜望向嘉宾位置，郑重介绍后带领听众鼓掌欢迎。如果嘉宾由台下或台侧登场，主持人则必须主动迎向嘉宾，热情地伸手相握；同时以手势示意嘉宾入座到主讲位置；假如是年迈嘉宾而台上又有台阶时，主持人还必须时刻注意嘉宾的安全，必要时要进行搀扶。

主持提问环节时，主持人应注意观察台下听众的举手示意。在选择提问人时照顾到前后左右的位置。选择提问时，用眼神和手势示意这位听众起立，指引工作人员递上话筒。提问结束后，微笑颔首表示感谢，并示意这位听众坐下。

讲座结束后，要带领听众向主讲嘉宾致以热烈的掌声，并协助安全退场。

（三）主持人的手势

在主持中，恰当地运用手势，对于弥补语言的不足，塑造主持人的体态形象，增强主持人的吸引力、说服力和感染力以及丰富的表现力，都有着重要的作用。

手势活动的范围可分上、中、下三个区域。另外，还有内区和外区之分。上区指肩部以上。手势在这一区域活动，一般表示积极肯定的意思。中区指从肩部到腰部。手势在这一区域活动，多表示叙述事物和说明整理，一般不带有浓厚的感情色彩。下区指腰部以下。手势向外、向下（手心向下），一般表示消极否定的意思。

由于手具有丰富的含义，因此，在主持过程中，手势绝对不可乱用。一般而言，手势的运用要遵循这样几个原则：（1）要根据内容和情感的需要。没有必要就不用。（2）要富有鲜明的个性，这种个性由主持人不同的性别、年龄、身材、气质、性格所决定。（3）要准确、鲜明。所谓"准确"，是指手势要能恰当地传情达意。所谓"鲜明"，是指手势要明朗化。（4）要简练、适度、自然。（5）牢记手势的禁区，坚决不用不文明的手势。例如，邀请动作时，绝对不能用一个手指，而必须是手掌向上，五指并拢的邀请姿势。

三、主持人的形象塑造力

主持人职业形象，泛指主持人具有的所有能够唤起受众一系列思想情感活动的有形因素和无形因素，它包括外在形象和内在形象两个层面。一个合格的主持人除了会说话、能表达之外，还要具备一种对自己形象和气质的塑造力，它与语言艺术、行为艺术一起构成一个有血有肉、有风格、有特点的主持人。笔者以为，内在形象的塑造核心是主持人的各项素质的综合作用，以上已经有论述。这里仅仅讨论外在形象塑造，即主持人的自身形象。这里我们着重讨论一下主持人的妆容、发式、服装配饰对主持人形象塑造的重要性。

（一）主持人职业形象的特点

（1）社会性与个性的统一。讲坛的特性是公共性、公开性，它面向社会所有阶层，具有鲜明的社会性。主持人的形象要体现这一特征，并在此基础上兼顾主持人的个人特点，例如年龄、性别、偏好等。这里，社会性是主导因素，个性化是从属因素，应尽可能做到和谐统一。

（2）稳定性与相对性的统一。图书馆讲坛是一个长期塑造的品牌，它所提供的讲坛服务是稳定的，策划的内容结构也是相对稳定的。作为主持人，在形象塑造上，首先要保持讲坛品牌知性大气的形象特点，其次可以根据每场讲座的不同主题，做局部的调整和设计，以体现多样化和生动化。

（3）原则性与灵活性的统一。传播知识、传承文化，这是所有图书馆讲坛的永恒主题。同时，讲坛的发展又要跟上时代的步伐，互联网时代的讲坛，不管是内容还是形式，甚至是传播方式，都在发生深刻的变化。主持人要牢记肩负的使命，同时要紧随时代的步伐，要有坚持原则的事业精神，同时也要根据讲座的主题有不同风格的形象塑造。

（二）主持人的妆容

可能有人认为，图书馆讲坛的主持人只是图书馆馆员，毕竟不是专业主持，也不需要面对摄影机、镁光灯，化妆能免则免。其实不是这样。首先，从品牌塑造而言，面对嘉宾和观众，主持人的妆容得体与否体现了一种尊重大众的态度，是文明的表现；其次，从讲座效果而言，一个化了妆的主持人在台上的自信和风度一定超过一个不加修饰的主持人；最后，从二次传播而言，大部分图书馆讲座都加入了讲座共享的队伍，会进行现场拍摄和后期传播，主持人的形象分也会对传播效果产生影响。

当然，讲坛主持人的面部妆容设计与电视节目主持人相比，会更具有普遍性和可操作性。

首先，讲坛主持人的妆容设计当遵循简便易行、大方优雅的原则。妆色可以分为暖色调与冷色调两种，暖妆体现成熟、大方、高雅，冷妆体现的则是智慧、沉静与理性。女性可以薄施粉底，若肤色偏黑，应先涂一层近于肤色的底色；肤色偏红，可先涂一层淡绿色或淡蓝色的底霜，再用偏深的暖色调修饰。偏红的粉底能使人脸部显红润。黄种人宜使用灰棕色清淡描画眼线，眼影用接近肤色的深棕色、棕色与浅棕色稍加晕染，越自然越好。腮红用比基础粉底深两度的色彩，也可偏红，外轮廓略深，内轮廓渐淡，塑造脸部立体效果。唇型自然，嘴唇色彩与腮红、服装相协调，忌过于鲜艳、发亮光或荧光色。要提示的是，不要忘了在脖颈及裸露部分，涂上比基础底色略深一度的色彩，使面部与颈部的妆色和谐一致。男性主持人相对简便一些，切忌胡子拉碴。化妆重点是强调挺立的鼻梁、浓密的眉毛和丰厚的嘴唇，可以涂抹少量粉底，若瑕疵太多，可用遮瑕膏局部遮盖，用无色唇油，使嘴唇显得润泽即可。

其次，主持人化妆要因地制宜。讲坛举办场地一般是固定的，不像专业拍摄场地有各种光源可以因人而异，所以图书馆讲座主持人要根据场地灯光的设置，同时分析自己的外观特点，找到最适合自己的妆容。例如，主光源置于主持人正前方75度角时，属于正面照明，能突出主持人的外貌特征，但却减弱了面部造型的立体感，主持人可以在眼睛和鼻型的塑造上加以强调。如果是置于正前方60度角（属宽光照明）的灯光，会夸大脸部面积，脸部较宽的主持人建议在两颊使用深色粉底，形成视觉上较窄的效果。还有，灯光色彩对主持人的妆色也有影响。如果是暖色光源，妆色也应该用暖色调，修饰也可以大胆一些；如果是冷色光源，妆色应为偏冷色调；如果是无色彩偏差的白炽灯光，妆色应该用中性色。具体的色彩选用，还要与背景和服装的色彩相协调。

最后，主持人化妆也要懂得因需而变。有一些特殊的讲座场合需要对妆容做相应的调整。比如节庆期间的讲座，妆容上可以稍微艳丽一些，多使用一些大红的颜色，与年节的气氛相吻合；再比如三八妇女节的女性专场活动，女性主持人妆容可以妩媚一些，腮红和口红的颜色鲜亮一些也未尝不可；而儿童专场，化妆上则尽可能清淡自然，体现天然真实的意思；如果是比较严肃的主题，比如清明诗会，则不宜使用太明亮的妆容，宜用沉稳的暗色调来体现缅怀之情……

一个"高颜值"的主持人总是受人欢迎的。聪明的主持人在实践中会慢慢找到最适合自己的妆容妆色。

（三）主持人的发型设计

与妆容息息相关的是主持人的发型设计。对男性主持人而言，发型要求较简单，只需要清爽整洁的短发，适当吹整即可。但对于女性主持人来说，某些时候发型的重要性甚至超过妆容。影响发型的原因有很多，列举几条加以论述。

（1）发型与脸型的关系。椭圆形脸比较标准，大部分发型都合适；其次是圆形脸，只要避免太短的发型即可；如果是长方形的脸型，则避免把脸全部露出，也不要留长直发，适当留出刘海儿，两边的头发稍微蓬松；方形脸的线条太硬，发型不宜太短，要尽量使发型温柔，比如长而微卷的发式对脸部有修饰作用；倒三角脸形做发型时，注意额头及下巴，头发长度超过下巴两厘米为宜，并向内卷曲，增加下巴的宽度；菱形脸形颧骨高宽，做发型时，重点考虑颧骨突出的地方，用头发修饰一下前脸颊，把额头头发做蓬松，拉宽额头发量。

（2）发型与头型的关系。头型大的人，不宜烫发，最好剪成中长或长的直发，也可以剪出层次，刘海儿不宜过高，最好能盖住一部分前额。头型小的人，头发要做得蓬松一些，长发最好烫成蓬松的大花，但头发不宜留得过长。头型长的人，两边头发应吹得蓬松，头顶部不要吹得过高，应使发型横向发展；头型尖的人，不宜剪平头，剪短发烫卷，顶部压平一点，两侧头发向后卷曲，使头型呈现椭圆形；头型圆的人，刘海儿可以吹得高一点，两侧头发向前面吹，不要遮住面部。

（3）发型与体型的关系。身材瘦长的人，一般颈部较长，应采用两侧蓬松横向的发型；肥胖型身材一般颈较短，头发不宜留长，最好采用略长的短发式样，两鬓要服贴；身材短小，适合留短发，如留长发，则应在头顶部扎马尾或是梳成发髻，尽可能把重心向上转移；身材高大的女性不宜留短发，根据个人脸型选择中长发。

（4）发型与主持人的关系。一般情况下，主持人发型只需要在平时的基础上略加修饰即可。不管长发还是短发，主持人最好提前吹好发型，使头发柔顺蓬松有光泽。如果是特别隆重的场合，长发主持人可以适当做头发造型，盘起头发加以适当点缀也是非常清新大方的。这里要提示几点：头发一定要提前洗，头发的不洁气味会令你的形象大打折扣；切忌不要喷洒太多定型水，浓重的化学香味会在与主讲人交流时给人留下不好的印象；长发的女主持人，切忌不要让头发太过张扬蓬松而遮住眼睛和脸庞；发饰不要过于夸张。

（四）主持人的服装搭配

普通人选择服装都很注意，主持人就更应在这个方面有所讲究。主持人所释放出的无声语言系统，潜在地左右着人们的欣赏和评价。精心选配主持穿着，这是主持人形象设计的组成部分，有助于获得更好的传播效果。

（1）主持人服装风格的选择。主持人服装有多重选择，比较常见的有套装风格，服装的组配是成套呼应的，男士是衬衫加西服，女士是上衣下裙的标准着装，面料和颜色上下一致；职业风格，通常是裁剪合身的西式全身组合，男士是衬衣加西裤，女士是衬衣加西式裙装，款式简洁，和谐得体，色彩趋于中性色调，给人以典雅、大方的印象；东方式着装，专指穿着具有中国民族特色的服装，如旗袍、中式上装等，它们一般都属于改良型，往往是使用东方材料再结合西方服装的结构特点，让人感觉到中国民族服装已化作一种精神蕴含在里面；时装化风格，多适用于女性的着装。各种款式大方的休闲款式，或者时尚亮丽的连衣裙，乃至一些个性鲜明的设计师品牌，都可以视场合与主题的不同灵活应用于主持过程中。

（2）主持人服装色彩的选择。色彩的冷暖感，冷色一般指蓝色、绿色等；暖色多指红色、橙色等。一般来讲，冷色让人冷静，暖色给人亲切感。色彩的轻重感上，明亮的颜色呈轻量感，有上升趋势；深暗的颜色呈沉重感，有下垂趋势。通常白色或浅色给人一种清爽飘逸感；而黑色或深色则给人一种厚重感。色彩的大小感，浅色是前进色显得大，深色是后退色显得小。如果利用色彩有大小感、远近感的心理效应，可令体型胖的人达到稍稍收缩体型的目的，可让局部有遗憾的人的形象稍有弥补。色彩的软硬感，明亮的颜色感觉软，灰暗的颜色感觉硬。同是绿色，浅绿色、亮绿色呈软感，而深绿色则呈硬感。此外，对于主持人，还要考虑灯光和背景色调对服饰色彩的影响。

（3）主持人服装穿着的惯例与禁忌。节目主持人的着装，不能像普通人那样以个人喜好来选择服装的款式、色彩，而是要考虑讲座类型和内容、举办时间环境，不同文化习惯和文化背景等因素，遵循国际界定通行的着装 TPO 原则，"TPO" 是 Time（时间）、Place（地点）、Object（目的）的缩写。它的含义，是要求人们在选择服装、考虑其具体款式时，首先应当考虑如何与着装的时间、地点、目的协调一致，如此等等。要求、原则、规范说法种种，最重要的原则，笔者以为是"得体"二字。"得体"主要指服饰穿着一定要因时因地因人而宜。以下对一些常规行为稍加列举：

① 穿西装不打领带时，内穿的衬衫不应系领扣；穿单排扣西装上衣时，两粒钮扣的要系上面一粒，三粒钮扣的要系中间一粒或是上面两粒。

② 穿西装、打领带并不一定非得配以领带夹。如果使用领带夹，对穿七粒扣衬衫而言，大体应别在衬衫自上而下数的第四粒、第五粒扣之间。系上西装的扣子应当是看不见的。

③ 不论男女主持人，都不建议穿着短裤。

④ 女性主持人不宜穿着过于紧身的服装或者过短的裙子（运动服装除外），一般不能穿着过于透明或暴露的服饰；一般不建议主持时穿背心式上装，圆领或 V 领不宜过大；裙子下摆长度过膝；内衣颜色选择肤色或者与外衣相同的颜色，

在台上灯光下不宜显出内衣的颜色与轮廓。

⑤ 主持人服装上不要出现不明意义的文字和图案。也不建议穿着图案过于夸张的服装。

⑥ 因时制宜。得体的着装，首先应当随着四季的变化而更替变换，应该体现一定的季节差别，主持人着装不宜突破常规，违反季节原则的着装非但不和谐，也与受众产生了距离感。

⑦ 因题而异。讲座主持人需要根据不同的情境和主题，对主持形象做出调整。当讲座内容与运动无关时，不宜穿着运动风格服装主持节目，但是如果是运动的主题，则不妨在着装上活泼一些，颜色鲜艳的运动T恤和卡其色长裤也是不错的选择；当讲座主题有关青春，而听众又是一群朝气蓬勃的年轻人时，主持人不妨可以成为他们中的一员，梳起马尾，一身运动衣裙（裤）显得英姿飒爽，又拉近了与听众的距离。

⑧ 主随客便。对于讲座来说，主持人代表举办者、主办方，主讲嘉宾是主办方请来的客人，在着装上要体现"主随客便"的原则，既要和谐，又要礼让。例如主讲人如果穿着朴素，主持人则不可用力过猛，宜低调配合；如果主讲人隆而重之，则主持人也需要加以修饰表示重视；若是女主持人遇到女主讲人，就更需要在形象上注意分寸，不可喧宾夺主。

（五）主持人的配饰

主持人的配饰包括眼镜、手表、首饰、皮鞋等。在主持时，这些配饰虽然只作为配角出现，但如果处理不当，也会影响讲座的效果。所谓"细节决定成败"，也可用于此处。

（1）配饰不可喧宾夺主。配饰作为整体形象的一种补充和修饰，在主持人的整体形象中占的比重很小，因此在选用时要以和谐为第一原则。女性主持人可以佩戴首饰，大部分情况下应尽可能选择比较内敛的款式。耳环可以选择耳钉的式样，相对于悬垂的款式更显气质干练；项链、戒指也不宜过于花哨，显得华而不实。再比如主持人的眼镜，一般建议主持人选用金属细边的框架，与大部分服装都搭配和谐，而且能体现儒雅内敛的气质美。也有一些年轻主持人更钟情于颜色丰富、款式新颖的板材框架，根据不同的季节、服装、心情选用不同的框架，这种时候就必须注意与讲座的主题以及整体的服装风格要相呼应。

（2）配饰可以画龙点睛。配饰如果运用得当，可以为讲座锦上添花，给听众留下深刻的印象。笔者向大家推荐一件十分好用的配饰——胸针。男性可以选择有职业或纪念意义的小型胸章或领章，女性可以在外套上佩戴略大一些的各式胸针，无论是上镜还是从听众席的角度来看都显得十分得体。如 2010 年上海世博会举办前，上海图书馆曾经策划过一组"世博会"主题的系列讲座，当时身为上海世博局官员的徐波先生莅临主讲。讲座当天他身着一袭深色西服，西服衣领上别着一枚小小的世博会纪念胸章，显得神采奕奕，又与主题非常契合。当场就有一位听众在提问时向徐波先生询问此枚胸章的来历和故事，为讲座添上了非常有趣的一笔。

（3）配饰的使用禁忌。不要使用过于花哨和夸张的设计。一般情况下，配饰要合乎情景和身份，除非是特殊的讲座场合，否则不宜佩戴大型夸张的耳环、项链和戒指等首饰；不要使用带有明显 Logo 的配饰。讲座主持人要区分生活与工作，选择品牌时须慎重。特别是一些奢侈品 Logo，尽量不要出现在主持讲台上；讲坛毕竟是一个传播科学与知识的场所，是一个崇尚精神追求的场所，应避免过于贵重的事物出现。主持人鞋类的搭配宜低调和谐，一般情况下男女均以黑色皮鞋搭配正装。如果是休闲服装就要搭配休闲皮鞋，特殊情况也可以运动服装搭配运动鞋，但绝对不能运动鞋配正装或者运动装配皮鞋。

总之，形象的设计与塑造也是一种美的创造，是主持人必须具备的一种能力。它可以通过不断的实践和创造来获得，最终达到主持人的形象与讲座内容与品牌的高度和谐统一。

四、主持人的沟通力

人们常说"理解万岁"。主持人的职业就是与人打交道，从行为学上说具备了公共关系（PR）的特性。是否懂得沟通、擅长沟通，不仅是一种素质，更是一种能力，它体现在主持之中，也体现在主持之外。

（一）主持之中的沟通

（1）充分准备。举办讲座当天，主持人要提前等在约定地点，特别是对于第一次受邀演讲的嘉宾，一定要交代清楚接头地点，同时保持手机畅通。约定接头的时间一般是开场前的 20~30 分钟。接头后先带领嘉宾到现场看一下，有个心理准备，如果有随身带来的课件，要第一时间安装好。充分利用讲座开场前的时间，完成协议书签署、合影、题词前一系列准备工作之后，再把讲座的流程交代一遍，与嘉宾确认提问的时间节点和提问方式。

（2）注重细节。主持讲座时，对嘉宾的介绍要隆重、欢迎要热烈，如果到场的还有其他领导，则必须在征求领导意见后加以介绍；如果不止一位领导，则一定要注意领导的职务称呼以及介绍的先后顺序。提问环节时，主持人要兼顾提问的前后左右和男女老少，尽量每个层面都有代表可以有机会发言。在讲座过程中，主持人必须保持高度注意力，要充分理解讲座内容，不至于在总结时言之无物，同时要对场内情况保持高度敏感，话筒声量高低合适与否？舞台灯光亮度是否合理？空调力度是不是够？主讲人需不需要工作人员上台帮忙？……这些情况有时候听众会反映给主持人，也有时候主讲人一个眼神就告诉了主持人。这些都需要主持人当场解决。

（3）确保安全。当遇到主讲人特别知名或者听众场面非常热烈时，建议主持人与嘉宾提前约定退场方式。如著名清史大家阎崇年先生不止一次光临"上图讲座"，每一次都是高朋满座。考虑到阎先生八十高龄，加之讲课耗费体力，图书馆方面委托主持人提前沟通，建议先生在讲座结束后先行退场，以防听众热情上涌，造成场面失控。讲座尾声时，主持人果断宣布讲座结束，由数名工作人员先行上场，引导老先生从其他通道退场。主持人在此时则向大家说明用意，倡导文明友善，取得听众的谅解。

（二）主持之外的沟通

（1）以诚为本。维护好与主讲嘉宾的关系是主持人的立身之本。当与主讲人前期联系时，应在邀请中表示诚意、在沟通时态度谦逊、在提示时有节有度。比如发现主讲人提供的课件内容中有一些激进的言论时，主持人的态度要坚定，但口气要婉转，务必与主讲人取得一致；再比如有一些主讲人工作繁忙，最好在电话前先短信或微信沟通，等方便时再通话。有的讲座会提前很多天邀请主讲人，在讲座临近的前几天务必要尽到提醒义务，以免误事。

（2）真诚沟通。好的主持人通常会与嘉宾成为朋友。有一些基本的沟通是工作需要，也是人之常情。逢年过节的时候，主持人别忘了送上问候；嘉宾有新闻事件时，主持人也可以表示适度的关心；得知嘉宾有恙或有家庭变故时，主持人可视情况上门探望；嘉宾有学术课题有求于图书馆时，要尽可能给予帮助。

（3）与人为善。主持人还会碰到另一种情况的沟通，那就是场外的听众沟通。主持人对于听众而言是讲座的一部分，甚至是主讲人的代表。大部门听众都对讲座怀有感谢爱护的情感，他们会表达对讲座工作者的尊敬和感谢，很多人会成为讲坛的铁杆粉丝和志愿者，每当如此，主持人会备感自豪和感激；也有一部分听众会对讲座的策划思路和服务模式提出更高的要求，对此主持人要充分理解，虚心接受，尽力满足；当然，也有观众会来索要嘉宾的电话号码或邮件地址，甚至与主持人争论讲座观点的学术分歧，对于这类情况，都要本着与人为善的原则，分别对待。

（三）基于图书馆形象的媒体沟通

被称为社会"第四种权力"的媒体，因为掌握着话语权，担负着引导社会舆论的职责。对于图书馆讲座而言，媒体的宣传与放大效应，能帮助讲座的学习功能和传播效率达到最大化；同时，媒体的参与和肯定是每一个讲座人追求的品牌成果。近十年来，图书馆讲座与媒体的互动日渐频繁，在实际工作中，我们要牢记与媒体交往的规则：

树立三种观念。（1）媒体无大小，新闻无小事。无论是什么层级的媒体，只要是作为新闻事件登出来，都会造成一定的社会影响，这就是"蝴蝶效应"。（2）媒体无国界，网络媒体在线传播、实时传播、多媒体传播，打破了传统媒体在版传播、在场传播、在地传播的固有方式，引发了人类传播的革命。③媒体无好坏之分，好的题目做得不成功，也可能会带来负面影响。

牢记四个原则。（1）热情接待。我们与媒体记者应该是一种合作的关系。无论是哪一类媒体，都要做到热情接待，有礼有节，及时帮助他们解决在采访中遇到的困难和问题。（2）主动服务。要主动向媒体提供信息服务，协助媒体做好新闻策划、拟定采访提纲，帮助媒体及时联系落实采访对象、整理相关素材。（3）积极引导。要主动提供线索、背景和事实，以新闻的视角审视讲座的组织和宣传工作。（4）事后沟通。媒体采访接触后不能不了了之，要以积极主动的心态加强沟通、联系，及时了解、掌握媒体对我们的印象和感受，增进彼此之间的了解，为以后合作做好准备。

好的沟通是一种生产力，它会对事业产生积极的推动力。对于主持人而言，沟通是一种能力，并不是一种本能。它不是天生具备的，而是需要我们后天培养的，需要去努力学习、经营。

五、主持人的控场应变力

讲座举办过程中，自始至终由主持人主导流程、节奏、气氛和效果，并且应对临场出现的各种意料之外的情况加以疏导和化解，这种对于节目现场的掌控能力和应变能力，是主持人必须学会的一项技能，也是对主持人最具考验和挑战的一项能力。

当前讲坛的听众，其听讲经验已经非常丰富，见多识广的他们除了对讲课人和讲课内容有着自己的考量标准，对主持人的表现也越来越挑剔。一个临场表现自然大度、对话水平有思想深度、语言运用精准简练、面对危机从容不迫的主持人会成为一个优秀讲座的标签，被听众喜爱和追捧。反之，即使是形象靓丽的主持人，除了第一眼的亮眼，也无法给听众任何惊喜。偶遇突发事件甚至手忙脚乱、惊慌失措，这样的主持人形象再美也最多是个绣花枕头，不仅主持人的形象塑造无从谈起，对整个讲座品牌而言也是败笔。

（一）控场能力的前提——知识储备和口才训练

主持人的控场能力强弱与天赋条件有关系，但是更多地来自持之以恒的积累和培养。如果把主持人的素质能力比成一座金字塔的话，那么"完善的知识结构"就是它的塔基。塔基稳固，才会有万丈高楼平地起；知识积累全面了，才能在需要的时候妙语如珠、切中要害。没有深厚的知识底蕴的主持是无源之水、无本之木。反之，就会如鱼得水、如虎添翼。

图书馆讲座主持人有得天独厚的条件，身在图书馆有强大的知识宝库做后盾，更何况各类讲座本身就是一个学习的绝佳途径。通过专家的演讲归纳，让主持人的学习事半功倍。主持人要把学习作为工作常态。同时要注意平时的口才训练，下意识地培养自己说话的能力。紧要关头时，不至于不敢说、不能说、不会说和没话说。

（二）控场能力的核心——责任心与自信心

主持人掌握着整个讲座的进展节奏，要做到眼观六路，耳听八方。身为主持人，必须树立绝对的主角意识，密切注意台下的听课情绪、台上的演讲速度和表述内容，时刻关注灯光、空调、投影、光线、话筒音量……上海著名演讲家林华老师经常说，讲座是主持人的一方道场，做好主人，就是要把这个"道场"管理好、指导好、带领好、发展好、服务好。

同时，作为主持人，也要有充分的自信。讲座时，主持人就是统帅、首领，观众就是我们的士兵。要有把这个队伍带好、打胜仗的自信。一个自信的主持人是有气场的，这个气场影响着场内的秩序和气氛，也会反过来让主持人越来越成熟。

（三）控场能力的表现——控制力和引导力

巧妙调动场上场下观众的积极性，让台上的主讲人有表达的愿望，推动台下的听众有参与的愿望，这种主导力和组织力，是主持人现场应变能力的另一种表现。

1. 主持人的引导力

引导力主要体现在对对话型讲座的主导与把控上。现在越来越多的讲座引入了对话的方式，相对于传统的单人讲座，对话型讲座形式活泼，思想跳跃，因为有双人或多人的观点加入使得讲座更有层次感，听众越来越欢迎这样的形式。对于讲座主持人而言，难度和挑战更大了。对话型讲座有时是一个嘉宾，主持人必须做足案头功课，全场与主讲人互动；有时是数位嘉宾的对话，主持人要注意好关系和内容的平衡，还要从中协调观点，引导话题。

（1）对经验丰富型嘉宾的访谈技巧。这样的嘉宾身经百战，他们非常了解主持人的意图，甚至自己本身就是主持人。与这样的主讲人对话是一件轻松惬意的事情，因为他们很可能经验比你更丰富，临场发挥时能主动贴合讲座流程，照顾听众的感受，主体和客体的默契配合，让听众如沐春风。与这样的嘉宾做节目，主持人只需事先拟好提纲，确定好谈话主题，一切显得顺理成章。但是有一点必须注意：主持人面对这样的嘉宾更要在内容准备上狠下功夫，切不可言语苍白。同时要站在主办方的立场，适时与主讲人进行有思想深度的话题探讨。

（2）对口若悬河型嘉宾的访谈技巧。这类嘉宾有一个共同的特点，思维活跃、口才出众，给个话题就可以滔滔不绝地谈上几个小时，但是总结下来又觉得不知所云。面对这样的嘉宾，主持人要保持清醒的头脑，不能被他"弯弯绕"着迷失了方向，必要时拿出"先声夺人"的气势，使嘉宾情绪"降温"，使他心平气和，与你在同一"等高线"上。面对这样的嘉宾，主持人要站在他的"对面"，适时纠正他的偏差，"高"了收一收，"低"了再抬一抬，一旦发现嘉宾"离谱"，要立即止住此类话题，以幽默方式礼貌地"打断""截流"，再把嘉宾引导到"必须"的谈话"轨迹"上来。

（3）对"不善言辞"型嘉宾的访谈技巧。这类嘉宾大都性格内向，纵有满腹经纶却不善表达，有的甚至是初次登台，手足无措。这种时候，主持人要"千方百计"去引导他，刺激他谈话神经的"兴奋点"，启迪他的思路，引起话头，慢慢地就能进入状态。笔者在多年前曾经主持过一场"我的钢琴之旅"钢琴讲座。前期沟通时主讲人并没有提出对话的要求，讲座按照常规的程序准备。哪知开场五分钟，年轻的主讲人脸庞涨得通红，言辞结结巴巴，明显已经手足无措。这时候场下坐着音乐学院的校长和书记，还有很多知名的音乐家，场面尴尬。这个时候，作为主持人只能挺身而出，临时救场与她交流起来。笔者定定神，决定从嘉宾本人的钢琴学习之路说起，这个话题她再熟悉不过，而且学习过程中有很多趣事和故事可挖掘。果然，她明显放松下来，从小时候聊起，从个人的学习体会到对音乐的浸润和感悟，慢慢打开了话匣子……聊至兴头上，还即兴表演了拿手作品，获得满堂喝彩。讲座结束时，听众意犹未尽。她对主持人感激不尽，直言"从此以后面对讲坛将不再害怕惶恐"，从此与主持人成为很好的朋友。这也许就是作为主持人最大的欣慰和奖励。

2. 主持人的控制力

主持人的控制力体现在对现场所有听众的情感、思想、言论、行为的总体把握上。面对图书馆讲座的不同读者群，主持人不能过于宽容一味忍让，要有控制场面的"霸气"；当然也不能过于严厉出言苛责，要有调节气氛的亲和力。

（1）掌握情感走向。在一个讲坛现场，主持人作为活动的灵魂，所有听众的眼睛和心都会跟着主持人的思路走，是要营造一个温馨的气氛把大家带入到一个特定的环境中去，还是以一种轻松的风格带动大家的积极性，或者是要让大家为特定的人或事儿感动流泪，还是让大家激情舞蹈、心情欢畅。现场的起落、观众的喜忧就要靠主持人的控场能力来把握。主持人手里的指挥棒指到哪里，听众的心就走向哪里。

（2）把握思想焦点。主持人必须全神贯注地把注意力集中到讲座内容上，与主讲人的思路同步，同时又领先现场听众半步。与主讲人同步，是指理解主讲人的讲课重点，踩准主讲人的讲课节奏，体会主讲人的情绪，知道他要表达的真实意思。领先观众半步，是指要在观众还沉溺在讲课内容中的时候提前跳出来，冷静分析、归纳思想，帮助听众正确理解讲课内容，把听众引导到讲课的主题思想上去。

（3）引导正确言论。公共图书馆讲坛的受众群是一个临时的、随意的组合，里面的成员互不相识，多数情况下不会考虑自身言行对集体或个人造成的影响。但是公共图书馆是社会机构，必须为对公众发布的信息承担社会责任，所以要确保讲座内容能在听者中形成正面积极的影响。主持人要在现场旗帜鲜明地杜绝一切过激的言论，在原则问题上积极捍卫党和国家的利益。

（4）树立行为规范。听众是需要管理的。主持人在讲座现场不仅亲身示范文明听讲的各项规范，而且要通过不厌其烦地宣传，让更多的听众加入到规范的队伍中来。例如"上图讲座"的主持人会提示听众遵守文明公约，如关闭手机、不抢座、不占座、不随意插嘴发言，扰乱秩序。在开场的时候，主持人要先声夺人，让听众迅速安静；结束的时候，主持人又要提纲挈领地总结讲座的精华，同时用好手中的话语权，尽可能地控制局面。

（四）主持人危机应对的几种情况

活动现场如战场，战场变幻莫测，随时会有意想不到的事情出现，比如话筒没有电了或是现场停电了、讲座嘉宾临阵缺席等。面对以上情况，有应急预案的按照预案办，没有应急预案的就要开动脑筋，快速思考下一步怎么办，及时调整，防止冷场或出现骚动。下面分享几个案例，都是笔者亲历，希望对大家有所帮助。

案例6.1：

2004年，"上图讲座"策划了一个"知识与健康"的系列讲座，邀请沪上名医到图书馆做讲座。虽然主持人在开讲前两天还与讲课嘉宾确认过时间和地点，但到了讲座当天，主持人在约定的时间和地点就是不见主讲人的踪影，且手机始终处于无人接听状态。眼看过了开场时间，满场的听众已经坐不住了，声音渐渐大了起来。在主讲人到场的希望渺茫时，主持人当机立断上台代表主办方向听众致歉，同时准备好健康讲座的视频资料即时播放，对在场观众给予安抚，并当场承诺听众将千方百计联络到主讲人，另择时间举办专场，所有听众可以凭本场讲座的票根入场。由于态度诚恳，处理及时，在场观众都给予充分理解与尊重。

案例6.2：

"上图讲座"举办过一个"城市规划与未来"的系列讲座，并邀请了规划设计部门一同主办，邀请的专家也非常有名。首场开幕当天，听众的火爆程度远远超出了预期，过于反常的热情引起了大家的警觉，工作人员发现其中有个别听众明显是有备而来，还随身携带了横幅标语等物品。主持人和团队所有成员立即进入了紧急状态，第一时间通知场外保安加派人手支援场内，对跃跃欲试的听众采取人盯人的战术，迅速与主讲人沟通，调整讲课的内容重点，然后主持人非常镇定自若地上台，宣布讲座开始。话音刚落，就有一位听众跳出来挑衅主持人，煽动闹事。但主持人不慌不忙，言语不卑不亢、有礼有节，"这是一个公共的讲坛，我们有义务保证每一位到场的听众都有安静听讲的权利；请听众们留在座位上，我们保证讲座的正常进行。同时请这位'意见听众'尊重听讲规则，您的意见我们马上与您个别交谈"。这时，早已等在一旁的保安同志配合工作人员一起把滋事的听众"请"出了讲座现场。接下来，主持人的职责是严密监控场内秩序，尽可能压缩讲座时间，简化讲座程序，取消互动提问。看到"带头大哥"被隔离开，留在场内的同伙们也就只能偃旗息鼓了。场外，这位"带头大哥"就由工作人员"接待"，远离了活动现场。他没了"施展"的土壤，发了几句牢骚悻悻地走了。一场迫在眉睫的事故在团队的共同努力下消弭于无形。

案例6.3：

一次讲座上，主讲人讲到兴起时，桌上的水杯应声而倒，满杯的水不偏不倚全部洒在打开的笔记本电脑上，随着观众一声惊呼，笔记本瞬间"罢工"，投影屏幕上一片漆黑。主持人见状第一时间带领会务上台，用最快的速度换上了备用电脑,将主讲人请到立式讲坛前继续讲座。弄脏的讲台由其他工作人员撤下清理。这一切发生在短短两分钟的时间内,此时主持人手持话筒沉稳又轻松地说道:"看来××教授的讲座着实太精彩,一台电脑已经装不下您的博学,咱们换一台继续……"主持人巧妙地运用幽默的方式消除紧张、活跃气氛,讲座继续进行。

无论前期准备如何充分,在讲座过程中总会有一些意料之外的小状况冒出来考验主持人的智慧。只要主持人加强观察、注意积累、树立自信、多多历练,一切难关都会迎刃而解。

第六节 讲坛主持人的塑造与培养

主持人综合能力的学习与培养是长期并至关重要的必修课。这种学习与培养,不仅是主持人的个人行为,也是一个团队的共同行动,从管理角度而言,更是讲坛品牌建设和图书馆人力资源建设的重要部分。

一、树立终身学习的观念

讲坛主持人是对修养和能力要求非常高的岗位,主持人在台上的谈吐与举止的背后,是他的思想和阅历,其人文素养、审美趣味、成长轨迹和发展过程全都蕴含其中。主持人的这种修养和能力,会通过对节目的理解、对人待事、逻辑能力、应变思维、仪态仪表、言谈举止等各个方面表现出来,因而,要提高主持人的修养和能力,必须通过各个方面的学习和训练。如何提升?唯有树立终身学习的观念,把生活和学习融为一体,才会事半功倍。

养成读书习惯,提高知识储备,在学习中工作,在工作中学习,是提高修养和能力的最主要的途径。主持人的职业特性要求从业者有比较宽广的知识面,这就要求主持人在日常生活中多看、多听、多读、多记。多看,就是博闻广记,善于从他人身上摄取有益的做法和经验。多听,就是多听取同行的可取经验、讲师的金玉良言,甚至是听众的建议,特别是与讲师的交流,是作为讲座主持人独一无二的优势,经常会有"听君一席话,胜读十年书"的感慨。多读,就是超越个人兴趣，读文史哲、读经典、读科学读物，甚至读杂书、畅销书，了解经典是什么，热点有哪些。多记，就是要把工作和生活中看到听到的好词好句、好的主持经验、好的应变范例，甚至好的形体表现……只要对自己的主持经验有益处，都记下来。讲坛主持人要做个有心人，"好记性不如烂笔头"，在身边放一本"心情笔记"，时时翻阅，假以时日将会受益匪浅。

二、丰富生活阅历，提升个人实力

一个合格的主持人要在台上眼观六路、耳听八方，懂得察言观色，应对各种问题这是智商和情商的高度统一，需要主持人不仅有天赋，更要在生活中有见识、有历练，广交朋友，储备资源。

常言说得好，"读万卷书，行万里路"。首先，多参与社会活动、丰富自身的生活阅历，多外出走走看看，赏心悦目之余提升对人生的感悟。其次，培养广泛兴趣，提高个人修养。主持人的生活一定不能是单调的，在生活中，主持人要培养广泛的兴趣爱好，只有对各个领域都有所了解，才能掌控好各种类型的节目。我们看到有些非常有成就的节目主持人，在工作中是媒体人，在生活中是收藏家、艺术家。再次，善于结交朋友，发掘对工作有利的社会资源，寻找可能的合作伙伴。讲坛是一个向社会开放的舞台，不仅受到听众和媒体的关注，同时也受到社会方方面面的关注。笔者曾经在讲座现场不止一次地与听众中的潜在"客户"接触，进而促成了"上图讲座"进学校、进军营，甚至"走进大西北"的专题活动。

"机会总是垂青那些有准备的人"。主持工作是需要全身心投入的，个人阅历的拓展、能力的建设都不是一蹴而就的事情，主持人要学会享受工作、享受学习，才能从根本上胜任主持岗位。

三、自上而下的人才培养机制

主持人是图书馆讲坛最重要的资源，而人才的培养又是一项长期而艰巨的任务，因而对于图书馆管理者而言，牢固树立"人才是第一资源"的理念，培养一支优秀的工作团队是图书馆讲坛实现可持续发展的根本。

（一）政治上和学习上多引导，重视对人才的培育

举办讲座的法宝之一是洞悉最新的时事新闻、政策走向、舆论热点，把握正确的舆论方向，这就要求我们无论是在工作中，还是在生活中，都必须具备高度的时事敏感度和坚定不移的政治立场。

对于思维活跃、反应灵敏、激情有余但经验欠缺、韧性不足的青年员工，图书馆管理者要重视历史教育和能力培养相结合，不仅让他们了解讲座品牌的发展历程，保持艰苦奋斗的精神，更要调动他们的积极性，激发集体智慧。开展各类争创行动，推进岗位成才计划，积极发展优秀青年入党等。通过实现这些目标，大家会增进对集体荣誉的关注，珍惜各自的岗位，树立成才目标。

（二）业务上和工作上多放手，吸引人才

要挖掘人才潜力，吸引人才，除了感情留人，更要树立起事业留人的理念。首先，鼓励每一位员工进行自我提升的培训。其中包括学历教育、职称评定、各类技能和素质培训等。其次，对于一些关键岗位采取"传帮带"的重点训练，由富有经验的老同志对年轻同志言传身教，对于优秀的年轻同志给予充分的信任，推上骨干甚至干部岗位，在实践中提升能力。

（三）管理上多听意见，体现对人才个性的尊重

讲座系列内容涉及经济、政治、文化、法律、医药等各个领域，要求策划者和主持人不仅具有前瞻的眼光、丰富的知识、敬业的精神，还必须具有创新的思维和活跃的心态。各级领导要认真听取基层员工的呼声、建议，定期召开业务工作会议，对一些重大活动要广泛征求意见，择善而从。鼓励年轻人对工作的创新设想，勇于尝试，对于有价值和操作性的设想要创造条件给予满足。

（四）鼓励外向型交流，形成互动学习的团队机制

笔者在"上图讲座"团队工作期间，曾经组织过专门针对年轻员工的"20点"培训。所谓"20点"，即"有点远见、有点胸襟、有点牺牲精神、有点外交能力、有点受过挫折、有点韧劲、有点谦虚、有点人缘、有点节俭、有点干劲；懂点哲学、懂点史学、懂点音乐、懂点戏剧、懂点电影、懂点文学、懂点美学、懂点科技、懂点法律、懂点心理学"等"20点成才目标"。由每个员工自己选题并

担任主讲人，轮流坐庄，向身边的同事宣讲自己擅长的领域。"从施特劳斯的《蓝色多瑙河》说起""时尚 ABC""我眼中的沈从文""中国国画技巧入门说"等由年轻员工亲自撰写、制作的讲座，不仅是对团队的普及型教育，更是对自我的一次锻炼。

"上图讲座"的成功，与"上图讲坛"良好的学习氛围分不开。在讲座中心走过的 37 个年头里，有一个习惯自始至终保留着，那就是定期培训学习、组织交流共享会，积极打造良好的团队学习氛围。讲座中心鼓励所有员工外出听讲座，人文的、科普的、社会经济的、内部研讨、高层峰会、媒体发布会……只要是工作需要，一定是创造条件鼓励学习。此外，讲座中心每周举办一次信息交流会，将这些从外面听来的好的论点、好的嘉宾在部门团队内共享。通过这样的交流会，检验员工的学习成果、锻炼大家的表达能力、实现成员间的资源共享，极大地推动了可持续发展。这其实是团队学习的魅力，是学习型组织的创建。

（五）引进专业型的职业培训

对于主持人必须具备的语言能力、形象塑造力、交流沟通力、临场应变力等技能的培养，除了以上提及的长效培育机制之外，还需要有针对性地进行主持人的专业培训。

主持人是图书馆讲坛的"门面"，有条件的公共图书馆应对主持人的培养给予较多关注。已经有不少图书馆对主持人的普通话标准程度都提出了要求。其中，上海图书馆讲座中心还要求主持人至少掌握一门外语，能熟练运用英语进行讲座主持；上海图书馆还专门请形象礼仪专家鲍日新、语言文字专家过传忠、大众传播专家王群等专门对讲座主持人"开小灶"，一对一地纠偏；利用讲座的便利，讲座中心还特邀上海电视台和东方卫视的主持人曹可凡、陈辰、张颖、刘凝等与上海图书馆主持人当面交流，帮其提升自信、掌握诀窍。

参考文献

[1] 白龙. 播音员、主持人训练手册：语言表达技巧 [M]. 北京：北京广播学院出版社，2001.

[2] 白雪. 播音员、主持人化妆造型 [M]. 北京：中国传媒大学出版社，2012.

[3] 赵秀环. 播音主持快速入门十八招 [M]. 北京：中国传媒大学出版社，2011.

[4] 田笑. 播音主持指南 [M]. 北京：清华大学出版社，2014.

[5] 王国章. CCTV主持人的超强口才 [M]. 北京：新世界出版社，2014.

[6] 冯媛媛. 电视谈话节目主持人的角色定位 [J]. 电视研究，2012（21）.

[7] 崔淑萍. 电视主持人的自我定位 [J]. 广电视听，2013（10）.

[8] 何蕾. 公共图书馆讲座主持人的角色 [J]. 图书馆学刊，2013（7）.

[9] 安志芹. 编导型节目主持人培养方式研究 [J]. 济南职业学院学报，2014（1）.

思考题

1. 讲座主持人是图书馆界一个新兴的职业角色，你对这个角色是怎么理解的？
2. 新一代讲座主持人逐渐成熟，你认为除了本章提及的内容之外，未来的讲座主持人还需要具备哪些素质？掌握哪些技能？
3. 对于主持人的发展方向是复合化还是专业化的问题，你是怎么看的？

第七讲
图书馆讲坛衍生产品及资源共享

第一节 图书馆讲坛衍生产品概述

图书馆讲坛衍生产品主要是指图书馆为了克服其讲座现场听众人数受制于场馆座位数量的局限，为突破现场讲座的时间和空间限制，扩大讲坛的受众面，满足更广大读者的知识需求，提高图书馆的服务水平和公众影响力，在图书馆现场讲座的基础之上，通过延伸、扩展它的传播方式、载体形式等途径拓宽其受众面，提升讲座的服务效能，而基于讲座现场记录的文档资料、视听资料，通过加工制作而推出的一系列衍生事物。衍生产品包括在图书馆网站上的详细报道、在微信和微博上转载讲稿、建构网上讲坛平台、提供讲座视频在线直播渠道、建立讲座专家数据库、发布年度报告、出版书籍与刊物等一系列衍生产品。在一定程度上，图书馆讲坛衍生产品遵循着公共图书馆讲坛发展的轨迹。

一、讲坛衍生产品的基本发展历程

结合图书馆讲坛的发展历程，并基于对全国公共图书馆开发的讲坛衍生产品大致情况的了解和对讲座出版物信息的搜索，以及社会条件的变化等因素的考虑，可以将新中国成立以来我国公共图书馆讲坛衍生产品的开发情况分为三个阶段：

第一阶段是从新中国成立（1949年10月）到"文革"前的十七年，图书馆讲座成为党和政府在思想政治、文化科学领域的重要传播手段，而据现场讲稿整理而成的讲座文稿，也成为跨越时间和空间，扩大受众的进一步传播方式。从《附录一：我国大陆地区公共图书馆讲坛衍生书籍列举表》可看出，这一阶段的图书馆讲座衍生产品主要是书籍，而由于它们多为几页、十几页，最多不过三十多页，更宜称为"小册子"，如1955年武汉图书馆编印的《纪念世界文化名人安徒生诞生一百五十周年讲座资料》，仅有6页纸，这是目前能查找到的较早的一本讲坛衍生产品。

这一阶段的书籍衍生产品主题多为国内与苏联文学、实用操作技术等，具有明显的时代性。这其中最具代表性的应属1956年哈尔滨图书馆出版的"中国现代文学讲座"系列讲座书籍。

由于"文革"期间，公共图书馆讲坛服务及衍生产品基本处于空白，所以第二阶段是从1977年起至20世纪末。这个阶段，处于改革开放初期，以经济建设为中心，公共文化服务还没有受到应有的重视，但仍有一些讲座衍生产品，如1977年吉林省图书馆翻印的《光辉的文献　强大的武器：学习毛主席〈论十大关系〉讲座》和广西壮族自治区第一图书馆出版的《胜利的记录　伟大的理论：学习〈毛泽东选集〉（第五卷）广播讲座》，1980年郑州市图书馆编制的《世界史略》等。从载体形态上来看，这一时期的讲坛衍生产品有了进一步发展，这些编印出版的书籍大多都超过50页。

第三阶段是21世纪至今的这十几年。21世纪初，图书馆讲座衍生产品的主题主要是在经济建设、党的建设，以及如何应对新世纪这三个方面，载体形态上还是延续以往风格，开本小，页码少，编制随意。这一时期具有代表性的讲坛衍生书籍是2000—2002年间由上海科学技术文献出版社出版的"上海图书馆讲座丛书"，如《WTO与中国》《信息化：跨世纪的挑战》《"三个代表"与党的建设》《经济全球化与中国之对策》《世纪之交的转折：迎接新世纪的新增长》等。在主题上可看出，这些讲座衍生书籍都紧跟时代脉搏；从出版时间及间隔上可推测出，"上图讲座"的衍生书籍生产迅速，现场讲座讲完之后，立刻投入编辑、出版。

2004年7月，以"回顾与展望——中国图书馆事业百年"为主题的中国图书馆学会年会在苏州召开。这次会议通过隆重纪念中国公共图书馆百年华诞，成为重新确立现代公共图书馆服务理念的里程碑，使得公共图书馆精神和服务理念在业内复苏并得到确立。会议解决了公共图书馆核心价值问题，也使得很多图书馆意识到图书馆讲坛是图书馆服务的组成部分，是阅读推广的重要内容。同年，上海图书馆牵头召开长三角城市图书馆讲座协作会议，会上19个图书馆签署了讲座资源共享协议。2015年，文化部在佛山召开全国图书馆讲座工作会议，文化部办公厅下发《关于进一步广泛、深入开展图书馆讲座工作的意见》，明确图书馆讲座成为图书馆核心业务之一。这无疑成为图书馆讲坛工作发展的催化剂。随着讲座层次不断提高、场次逐渐增加，图书馆积累的现场讲座档案记录资料逐渐增多，面对这些宝贵的讲座资源，很多图书馆行动起来了。有数据显示，2005年之后出版的讲座类书籍呈现突发式增长，这也表明图书馆讲坛衍生产品在这一时期发展到一个高峰。

随着网络和信息技术的发展，特别是智能手机的普及，信息的传播进入全媒体时代，图书馆讲坛以及衍生产品的载体逐步多元，进入了一个全新的时代。

二、讲坛衍生产品的概念与类型

图书馆既然有现场讲座活动，就不可忽视对讲座档案资料的整理和开发，推出讲坛衍生产品，以提高讲座的影响范围。但讲坛衍生产品与现场讲座息息相关，两者既有区别，又有联系。

从内容上来看，讲坛衍生产品是与现场讲座一致的，讲座衍生产品是以现场讲座为素材，无论其以何种方式呈现，都逃不开现场讲座的内容范围。但从形式上来看，现场讲座局限于一种面对面、嘴巴对耳朵的传统语言交流模式之中，在传播方面具有狭隘性，而讲坛衍生产品恰好弥补了这方面的不足，不仅能提供静态的、稳重的书面讲座读物，还能提供动态的音视频资料。不仅如此，讲坛衍生产品还借助于现代科技，突破了时间和空间维度的限制，套用一句广告语：读者可以"坐着看，躺着看，走路看"，无论在什么地方，都能看到讲座。

图书馆讲坛衍生产品类型各异，按照讲坛衍生产品表现形式可分为文字型、音频型、视频型、数字型衍生产品。报纸转载、书刊出版即为文字型讲坛衍生产品；广播电台播送即为音频型衍生产品；光盘播放、电视转播即为视频型衍生产品；而借用先进的数字化技术，借助计算机技术、多媒体技术以及互联网技术实现的数字型衍生产品，包括微信转载、图书馆局域网点播、网络直播等。

通过使用文献调查法和网络调查法，笔者对我国图书馆讲坛衍生产品的开发情况做了一定的统计。由《附录二：我国大陆地区国家图书馆、省级公共图书馆讲坛衍生产品信息一览表》可见，省级公共图书馆大多针对图书馆所有讲座，或针对图书馆某个具有代表性的讲座（或系列讲座）建立了专门的网页（或网站），网页内容主要有讲座预告、讲座报道、主讲人介绍、选登讲座文稿和讲座视频等等。图书馆讲坛衍生产品主要有讲座直播（包括广播、电视、网络等途径直播）、文稿下载、报纸转载、书刊出版、网上视频点播（包括图书馆局域网和互联网点播）、主讲人信息单元等。这其中，文稿下载、报纸转载、书刊出版和网上视频点播是大多数图书馆提供讲坛衍生产品的主要形式。

值得一提的是，新疆维吾尔自治区图书馆创新的一种讲坛衍生产品形式，叫作"讲坛知识库"，主要由主讲人信息和讲座中涉及的知识点等内容构成，值得进一步研究。另外，部分公共图书馆没有建设一个专门的网页，用来整合讲座信息。还有一个不容忽视的问题，我国公共图书馆讲坛衍生产品发展参差不齐，这除了跟地区的经济发展有密切关系之外，还与图书馆的领导和工作人员有密切关系。

在衍生产品开发方面，具有代表性的图书馆讲坛有国家图书馆的"文津讲坛"、上海图书馆的"上图讲座"、浙江图书馆的"文澜讲坛"、黑龙江省图书馆的"龙江讲坛"等。地市级图书馆有苏州图书馆的"苏州大讲坛"、宁波市图书馆的"天一讲堂"、金陵图书馆的"金图讲坛"、成都市图书馆的"锦城讲堂"、佛山市图书馆的"南风讲坛"等。以下重点介绍一下"上图讲座"和"天一讲堂"。

"上图讲座"起源于1978年的干部学习培训，自开办以来，因讲座内容价值高，服务先进，其社会影响力逐渐提高。为了深入发掘现场讲座的价值，摆脱时间和空间的限制，上海图书馆创新讲座服务方式，在现场讲座的基础上发展讲座延伸服务，开发一系列讲座衍生产品，如：

（1）在主讲人授权下，讲座全程摄像，通过数字化编辑，制作出多媒体光盘。

（2）开发官方网页，定期发布最新讲座动态、刊登讲座信息，并定期进行网上直播。

（3）出版"上图讲座系列丛书"（见"附录一"）。

（4）创办《上图讲座》专刊和《参考文摘》月刊。

（5）与媒体合作，通过上海电视台的品牌栏目《东方大讲坛》播放优秀讲座，同时与多家报纸媒体建立合作关系，转载"上图讲座"的文字整理稿等。不仅如此，上海图书馆还积极将成熟的讲座经验和优质的视频讲座资源分享给其他图书馆，进一步扩大了讲坛衍生产品的传播范围。

"天一讲堂"也通过多途径、多角度的传播方式，扩大讲座的辐射力，不断扩大天一讲堂的受众面。其讲坛衍生产品主要有：

（1）"报纸登"，与宁波当地报纸合作刊登讲座预告信息、后续报道，并开设"天一讲堂"专栏。

（2）"网络看"，在宁波市图书馆网站、宁波文化网、中国宁波网、干部党员教育学习网等网站开辟"天一讲堂"专栏，让专家、学者的演讲通过网络进入千家万户。

（3）"书籍读"，汇集专家学者精彩讲座的"天一讲堂"系列丛书，由中国文史出版社出版，每年一册。

（4）"电台听"，2011年3月，在宁波电台每周一次开设"天一讲堂"收听时段，市民足不出户便可聆听专家、学者的演讲。

（5）"工程报"，向共享工程全国中心报送讲座光盘。

（6）"电视播"，从2010年10月起，"天一讲堂"登陆宁波电视台，每周两次播放精彩讲座内容，被称为宁波的"百家讲坛"。

（7）"微博微信发"，通过微博、微信分享聆听感受，听取听众建议，解决听友疑惑。

以上两个图书馆在开发讲坛衍生产品方面的成熟经验，值得其他图书馆借鉴。

第二节 讲坛衍生产品的主要形式

图书馆讲坛的衍生产品，不仅能突破特定空间和时间的限制，将专家、学者的现场讲座资源开发成一系列衍生产品，实现二次甚至多次传播，而且还能将讲坛成果上传至全国文化信息资源共享中心，积极帮助其他图书馆开展讲座工作。

一、讲座报道

现场讲座进行之时，会有图书馆配备的专门人员进行现场记录，包括利用录音笔记录讲座音频资料，利用摄影设备和技术记录讲座视频资料，利用相机记录讲座场面形成图片资料，等等，这些构成了讲座报道的原始素材。讲座报道根据传播范围可分为馆内报道和馆外报道，馆内报道主要是在图书馆网站、图书馆微信或微博等新媒体平台和图书馆专门的讲座网站等平台发布（见图 7-1），馆外报道主要是在报纸媒体上转载。

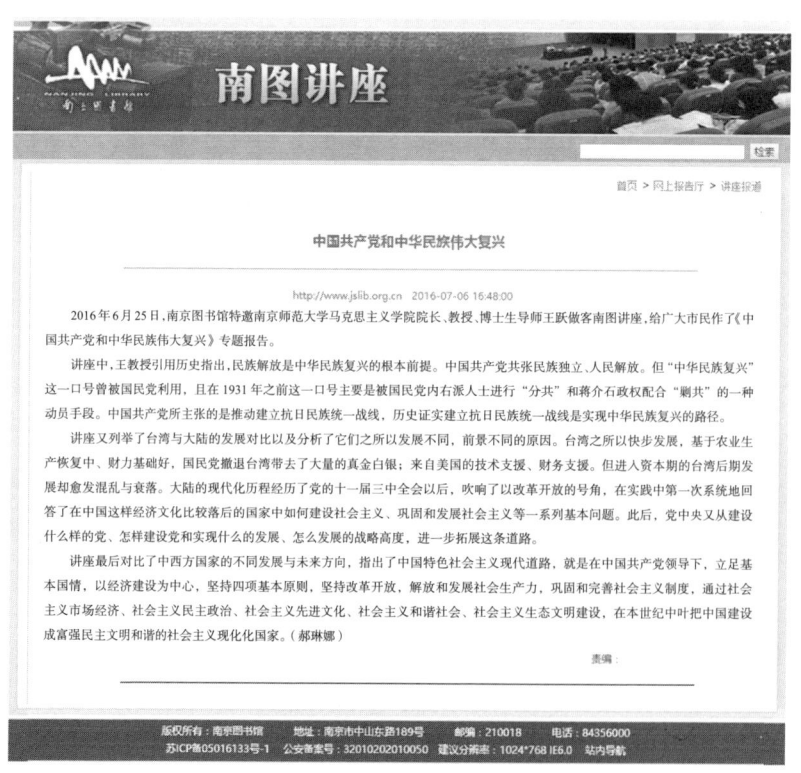

图 7-1　南京图书馆讲座报道

讲座报道即将图书馆讲坛文字资料加以转载和报道。具体形式有两种，一种仅仅是对讲座活动的简单报道，内容包括讲座主题、主讲人信息、讲座内容概述、讲座现场反馈等。这种形式报道较为简单，信息含量较低。另一种是根据图书馆讲座的全文稿件（即讲演录），全文转载稿件内容，让读者能直观了解讲座内容，把握讲座的真实内涵，获取有效信息（见图 7-2、7-3、7-4）。第二种形式转载的信息并非是缩影式的，而是全面的，讲座延伸效果更加明显。考虑到讲座的价值有高有低，图书馆仅是有选择地将优质的现场讲座转化为文字演讲稿，以供报道。

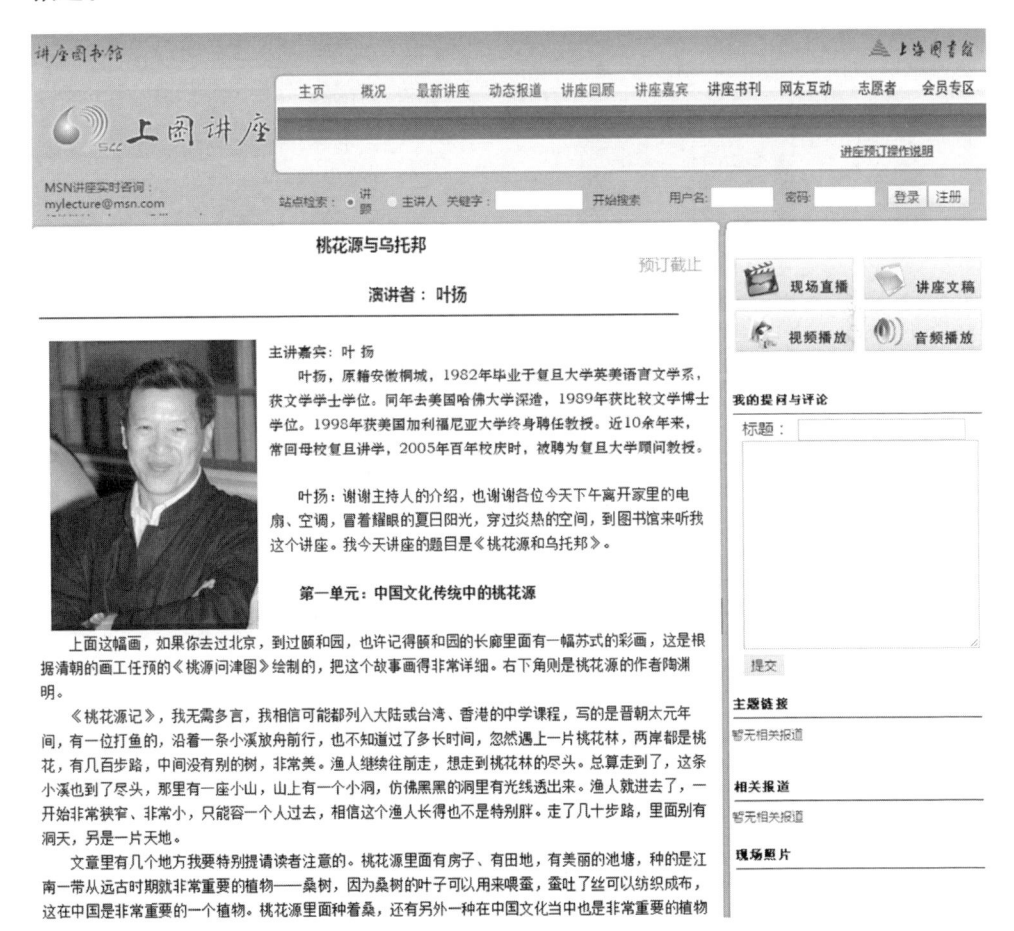

图 7-2 上海图书馆讲座报道（部分）

图 7-3 南通市通州区图书馆讲座微信报道(部分) 　　图 7-4 河北省图书馆"冀图讲坛"报道

讲座媒体报道主要有以下几个具体流程：

（1）与媒体沟通，达成合作共识。要在充分尊重主讲人知识产权和图书馆劳动成果的基础上，平衡各方利益，与媒体签订合作协议，规定各方权利和义务，达成合作共识。

（2）图书馆配备专门人员审核讲座内容，确定是否要将其转化为全文稿件。择取选题质量高、反响较好的讲座资源，将现场讲座的音视频资料转化成文字资料。

（3）适当采访主讲人，丰富讲座报道内容。

（4）图书馆讲座工作小组收集资料，起草讲座报道稿件，并配置相关现场图片，发送至相关媒体，同时发送至图书馆网站、图书馆微信微博平台、图书馆讲座网页等。充分利用一切可报道、转载讲座风采和讲座全文的渠道。

（5）收集汇总媒体报道，再现图书馆讲座风采。

在讲座报道一系列流程中，首先，要特别注意保护主讲人的知识产权，在与主讲人充分沟通与了解，并得到许可的前提下，对其讲稿进行报道。其次，特别需要注意的是图书馆方与媒体方需分工合作、资源共享。为了使得讲座效益得到最大化推广,图书馆应该积极主动地共享自己所占据的现场讲座资源,配合受众广泛的媒体,详细而全面地揭示讲座实况。媒体在组稿、摄像方面具有明显优势,也应向图书馆主动提供相关报道素材,供图书馆组稿、编辑使用。同时,媒体在进行讲座报道之后,应及时向图书馆说明,方便图书馆收集汇总媒体报道资料,以备使用。

二、讲座衍生书刊

书刊出版既包括图书的编辑出版,也包括讲坛专刊的编辑出版。如今,图书出版已经被大多数图书馆所采用,通过编印讲坛丛书这类讲坛衍生产品来拓展讲坛的延伸范围。多数图书馆编印有馆刊,但专门针对图书馆讲坛编制的刊物很少,这其中具有代表性的要属上海图书馆的《上图讲座》专刊。(见图 7-5)

图 7-5 《上图讲座》专刊 2016 年前四期封面图

出版讲坛书籍一直以来就是图书馆讲坛衍生产品的主要形式。在出版讲坛书籍之前首要的事还是要和主讲人沟通，协调主讲人的权益，保证出版的图书没有知识产权纠纷。出版讲坛书籍的流程并非如出一辙。20世纪50年代出版讲坛书籍（或称为编印讲座小册子更为贴切），仅是针对某一场意义非凡的讲座，审读、编辑其讲座录音稿，加以排版、印刷、发行，而这一系列步骤均是由图书馆这一主体独立安排完成的。图书馆身兼数职，它既是策划者，又是组稿者，与主讲人沟通，还充当编辑、校对，另外还与印刷厂交涉，并承担书籍的发行、推广。这一时期出版的图书馆讲座书籍页码很少，甚至随意，但不可忽视的是它的专题性很明显，一本书对应一个专题、一场讲座，具有一定的延伸优势。

（一）图书馆出版讲坛书籍的流程

（1）确定选题。如何在众多讲座资源主题中选定一个"主心骨"，以此"主心骨"来集合讲座资源是第一要事。选题即写作当中的立意，意立对了，文章才可能是一篇好文章，同样，选题抓准了，书才可能是一本好书。从古至今，不兴"无米之炊"，选题的首要依据还是根据图书馆现有的历次讲座档案和相关素材，从已有讲座资源入手，并结合读者需求和选题价值，做出适当的选择。

（2）确定入编讲座。根据选题，确定入编讲座，并联系主讲人，做好著作权方面的协调与沟通。首先确定初选的讲座主题，再由多人对比这些初选的讲座，择优而选，并结合讲座档案资料的丰富程度，选定入编讲座，再一一联系主讲人，做好利益协调工作。

（3）整理讲座录音稿。在确定入编讲座的基础上，收集整理讲座录音稿，形成初稿。如果事先没有留存讲座录音稿，则还需进行音视频资料向文字资料转化的工作，并在此基础上整理、校对讲座录音稿件，并返回至主讲人处，由主讲人给出反馈意见，再整合修改，形成初稿。在此过程中，如果是一系列主题非常集中或特别分散的讲座文稿，则不需添加分辑名；如果是主题相对集中的文稿，则需添加分辑名，明确主题内容，便于读者查找所需内容。

（4）联系出版社。选择合适的出版社又是一个关键问题，出版社的选择关系到图书的质量和发行量。一方面，选择优秀的、有影响力的出版社是出版好书的重要因素，另一方面，出版社对图书馆讲坛书籍的选题和稿件是否青睐、能否纳入出书计划之中，也是出书的关键。这就需要协调两者关系，解决以下两个问题：一方面，图书馆想要联系具有一定口碑的出版社；另一方面，图书馆又面临着这些具有一定影响力的出版社不一定会欣赏图书馆讲坛书籍的选题和稿件的局面。图书馆和出版社双方需要沟通，确定合作意向，洽谈出版事宜，包括经费、版式、印数、定价、发行等一系列问题。确定出版社之后，图书馆与出版社双方，分别发挥其资源优势和业务优势，合作推进讲坛书籍出版工作，争取让图书早日面世。

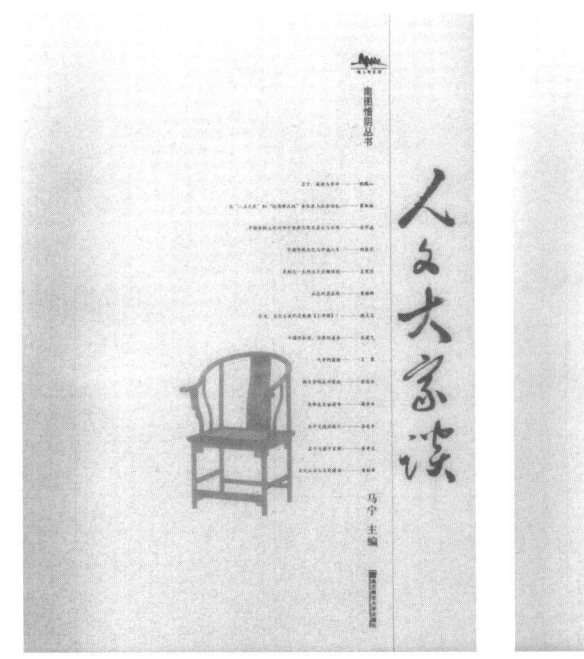

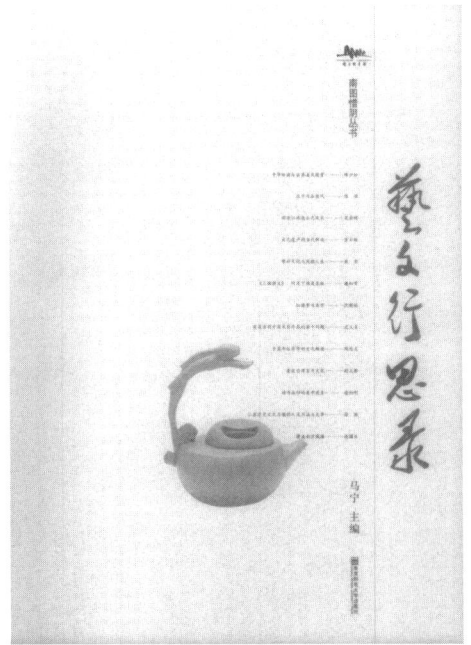

图7-6 南京图书馆"南图讲座"衍生书籍

（二）图书馆编印讲坛期刊的流程

因讲坛专刊与讲坛书籍的编辑出版存在类似之处，均以选题、组稿、编辑、印刷、发行为核心要素，此处不再多谈，仅以《上图讲座》专刊为例，简谈编辑发行出版讲坛刊物的主要流程，主要包括：

（1）经主讲人确认后，审读、编辑优质讲座录音稿。

（2）及时审读、编辑讲座通讯稿，并转发至上图讲座网、微信服务号作为讲座报道素材。

（3）不定期汇总并撰写讲座特稿。

（4）编排目录，选择照片，交付排版。

（5）初审，终审（包括彩版页面），付印。

讲座报道在某种程度上算是一种常规业务，它借用现成的常规性发布渠道来报道讲座。而书刊出版是一项非常规业务，它需要一定的成本预算，所以图书馆在敲定书刊出版意向及印刷数量时要慎重决策，确保出有所成，出有所得，不能为了出书而出书。

三、讲座衍生视听资源

制作讲座衍生视听资源首先得有记录讲座的视听资料，且讲座视听资料需具有较高质量，以便处理加工。因此，讲座场地的大小、座位的多寡、位置的摆放、背景的呈现、灯光的控制和音效的高低、氛围的营造都是有讲究的，这直接关系到录音的质量和录像的效果。此外，有经验的录音师、摄像师也是必需的。

讲座录音经过简单剪辑与审核，转换格式，即可归档保存。相对来说，制作讲座视频则显得稍微复杂一些。讲座视频制作包括以下几个步骤：

第一步，制作微讲座视频和初步编辑含字幕标准讲座视频，这需要专门的业务人员剪辑、加工，对照讲座稿件仔细核对、添加字幕。

第二步，交由主讲人修改，并返回至图书馆。

第三步，交由专家审读，明确讲座视频的价值。

第四步，根据需要，转化视频格式，并归档保存其数字格式的讲座资源。

第五步，根据需要，复制、加工讲座光盘母版，并定制光盘包装盒。

以上均为制作视听资源的一般步骤，下面介绍在不同类型的讲座视听资源衍生产品下，呈现的不同步骤。

讲座衍生视听资源有两大类型：一类是通过广播、电视或者网络进行现场直播，此做法能实现实时传播和利用讲座视听资源。另一类主要是基于对现场讲座的录音录像所形成的视听资源，对其进行选择、加工、整理，并通过广播、电视、网络等媒介的传播，而形成图书馆讲座衍生视听资源。

无论是现场讲座直播，还是音视频资源加工后的传播，均不外乎以下三种方式呈现：

（1）广播播送，即通过广播电台这一媒体形式播放讲座音频资源，也有通过微信公众号的音频来实现讲坛广播，如苏州吴中区图书馆在微信公众号中设立"书香吴中官网电台"，把讲坛通过电台扩大传播，这种方式也可归入网络传播或"掌上讲坛"的范畴。

通过正规广播电台的讲坛广播，则首先要通过与广播电台建立合作意向，签订合作协议书，明确双方的权利和义务；其次，图书馆将制作的讲座文字资料和音频资料的成品、半成品提供给广播电台，由广播电台进行后期制作，以适应广播电台播放的内容要求和格式要求，并返回至图书馆进行备份；最后，图书馆应在广播电台的帮助下，追踪讲座资源在广播电台这一平台传播的效果，了解受众反馈，积累经验。

（2）电视转播，即通过电视这一受众范围广的立体媒体来传播讲座视频资源。首先，与电视台建立合作意向，签订合作协议书，明确双方的权利和义务；其次，图书馆将摄制而成的讲座视频资料半成品、成品移交给电视台，由电视台根据其所需的格式与效果加工讲座视频，形成电视台成品，并将成品返回至图书馆，做备份以及多次使用。最后，图书馆还需要在电视台的帮助下，了解受众的观看反应，积累经验，为以后的讲座选题、编排提供参考。

还有另外一种讲坛电视，是图书馆拥有专门的有线电视频道，如苏州图书馆、常州图书馆都有专门的有线电视频道，均可实现讲座内容的电视点播，而且因有线电视的传播范围有所限制，知识产权问题相对容易解决。

（3）网络播放，即通过网络这种新型媒体来传播讲座试听资源。网络播放又可进一步划分为以下几种形式：

① 就现场讲座提供网络直播通道，同步播放现场讲座实况，这一般适用于大型的讲座活动。

② 在图书馆局域网中进行点播。这种情况下，图书馆将讲座视听资源存储在本地网络，仅限于图书馆一定范围内的 IP 地址访问，供到馆读者阅览。

③ 将讲座视听资料发布于互联网上，供所有读者观看。这种形式主要有两种实现方式，一种是在图书馆官方网站上建立讲座音视频播放区，便于馆外读者浏览，或在图书馆微信公众号平台开辟"掌上讲座"，传播讲座视频（见图 7-7）；另一种是在讲座联盟、文化共享工程等网站上开辟讲座视听资源专栏；此外，还可与第三方建立合作关系，进一步扩大讲座传播面。

图 7-7　南京图书馆"掌上南图"微信点播平台

讲座视听资源通过网络播放，首先需要制定统一的视频制作内容、格式标准，并按照这些标准统一规划、制作，形成一套成熟的讲座视听资源体系，这是前提条件。其次需要与图书馆其他部门进行良好的沟通，配合制作视频、加载视频。同外网人员交涉时，需要签订必要的合作协议，以规避侵权风险，提高合作效益。最后，还要对网上讲座音视频进行定期更新与维护，防止出现死链和过时信息。

四、讲坛专题网站（网页）

（一）建设图书馆讲坛专题网站（网页）的作用

一是可以全面集中地反映图书馆讲坛工作开展的情况，扩大图书馆讲坛的受众面，扩大图书馆讲坛的影响力；二是方便读者及时了解并集中获取讲坛信息，利用讲坛衍生产品。"附录二"给出了讲座信息网页的链接，打开这些链接所对应的讲座界面，可基本反映我国公共图书馆讲坛网站（网页）建设的现状：（1）几乎所有馆都配有专门的网页来发布讲座信息。（2）发布的讲座信息有繁有简，部分馆仅提供讲坛内容的预告信息，包括讲座主题、主讲人信息简介、讲座时间和地点等；部分馆特设专栏，提供丰富的讲座信息，包括讲座预告、讲座报道（包括馆内报道和媒体报道）、讲座音视频点播（分为局域网点播和外网点播）、现场讲座图片展示、主讲人采访等，向读者提供一体化的讲座信息查询渠道。

（二）图书馆讲坛专题网站（网页）必须具备的功能

上海图书馆专门申请了域名，建立"上图讲坛"网站。上海图书馆拱佳蔚提出了图书馆讲坛网站必须具备的几个功能，值得各图书馆借鉴：

（1）讲坛内容的预告信息。包括全年或全月的预告，以及单场讲座时间、地点、主讲人介绍等详细信息。

（2）提供预订通道。在网站上可实时注册，无须复杂认证即可实现对某场讲座的预定。

（3）推送重要活动。对于大型或系列活动、需要特别宣传的专题性活动，网站有责任专门推送。

（4）收听（看）讲座音频或视频。这是讲座网站建设的重中之重，对资源的组织和有效使用起到关键作用。

（5）展示讲座附加值。可浏览讲座刊物的数字版，加强对讲座活动的现场报道、图片展示、讲座资源的积累、讲座活动的社会影响等。

（6）提供兄弟图书馆共享资源。对于讲座同业来说，网站提供的信息是同行之间借鉴学习的重要来源，更是馆际合作的重要窗口。

在以上的功能中，预告、发布与推广是最主要的两个功能。讲坛网站除了能及时提供讲坛衍生产品的产出情况之外，更应该借助讲坛网站直接发布讲坛衍生产品实物，包括讲座书籍电子版，以供在线阅览，可能的情况下，还可提供不同格式的电子书下载渠道，以及讲座专刊的电子版、讲座音频和视频在线阅览、收听与下载，等等。为讲坛衍生产品提供信息发布渠道和衍生产品获取通道应该是讲坛网站建设的重中之重，需得到重视。

（三）图书馆讲坛专题网站（网页）的栏目

这里从讲坛衍生产品的发布与推广两个角度来重点分析讲坛网站建设的重点步骤。

由图书馆相关技术支撑部门架构一个图书馆网站下面的二级网页作为图书馆讲坛网站（见图7-8）。在此网页上建设几个讲坛衍生产品栏目，包括：

（1）讲稿全文或讲座PPT。提供完整的讲座文字资料，供读者全面、快捷地了解所讲内容。

（2）主讲人信息库。收集自讲坛开办以来所邀请的主讲人信息，形成讲坛特有的人力资源库。

（3）讲坛书刊专栏。用于发布讲坛书刊出版情况及获取途径，尽量提供电子版书刊。

图 7-8　上海图书馆"上图讲座"网站首页

（4）讲座音视频专栏。用于推广而录制的精彩讲座音视频，相对于讲稿全文和讲座 PPT 来说，表现形式更加活泼，更有吸引力。

考虑到部分图书馆能力有限，用于存储资源的硬件服务器不足，建议在构建讲坛网站的基础上，健全讲坛网站的各个栏目。至于资源存放和软硬件技术问题，可以与外网合作，诸如各地区的文化信息网、文化局网站、文化共享工程网站等，讲座资源可以由图书馆提供给这些网站进行组织、上传、排版，制作成品，图书馆在获得授权的情况下将资源链接发布在本网站上即可，这对资源不足的图书馆有借鉴意义。

图书馆讲坛网站建设和信息的发展，要注意保护知识产权，防止侵权行为的发生，既要防止图书馆侵犯他人（比如主讲人、资源制作方）的合法权益，也要防止第三方侵犯图书馆的合法权益。

第三节　开发讲坛衍生产品时需注意的问题

一、讲坛档案的收集

（一）讲坛档案收集的重要性

（1）衍生产品的制作素材。讲坛档案是讲坛衍生产品开发的基础，是衍生产品的制作素材，不少图书馆可能都遇到过这样的问题：衍生产品策划得很好，但真要制作时，发现缺少素材。因此，要制作出优质的讲坛衍生产品，首先要做好讲坛的档案收集工作。

（2）评估讲坛工作的优劣。讲坛档案工作所收集、整理、保存的现场讲座档案资料，是对现场讲座的一个直观再现。其中，馆员对讲座活动的小结记录反映了馆员对讲座活动的看法，读者留言、读者调查表等记录反映了读者的观看感受，这些原始档案对于评估图书馆讲坛工作，甚至是图书馆工作都具有一定的参考价值。

（3）展示图书馆服务成果。讲坛档案是图书馆档案的组成部分。如今大多数图书馆没有闭馆日，天天开馆接待读者，但是图书馆服务绝大多数价值的体现有滞后性，有的服务成果还有间接性，即图书馆的服务成果并不能在图书馆甚至读者身上直接反映出来，但会体现到社会或读者等其他方面去，如社会文明程度的提高，使得图书馆的价值无法直观地体现，广泛地被社会认可。有了完整的服务档案，特别是通过档案的展示，能够反映出图书馆开展的服务，以及服务的成果，从而展示图书馆存在的价值，起到宣传图书馆、提升其社会影响力的作用。

（二）讲坛档案的种类

公共图书馆讲坛发展至今，已经逐步形成一个较为稳定的工作流程，流程中产生的资料和工作成果就形成相应的档案。因而，我们按照流程所形成的档案加以归纳。

（1）主题策划阶段。主要有策划书文稿、主讲人选定方案。

（2）讲座预告阶段。主要有预告告示牌（海报）、媒体刊登的预告、网站或微信的预告、编印的宣传小册子、发放的讲座内容简介、印制的入场券等。

（3）讲座实施阶段。主要有场地环境及布置（如讲坛背景）的照片、讲座协议、授权委托书、主讲人的签名（宣传小册子上的签名和讲坛专门的签名册）、客座教授聘书（如聘请客座教授）、读者调查表、讲座内容的录音和录像资料、主持人与主讲人的合影以及讲座过程的其他照片。

（4）讲座报道阶段。主要有媒体报道（包括报纸及电视等）、馆内自媒体报道、主讲人为图书馆或讲坛的题词（如主讲人愿意题词）、主讲人的签名本（图书馆事先专门准备的主讲人专著）、读者留言等。

（5）讲坛衍生产品。讲坛衍生产品虽然是根据上述档案开发的结果，但其本身又形成该讲座的档案，应当归入该讲座的档案中去。主要包括光盘制作、网站视频发布、简报编辑、书刊出版等。

（三）讲坛档案收集中注意的问题

（1）同步收集。档案工作是指档案的收集、整理、保管、鉴定、统计和提供利用的活动，具体包括档案收集、档案整理、档案价值鉴定、档案保管、档案编目和档案检索、档案统计、档案编辑和研究、档案提供利用。讲坛的档案工作是随着讲坛工作的开始而同步进行的。不少图书馆在讲座结束后才开始收集、整理讲座档案，有的甚至没有档案工作计划，想到才去收集，这势必影响档案的完整性。

（2）注重细节。有一位苏州的老听众曾把他听"苏州大讲坛"所收集的各种资料带到苏州图书馆，包括每场讲座的入场券、宣传折页、内容简介、照片、讲座笔记。最为惊人的是，这些入场券、宣传折页、内容简介上，大都有主讲人的签名，有的甚至图书馆档案室都没有。这个例子说明了一个问题：做好档案收集工作，要抓住细节。

（3）创造档案。所谓创造档案，是指有些档案并非在讲坛工作流程中能够自动产生，而是图书馆有意增加出来的，如主讲人的签名本。图书馆对签名本有特殊的认识，在选择主讲人时，就应该检索主讲人有哪些专著，最有社会影响力的有哪几部，在开讲前事先准备几十本，请主讲人在这些专著上签名，既形成讲坛档案，也是讲坛衍生产品。

（4）列入策划。与讲坛的其他工作一样，讲坛档案如何收集、整理、归档、使用，也要列入讲坛工作的整体策划中去，按照讲坛工作长期规划和年度计划对讲坛工作的成效评估、讲坛衍生产品的开发对档案资料的需求，来策划档案工作。这样，整个讲坛、每场讲座的档案工作就能够做到有的放矢，不会遗漏，而且能够支持图书馆的其他工作。如每次著名作者登台苏州大讲坛，苏州图书馆都会事先采购几十本主讲人的最新专著或代表作，请主讲人签名，除留作讲坛档案外，也会作为阅读推广活动的高级礼品，用于支持其他阅读推广活动，深受读者欢迎。

（5）建立机制。任何工作要做好，管理必不可少。在讲坛档案工作上也必须建立良好的机制和工作流程，讲坛工作团队的每个工作人员都能够根据机制和流程，知晓什么材料应该形成档案，什么时候会产生什么档案。团队中要安排人兼管档案的归集和整理工作，及时发现未归档的档案。图书馆除了现场检查，还要检查档案，如果某个讲座的档案归集若还未齐全，那么这个讲座的工作就尚未全部完成。

二、知识产权问题

知识产权是指权利人就其所创作的智力劳动成果所依法享有的专有权利，通常是国家赋予创造者对其智力成果在一定时期内享有的专有权或独占权，著作权就是其中的一种。在图书馆讲座工作过程中，特别是图书馆讲座衍生产品的开发过程中，知识产权问题一直是一大困扰，图书馆要时刻注意知识产权的保护，这既包括对主讲人知识产权的保护，也包括对图书馆自身知识产权的保护。

讲座是主讲人利用讲坛平台向公众传播自身所掌握的知识和文化的过程。主讲人所创造的作品，即主讲人口述作品，是《中华人民共和国著作权法》保护对象之一，主讲人对讲座内容拥有知识产权是毫无疑义的。因此，图书馆制作讲坛衍生产品，必须获得讲座的知识产权，即主讲人的授权。授权时，图书馆与主讲人之间，应就这种授权、衍生产品的属性和用途，以及支付多少报酬进行协商，签订协议或授权委托书（见图7-9）。

协议书

甲方：南京图书馆社会工作部　　　邮编：　　　　电话：
乙方：
个人身份证号码：
住址：　　　　　　　　　　　　　邮编：　　　　电话：

　　为了规范讲座工作的开展，维护甲乙双方的合法权益，并普及科学文化知识，提高全民素质，丰富全国文化信息资源共享工程资源内容，甲乙双方就乙方讲座的有关事宜，经协商达成一致意见，签订本合同书，共同遵守。

　　第一条：应甲方邀请，乙方同意于_____年____月____日在南图作题为"_____"的讲座。

　　第二条：乙方同意①甲方对本讲座进行拍摄、编辑和作为数字资料保存；②甲方以视听、广播和信息网络传播等方式将该讲座用于公益性服务；③为全国文化信息资源共享工程及合作单位的互联网网站和卫星系统提供公益性服务；④可以电子出版物、汇编整合及镜像等方式在全国文化信息资源共享工程和各级中心/站点及合作单位内通过计算机、投影仪等设备用于公益性放映。如符合以上内容时，乙方同意由甲方代为签署由文化部全国文化信息资源建设管理中心颁发的"讲座授权书"。

　　第三条：甲方在录制、编辑和使用该讲座作品时应当在显著位置明示乙方讲座作者身份。征得乙方同意后，甲方可在有关报刊上刊登其讲座的照片以及讲座文稿。

　　第四条：乙方承诺讲座内容不侵犯他人合法权利，并符合国家有关法律法规。

　　第五条：甲方可以根据该讲座的录音整理出文稿以成本价人民币贰元（￥2.00元/份）提供给听众，如甲方今后将讲座文稿编辑出书获利时，甲方应按照有关规定及时向乙方支付稿费人民币伍佰元（￥500.00元）。

　　第六条：甲方邀请乙方作讲座及为使用本协议约定的权利而支付给乙方的费用为人民币_____整（￥_____元整，此费用为完税后所得），该费用于讲座完成时由甲方即时付清。

　　第七条：双方应按照约定履行合同，任何一方违反合同约定时，相对方有权要求另一方实际履行合同或解除合同，违约方应赔偿守约方因此所受损失。

　　第八条：本合同未尽事由由双方通过友好协商，并签订补充协议确定。补充协议与本合同具有同等法律效力。

　　第九条：甲乙双方因本合同产生的纠纷，应协商解决；协商不能，可依法向乙方所在地人民法院提起诉讼。

　　第十条：本合同自甲乙双方签字之日起生效，本合同一式两份，甲乙方各执一份。

甲方：　　　　　　　　　　　　　乙方：
日期：　　　　　　　　　　　　　日期：

图 7-9　南京图书馆讲座协议书模板

　　在获取授权的过程中，图书馆需要与主讲人进行良好的沟通，使主讲人明白图书馆开发讲坛衍生产品的目的和意义，讲坛衍生产品在文化传播中的作用与公共图书馆均等化服务的关系，同时对主讲人扩大社会影响力、提高学术地位也会有帮助。一般而言，由于图书馆是公共服务机构，讲坛衍生产品主要用于扩大讲座的影响和受众面，图书馆并无意通过衍生产品谋取经济利益，因而，这种授权费用的价格不会太高，但这并不能成为图书馆可以不经授权而滥用讲座内容的理由。

第四节　图书馆讲坛资源共享

图书馆讲坛的许多资源可以共享，且通过共享不仅能够提升服务效能，而且能够支持资源不足的图书馆更好地为当地民众提供讲坛服务，促进国内公共图书馆事业协调发展。由于图书馆讲坛提供的是公共产品，且受众主要是当地市民，因此，共享不会引起图书馆之间的资源竞争。

一、共享讲坛主讲人数据库

经济欠发达、交通不便利的市、县图书馆，在讲坛开展上处于劣势是不争的事实，主要原因是讲坛的资源不够丰富。最大的制约来自不容易邀请到优秀的主讲人，甚至不了解讲坛主题的主讲人信息，既难邀请，也无从邀请。

实际上，这个问题在十年前也同样困惑着经济发达地区的图书馆，这些图书馆可能讲坛经费资源上不太困难，但苦于不了解主讲人的信息，不知如何能够邀请到主讲人。正因为如此，2004年建立了长三角地区19城市图书馆讲座协作网，上海图书馆担任协作网的龙头，利用"上图讲座"的积累和优势，带动周边城市图书馆的讲坛工作，为它们提供讲坛信息、主讲人信息，甚至联合邀请主讲人，开展巡回演讲。这种合作方式为许多地区所借鉴，如繁昌县图书馆就依赖于省图书馆推介主讲嘉宾。然而，这种联盟存在一些缺陷，最主要的问题是贡献方一直在贡献，而被照顾方一直在被照顾，存在利益的不均衡，长此以往，必定会影响到合作的积极性。

事实上，经过十多年的积累，许多图书馆都建有自身的讲坛主讲人数据库（或者是主讲人名录），因此，在计算机技术、网络技术以及信息技术如此发达的今天，已经有条件搭建一个全国范围或地区性的公共图书馆讲坛主讲人数据库。在这之前，可以建立一种讲坛主讲人数据库的共享机制或平台，如能实现，好处很多：

① 对于资源相对薄弱的欠发达地区图书馆和基层图书馆来说，有利于它们掌握讲坛主讲人的信息，根据主讲人的常住地址、研究兴趣、研究成果、讲座费用等，找出适合本馆的专家，并通过数据库中所提供的联系方式直接联系主讲人，

省去了中间环节,省时省力。

② 对于主讲人数据库当中的主讲人来说,多了一个自我宣传的途径。一些着力于研究地方文化的专家,由于研究对象、研究范围和研究成果只在当地出名,而实际上现在各地的人口结构对"当地人"已经需要重新定义,再者,各地都有自己的本土文化,本土文化之间也需要交流。这些主讲人进入数据库后,存在着"走出去"的契机,能提高主讲人自身的知名度以及研究领域内的影响力。

③ 主讲人数据库还是一种讲坛衍生产品的高级形式,是图书馆讲坛发展到一定时期的产物,它自然会推进全国图书馆讲坛工作的横向联合与纵向发展,提高讲座的运作效率和社会效益。

二、组建公共图书馆讲座联盟

为了解决一定区域范围内甚至是全国范围内的讲座资源分布不平衡这一问题,促进讲座资源的共建共享,促进发达地区图书馆优秀讲座资源的有效传播促进欠发达地区以及基层图书馆对优秀讲座的吸收,2004年长三角地区19家公共图书馆在上海图书馆签订了讲座资源共建共享协议书。2005年文化部全国文化信息资源建设管理中心、中国国家图书馆、上海图书馆联合发出倡议,全国近60家图书馆共同签订了公共图书馆讲座资源共建共享协议书。2010年12月在国家图书馆举办的全国图书馆创新服务工作座谈会上,全国公共图书馆讲座联盟宣告成立(见图7-10),同时正式开通全国公共图书馆讲座联盟网站,包括60余家各级图书馆成为联盟成员(见图7-11)。国家图书馆将以讲座联盟为载体,通过搭建全国公共图书馆讲座资源共建共享平台;推广有地区影响力的讲座,打造有行业代表性的文化品牌;注重讲座成果整理和衍生品开发,扩大讲座的社会影响等,实现全国公共图书馆讲座业务的共同发展。除此之外,各省也在积极筹划并成立省级公共图书馆讲座联盟,比如江西省公共图书馆讲座与展览联盟的成立,山东省公共图书馆讲座联盟的成立,浙江省公共图书馆讲座联盟的建立,等等。

图 7-10 全国公共图书馆讲座联盟网站首页

公共图书馆讲座联盟合作意向书

图书馆为国民教育之终生课堂。公益讲座之于图书馆,正如书山之路、学海之舟,读者可由此获得知识、方法,享受文化学术的果实。全国公共图书馆各秉独特文化举办讲座,创立品牌,社会影响广泛,读者受益良多。面对民众思想、文化与鉴赏能力日益提高的趋势,图书馆加强合作,互通有无,共谋发展尤其切要。

本意向书以促进合作、开展交流为旨归,秉承公开平等、互利互惠之原则,以共建共享为方法,在全国公共图书馆间努力达成如下合作意向:

1. 委托国家图书馆建立全国公共图书馆讲座信息交流网站和软硬件平台支撑环境,供全国各图书馆独立建立、管理、发布讲座信息和专家资源。各馆以会员身份加入网站,公布讲座信息,宣传自己品牌,共享其他图书馆讲座信息成果。

2. 全国公共图书馆联合筹组"公共图书馆讲座联盟",创立推广图书馆界"文化使者大讲堂"品牌,吸收各馆金牌讲座,组织在全国范围内的巡讲活动。"公共图书馆讲座联盟"的日常办事机构设在国家图书馆文化教育部,联合中国图书馆学会开展工作,促成上级领导单位支持。

3. 鼓励全国公共图书馆进行讲座后期产品开发,联盟会员间通过出版、交换讲座图书、光盘,刊物等形式进行交流,促进讲座资源保存与利用。

4. 各馆以签字确认形式参加"公共图书馆讲座联盟",获得会员身份,取得在联盟中的权利和义务。

本意向书一式两份,参加馆和联盟办事机构各留一份。

图书馆名称: **国家图书馆代表:**

授权人签字:

日期: **日期:**

图 7-11 公共图书馆讲座联盟合作意向书

（一）讲座联盟建设的流程

（1）确定联盟成员，并建立联盟成员单位联系簿，供联盟内部使用，加强联盟成员内部沟通。

（2）建设联盟工作小组，筹备网站建设和业务操作事宜。

（3）收集联盟成员的讲座信息，包括讲座网页链接、讲座预告、讲座衍生产品（主要是讲座视频）等，放置于讲座联盟网站上。

（4）加强联盟成员信息状态的更新和联盟成员之间的交流与沟通工作，并与联盟外部进行沟通，防止闭门造车。

（二）实现讲座联盟的可持续发展

当前，无论是全国公共图书馆讲座联盟，还是各省市、各区域的图书馆讲座联盟都普遍缺乏发展后劲，表现为网页资料更新不及时、联盟动态停滞不前、联盟成员间的沟通不足等，使得各层级的图书馆讲座联盟组建的价值不大，貌似可有可无。全国各级图书馆应树立起联盟观念，重新认识公共图书馆讲座联盟的重要作用，努力建设好讲座联盟。

（1）确立合作共赢的共识。讲座联盟的虎头蛇尾，与上面所讲的原因有很大的关系。其实，在联盟或者合作中，短时间内的吃亏和便宜肯定存在，但这只是一时的情况。合作的高境界是看趋势，只要机制科学合理，在一个长时间内，合作各方都会有所收获，一定能达到共赢。这是一种决策水平，千万不能目光短浅，只看眼前利益。

（2）联盟规模大小适宜。有的合作规模越大越好，如主讲人数据库建设，但有的联盟规模注重区域性更好，如讲座巡讲，参与的讲坛距离不能太远，否则反而增加成本。

（3）明确"盟主"权利和义务。既有"联盟"，就一定要有强有力的"盟主"，否则就会使得有些合作无从谈起，各自为政，一盘散沙，许多资源无法整合，巡讲谈判缺乏主角。因此，一个联盟，"盟主"的作用极其重要。但要当好"盟主"并不容易，既要有实力，还要有老大的胸怀和担当。历史经验表明，"盟主"缺失或者"盟主"缺乏担当的联盟，一定走不远。

由于涉及利益，所以联盟建立一定要明确"盟主"的责任及权利，要将其放在明处，以防今后利益纠缠。这是因为，一方面，讲坛联盟一定会有许多必须由一家图书馆承担的工作和事务，甚至是成本，如联盟的讲坛网站和资源数据库建设，有些讲座需要统一印制宣传折页，需要专人陪同（甚至派车跟随）巡讲老师，需要整理发布讲坛联盟的各种信息，统一制作讲座视频光盘并进行分分利用，需要定期召开讲坛联盟会议，等等。这些，大多数需要"盟主"承担人、财、物。另一方面，"盟主"也有回报——通过承担这些工作和成本，掌握整个联盟的讲坛内容资源、主讲人的人脉资源，并获得联盟内图书馆的特别尊重，具有比原来更高的行业地位和社会影响力，等等。

三、融入全国文化信息资源共享工程

全国文化信息资源共享工程（简称"共享工程"）是2002年起，由文化部、财政部共同组织实施的一项国家重大文化惠民工程。它应用现代信息技术，将中华优秀文化信息资源进行数字化加工与整合，依托各级公共图书馆、文化馆（站）等公共文化设施，通过互联网、广播电视网、无线通信网等新型传播载体，在全国范围内实现中华优秀文化资源的共建共享。文化信息资源的重要组成部分之一正是公共图书馆讲座资源，它是共享工程的重要组成部分。

共享工程公益讲座的征集启动于2003年，主要是面向全国各省图书馆征集。刚开始，说是面向全国各省图书馆征集讲座资源，由于绝大多数图书馆讲座业务才刚起步，实际上只有国家图书馆和上海图书馆提供讲座视频，每年大约百场。2005年之后，全国图书馆兴起讲座之风，各馆不仅积极组织现场讲座，还充分挖掘讲座衍生产品，录制、编辑讲座视频，山东省图书馆、湖北省图书馆、湖南图书馆等馆均成为文化共享工程讲座资源建设的坚强后盾。

（一）衍生产品融入共享工程的意义

（1）讲座视频作为共享工程的重要组成部分，提高了共享工程的信息质量，丰富了共享工程的信息资源。

（2）图书馆讲坛衍生产品通过共享工程网站得以再现与传播，使得图书馆讲座跨越时间与空间的局限，扩展其受众面。

（3）图书馆讲坛衍生产品直接放在共享工程网站上，有利于节省图书馆存储、

203

整理、排版、传播讲坛衍生产品这一系列过程所需要的人力资源、设施设备和经费支出。

（4）图书馆讲坛衍生产品融入共享工程之中，使得图书馆讲座资源的传播范围不再仅仅局限于某个图书馆或某个省，或是某个地区，而是在全国范围内进行传播，影响全国乃至世界范围内的读者群。它使得图书馆讲坛衍生产品的价值上升到建设社会文化体系和提高人们文化素质的层次上来，因而具有深远的影响。

（5）将图书馆讲座资源融入共享工程平台，还促进了各个图书馆之间讲座信息的交流，为欠发达地区和基层图书馆提供了丰富的讲座视频资源，使得各级图书馆又能多出一条途径获取讲座视频资源。比如，一些图书馆在没有充足经费和主讲嘉宾的情况下，即可通过共享工程通道，选取适当的讲座视频，安排视频讲座。

（6）讲坛衍生产品制作符合共享工程制作要求时，图书馆可以获取共享工程国家中心的经费补贴，可以充实图书馆讲坛经费或者制作更多的衍生产品，形成图书馆讲坛的良性循环。

（二）讲坛衍生产品如何融入共享工程

（1）首先由文化共享工程中心下达征集号召，面向全国各级公共图书馆征集讲座视频资源，从上到下逐级做好征集工作。

（2）图书馆接到征集令后，按照要求从现成的讲座资源库当中筛选出优质视频交给文化共享工程中心，逐级上报。图书馆应选取讲座内容质量好、画质清晰、声音清楚的讲座视频。

（3）由文化共享工程中心对征集而来的讲座视频做必要的处理，如剪辑、添加共享工程标识等，做成成品储存在网站服务器上，并在网络上加以展示。

（4）图书馆应积极主动地向文化共享工程中心要求返回制作而成的视频成品，以备使用。

上面四点，是目前通行的做法。在实际工作，有意的图书馆可以主动与共享工程省中心，甚至共享工程国家中心沟通，在制订讲坛工作计划时，就把这些衍生产品的制作和递交作为工作内容的一部分。

思考题

1. 试述讲坛衍生产品的基本概念、主要表现形式及其制作流程。
2. 试述讲坛衍生产品的高级发展形式有哪些,并举例说明之。
3. 试述讲坛衍生产品开发过程中应注意的有关问题。

附　录

附录一：我国大陆地区公共图书馆讲坛衍生书籍列举表

序号	书名	责任者及著作方式	出版者	出版时间(年)	页码	涉及图书馆
1	《纪念世界文化名人安徒生诞生一百五十周年讲座资料》	武汉图书馆编	武汉图书馆	1955	6	武汉图书馆
2	《哈尔滨市图书馆主办中国现代文学讲座——第1讲——中国现代文学的基本特征》	胡冰著	哈尔滨市图书馆	1956	15	哈尔滨市图书馆
3	《哈尔滨市图书馆主办中国现代文学讲座——第2讲——鲁迅的小说》	胡冰著	哈尔滨市图书馆	1956	19	哈尔滨市图书馆
4	《哈尔滨市图书馆主办中国现代文学讲座——第3讲——鲁迅与中国左翼作家联盟》	胡冰著	哈尔滨市图书馆	1956	15	哈尔滨市图书馆
5	《哈尔滨市图书馆主办中国现代文学讲座——第4讲——五四时期的中国现代诗歌》	胡冰著	哈尔滨市图书馆	1956	18	哈尔滨市图书馆
6	《哈尔滨市图书馆主办中国现代文学讲座——第5讲——郭沫若及其诗歌、剧作》	胡冰著	哈尔滨市图书馆	1956	23	哈尔滨市图书馆

续表

序号	书名	责任者及著作方式	出版者	出版时间(年)	页码	涉及图书馆
7	《哈尔滨市图书馆主办中国现代文学讲座——第6讲——瞿秋白及其散文、杂文》	胡冰著	哈尔滨市图书馆	1956	21	哈尔滨市图书馆
8	《原子能和未来》	胡占文讲述，湖北省襄樊市人民图书馆编	湖北省襄樊市人民图书馆	1956	7	湖北省襄樊市人民图书馆
9	《小高炉的事故》	阜新市委钢铁指挥部，阜新市图书馆编	阜新市图书馆	1958	?	阜新市图书馆
10	《北京图书馆苏联文学讲座》	张铁弦主讲	首都图书馆	1961	?	首都图书馆
11	《北京全国第一中心图书馆委员会图书馆红专大学外文图书整理讲座——第一讲——西文图书编目中的带接头词的姓氏的著录问题、连续出版物著录中的一些问题》	苗惠生编讲	全国第一中心图书馆委员会	1963	34	全国第一中心图书馆
12	《北京全国第一中心图书馆委员会图书馆红专大学外文图书整理讲座——第二讲——科技研究报告》	王恩光编讲	全国第一中心图书馆委员会	1963	19	全国第一中心图书馆
13	《北京全国第一中心图书馆委员会图书馆红专大学外文图书整理讲座——第二讲——科技报告的著录和分类》	陈沛霖编讲	全国第一中心图书馆委员会	1963	13	全国第一中心图书馆
14	《北京全国第一中心图书馆委员会图书馆红专大学外文图书整理讲座——第三讲——学术会议录》	王恩光编讲	全国第一中心图书馆委员会	?	32	全国第一中心图书馆

续表

序号	书名	责任者及著作方式	出版者	出版时间(年)	页码	涉及图书馆
15	《北京全国第一中心图书馆委员会图书馆红专大学外文图书整理讲座——第四讲——专利权、专利说明书、专利文献工作》	高敏学编讲	全国第一中心图书馆委员会	1963	21	全国第一中心图书馆
16	《资本主义经济危机讲座》	南京图书馆编	南京图书馆	1975	90	南京图书馆
17	《党的建设讲座》	哈尔滨市图书馆编	哈尔滨市图书馆	1977	64	哈尔滨市图书馆
18	《光辉的文献 强大的武器：学习毛主席〈论十大关系〉讲座》	吉林省图书馆翻印	吉林省图书馆	1977	65	吉林省图书馆
19	《胜利的记录 伟大的理论：学习〈毛泽东选集〉第五卷广播讲座》	中国人民解放军军政大学理论组，广西壮族自治区第一图书馆	广西壮族自治区第一图书馆	1977	67	广西壮族自治区第一图书馆
20	《世界史略》	罗景堂等编	郑州市图书馆	1980	64	郑州市图书馆
21	《WTO与中国》	华民著	上海科学技术文献出版社	2000	44	上海图书馆
22	《信息化：跨世纪的挑战》	缪其浩著	上海科学技术文献出版社	2000	38	上海图书馆
23	《21世纪管理模式》	张声雄著	上海科学技术文献出版社	2000	48	上海图书馆
24	《"三个代表"与党的建设》	袁秉达著	上海科学技术文献出版社	2000	67	上海图书馆
25	《经济全球化与中国之对策》	程恩富著	上海科学技术文献出版社	2000	57	上海图书馆
26	《世纪之交的转折：迎接新世纪的新增长》	厉无畏著	上海科学技术文献出版社	2001	57	上海图书馆
27	《学习"四个如何认识"，坚定社会主义信念》	周锦尉著	上海科学技术文献出版社	2001	53	上海图书馆

续表

序号	书名	责任者及著作方式	出版者	出版时间(年)	页码	涉及图书馆
28	《"三个代表"与"七一"讲话》	郝铁川著	上海科学技术文献出版社	2001	109	上海图书馆
29	《新经济、新规则与新制度》	华民编著	上海科学技术文献出版社	2002	70	上海图书馆
30	《一种文化的姿态》	上海图书馆讲座中心编	上海科学技术文献出版社	2006	318	上海图书馆
31	《先秦诸子十二讲》	鲍鹏山著	上海科学技术文献出版社	2007	231	上海图书馆
32	《思想的享受》	上海图书馆编	上海科学技术文献出版社	2012	353	上海图书馆
33	《文津演讲录——之一》	任继愈主编,中国国家图书馆分馆编	北京图书馆出版社	2002	281	国家图书馆
34	《文津演讲录——之二》	任继愈主编,中国国家图书馆分馆编	北京图书馆出版社	2002	270	国家图书馆
35	《文津演讲录——之三》	任继愈主编,中国国家图书馆分馆编	北京图书馆出版社	2002	245	国家图书馆
36	《文津演讲录——之四》	任继愈主编,中国国家图书馆分馆编	北京图书馆出版社	2003	221	国家图书馆
37	《文津演讲录——之五》	任继愈主编,中国国家图书馆分馆编	北京图书馆出版社	2005	342	国家图书馆
38	《文津演讲录——之六》	任继愈主编,中国国家图书馆分馆编	北京图书馆出版社	2007	268	国家图书馆
39	《文津演讲录——之七》	任继愈主编,中国国家图书馆分馆编	北京图书馆出版社	2008	258	国家图书馆
40	《文津演讲录——之八》	周和平主编	国家图书馆出版社	2010	221	国家图书馆
41	《文津演讲录——之九》	周和平主编	国家图书馆出版社	2010	224	国家图书馆

续表

序号	书名	责任者及著作方式	出版者	出版时间(年)	页码	涉及图书馆
42	《文津演讲录——之十》	周和平主编	国家图书馆出版社	2010	237	国家图书馆
43	《文津演讲录——之十一》	周和平主编	国家图书馆出版社	2013	12172	国家图书馆
44	《部级领导干部历史文化讲座》	国家图书馆编	北京图书馆出版社	2003	308	国家图书馆
45	《部级领导干部历史文化讲座——文化卷》	国家图书馆编	北京图书馆出版社	2008	406	国家图书馆
46	《部级领导干部历史文化讲座——史鉴卷》	国家图书馆编	北京图书馆出版社	2008	442	国家图书馆
47	《部级领导干部历史文化讲座——资政卷》	国家图书馆编	北京图书馆出版社	2008	330	国家图书馆
48	《部级领导干部历史文化讲座——艺术卷》	国家图书馆编	北京图书馆出版社	2008	260	国家图书馆
49	《部级领导干部历史文化讲座——2003》	国家图书馆编	北京图书馆出版社	2004	331	国家图书馆
50	《部级领导干部历史文化讲座——2004》	国家图书馆编	北京图书馆出版社	2005	459	国家图书馆
51	《部级领导干部历史文化讲座——2005》	国家图书馆编	北京图书馆出版社	2006	328	国家图书馆
52	《部级领导干部历史文化讲座——2006》	国家图书馆编	北京图书馆出版社	2007	301	国家图书馆
53	《部级领导干部历史文化讲座——2007》	国家图书馆编	北京图书馆出版社	2008	278	国家图书馆
54	《部级领导干部历史文化讲座——2008》	国家图书馆编	国家图书馆出版社	2009	329	国家图书馆
55	《部级领导干部历史文化讲座——2009》	国家图书馆编	国家图书馆出版社	2010	243	国家图书馆
56	《部级领导干部历史文化讲座——2010》	国家图书馆编	国家图书馆出版社	2011	294	国家图书馆
57	《部级领导干部历史文化讲座——2011》	国家图书馆编	国家图书馆出版社	2012	289	国家图书馆
58	《部级领导干部历史文化讲座——2012》	国家图书馆编	国家图书馆出版社	2013	279	国家图书馆

续表

序号	书名	责任者及著作方式	出版者	出版时间(年)	页码	涉及图书馆
59	《敦煌与丝路文化学术讲座——第一辑》	国家图书馆善本特藏部敦煌吐鲁番学资料研究中心编	北京图书馆出版社	2003	541	国家图书馆
60	《敦煌与丝路文化学术讲座——第二辑》	国家图书馆善本特藏部敦煌吐鲁番学资料研究中心编	北京图书馆出版社	2005	422	国家图书馆
61	《中国典籍与文化——第一辑》	国家图书馆善本特藏部,《中国典籍与文化》编辑部编	北京图书馆出版社	2007	164	国家图书馆
62	《中国典籍与文化——第二辑》	国家图书馆善本特藏部,《中国典籍与文化》编辑部编	北京图书馆出版社	2007	152	国家图书馆
63	《中国典籍与文化——第三辑》	国家图书馆善本特藏部,《中国典籍与文化》编辑部编	北京图书馆出版社	2008	142	国家图书馆
64	《中国典籍与文化——第四辑》	国家图书馆古籍馆,《中国典籍与文化》编辑部编	国家图书馆出版社	2010	167	国家图书馆
65	《中国典籍与文化——第五辑》	国家图书馆古籍馆,《中国典籍与文化》编辑部编	国家图书馆出版社	2010	191	国家图书馆
66	《中国典籍与文化——第六辑》	张大可等	国家图书馆出版社	2010	240	国家图书馆
67	《中国典籍与文化——第七辑》	国家图书馆	国家图书馆出版社	2013	231	国家图书馆
68	《中国典籍与文化——第八辑》	国家图书馆古籍馆等	国家图书馆出版社	2013	253	国家图书馆

续表

序号	书名	责任者及著作方式	出版者	出版时间(年)	页码	涉及图书馆
69	《八桂讲坛录——壹》	陈映红，黄艳主编，广西壮族自治区图书馆编	广西人民出版社	2007	463	广西壮族自治区图书馆
70	《八桂讲坛录——贰》	陈映红，黄艳主编，广西壮族自治区图书馆编	广西人民出版社	2010	400	广西壮族自治区图书馆
71	《文源讲坛——山西省领导干部历史文化讲座》	山西省图书馆编	山西人民出版社	2009	322	山西省图书馆
72	《文源讲坛——第2辑——山西省领导干部历史文化讲座》	石焕发主编，山西省图书馆编	山西人民出版社	2010	435	山西省图书馆
73	《文源讲坛——山西省图书馆星期日讲座精选之二》	石焕发主编，山西省图书馆编	山西人民出版社	2010	330	山西省图书馆
74	《文源讲坛——山西省图书馆星期日讲座精选之三》	石焕发主编，山西省图书馆编	山西人民出版社	2010	346	山西省图书馆
75	《守望圆明园：学术文化争鸣集》	国家图书馆学术讲座中心，中国圆明园学会编	国家图书馆出版社	2010	213	国家图书馆
76	《豫图讲坛：2011年讲座选集》	河南省图书馆编	中州古籍出版社	2013	434	河南省图书馆
77	《重图讲座：1000期特刊》	任竞主编	重庆图书馆	2014	128	重庆图书馆
78	《文化论衡：中国典籍与文化系列讲座十年选萃》	国家图书馆古籍馆，《中国典籍与文化》编辑部编	国家图书馆出版社	2012	261	国家图书馆
79	《越州讲坛——一》	绍兴图书馆编	浙江大学出版社	2012	304	绍兴图书馆
80	《三北讲坛》	余巨平主编	甘肃人民出版社	2015	257	慈溪图书馆

续表

序号	书名	责任者及著作方式	出版者	出版时间(年)	页码	涉及图书馆
81	《东南周末讲坛选粹》	东南周末讲坛选粹编委会编	海峡文艺出版社	2009	387	福建省图书馆
82	《东南周末讲坛选粹——2》	东南周末讲坛选粹编委会编	海峡文艺出版社	2011	318	福建省图书馆
83	《东南周末讲坛选粹——3》	东南周末讲坛选粹编委会编	海峡文艺出版社	2012	333	福建省图书馆
84	《大众讲坛——第一辑》	赵炳武，郝克远主编；山东省图书馆，《齐鲁晚报》编	山东教育出版社	2008	306	山东省图书馆
85	《大众讲坛——第二辑》	赵炳武，郝克远主编；山东省图书馆，《齐鲁晚报》编	山东教育出版社	2009	371	山东省图书馆
86	《大众讲坛——第三辑》	赵炳武，蓝海主编；山东省图书馆，《齐鲁晚报》编	山东友谊出版社	2010	284	山东省图书馆
87	《大众讲坛——第四辑》	李西宁，蓝海主编；山东省图书馆，《齐鲁晚报》编	山东友谊出版社	2011	302	山东省图书馆
88	《大众讲坛——第五辑》	山东省图书馆，《齐鲁晚报》编	山东友谊出版社	2012	282	山东省图书馆
89	《大众讲坛——第六辑》	山东省图书馆，《齐鲁晚报》编	山东友谊出版社	2013	275	山东省图书馆
90	《江城名家论坛（第2辑）：心灵幸福》	毕淑敏等著；李述永编	武汉出版社	2013	256	武汉图书馆
91	《文心讲堂——第一辑》	李坚等	江苏大学出版社	2010	304	镇江市图书馆
92	《文心讲堂——第二辑》	李坚等	江苏大学出版社	2012	291	镇江市图书馆
93	《南官人文大讲堂——2007年卷》	包国武等	中央文献出版社	2009	287	台州市路桥区图书馆

续表

序号	书名	责任者及著作方式	出版者	出版时间(年)	页码	涉及图书馆
94	《南官人文大讲堂——2008年卷》	包国武等	中央文献出版社	2010	300	台州市路桥区图书馆
95	《南官人文大讲堂——2009年卷》	包国武等	中央文献出版社	2012	370	台州市路桥区图书馆
96	《南官人文大讲堂——2010年卷》	台州市路桥区图书馆编著	中央文献出版社	2014	325	台州市路桥区图书馆
97	《南官人文大讲堂——2011年卷》	台州市路桥区图书馆编著	中央文献出版社	2014	330	台州市路桥区图书馆
98	《南官人文大讲堂——2012年卷》	台州市路桥区图书馆编著	中央文献出版社	2015	244	台州市路桥区图书馆
99	《人文大家谈》	马宁主编	南京师范大学出版社	2010	275	南京图书馆
100	《艺文行思录》	马宁主编	南京师范大学出版社	2010	259	南京图书馆
101	《聆听智慧的声音》	宫昌俊主编	中国社会科学出版社	2015	278	江阴市图书馆

附录二：我国大陆地区国家图书馆、省级公共图书馆讲坛衍生产品信息一览表（2016.6制）

图书馆名称	讲坛品牌	讲坛衍生产品	讲座网站/网页	备注
国家图书馆	文津讲坛	出版书籍/在线讲座	http://vod.nlc.cn	取典型品牌。
首都图书馆	首图讲坛	讲坛报道/讲稿选登/线上视频	http://www.clcn.net.cn/modules/events/index.php?cat_id=1#cultrue_bottom	讲座视频另挂于北京市文化信息资源共享工程网站和首都图书馆市民学习空间。
天津图书馆	海河大讲堂	名师风采/讲座视频	http://www.tjwh.gov.cn/hhdjt/index.html http://www.tjwh.gov.cn/shwh/whjz/wenhuajiangzuo.html	取典型品牌。

续表

图书馆名称	讲坛品牌	讲坛衍生产品	讲座网站/网页	备注
河北省图书馆	冀图讲坛	新闻报道/讲座视频/主讲人信息	http://www.helib.net/dzyd/node_271.htm	
山西省图书馆	文源讲坛·星期日讲座	讲座纪实/出版书籍	http://lib.sx.cn/pcons/front/getDataListByPage.action?siteId=1&channelId=102	
内蒙古图书馆	内图讲座	讲座报道/讲座视频	http://www.nmglib.com/zjzl/jz	更新不及时,几乎空壳。
辽宁省图书馆	辽海讲坛	视频点播/讲座丛书/讲坛师资	http://www.lhjtwz.com/index.asp	取典型品牌,与辽宁省社会科学联合会合作举办。
吉林省图书馆	吉林社科讲坛	视频点播	http://www.jlplib.com.cn/cbjt/jlskjt	取典型品牌。
黑龙江省图书馆	龙江讲坛	专家介绍/视频播放	http://www.ljwhxx.org.cn/ljjt	部分死链,讲座融入黑龙江社会科学网。
上海图书馆	上图讲座	讲座报道/讲座文稿/视频播放/音频播放/讲座书刊/讲座嘉宾	http://www.library.sh.cn/jiang	子项非常完善,但太多太杂,需整合。
南京图书馆	南图讲座	讲座报道/讲座视频	http://www.jslib.org.cn/pub/njlib/njlib_wsbgt/index.htm	仅讲座视频。
浙江图书馆	文澜讲坛	讲座视频	http://vod.zjwhgx.cn/VIEWGOOD/Pc/proglist.aspx?id=1051	仅讲座视频。
安徽省图书馆	安图讲座	讲座文稿下载/讲座视频	http://www.ahlib.com/channels/1035.html	包括新安百姓讲堂和安徽人文讲坛。
福建省图书馆	周末公益讲座	媒体报道/视频讲座点播	http://www.fjwh.net/jthc	

续表

图书馆名称	讲坛品牌	讲坛衍生产品	讲座网站/网页	备注
江西省图书馆	赣图大讲堂	讲座报道/讲座视频/讲座嘉宾	http://www.jxdcn.gov.cn:8089/index.asp	挂于江西省公共图书馆讲座与展览联盟网。
山东省图书馆	大众讲坛	讲座文稿/名家介绍/讲坛视频/讲坛直播通道	http://www.sdlib.com/channels/dzjt	讲坛视频挂于山东省文化共享工程网站。
河南省图书馆	豫图讲坛	嘉宾介绍/讲稿精选/讲座视频	http://www.henanlib.gov.cn/webs/list/notice/580.html	
湖北省图书馆	长江讲坛	讲座报道/讲坛视频	http://sp-op.library.hb.cn:9080/Chang JiangBBS/main	取典型品牌。
湖南图书馆	湘图讲坛	讲座人介绍/讲座视频	http://www.library.hn.cn/dzfw/xtjt	
广东省立中山图书馆	中图讲座	讲座视频/名家荟萃	http://lecture.zslib.com.cn	中图讲座包括中山讲堂/岭南大讲坛·文化论坛/禅宗文化大讲坛等讲座系列。
广西壮族自治区图书馆	八桂讲坛	媒体报道/主讲风采/讲座视频推荐	http://gxwh.gxlib.org.cn/bgjt/bgjt.asp	
海南省图书馆				
重庆图书馆		讲座文字还原/在线讲座点播/主讲人风采	http://www.cqlib.cn/jzhd/index.html	
四川省图书馆				
贵州省图书馆	贵图讲座		http://www.gzlib.com.cn/list.asp?id=180	仅讲座预告。
云南省图书馆	云岭大讲堂		http://www.ynlib.cn/Category_486/Index.aspx	讲座信息更新不及时。
西藏图书馆				
陕西省图书馆	陕图讲坛		http://www.sxlib.org.cn/hzjz/stjt/index.htm	
甘肃省图书馆	国学讲座	讲座视频	http://61.178.18.28/gx/index.html	取典型品牌。

217

续表

图书馆名称	讲坛品牌	讲坛衍生产品	讲座网站/网页	备注
青海省图书馆	夏都讲坛		http://www.qhlib.org/xdjt.asp	
宁夏图书馆	讲座与论坛		http://www.nxlib.cn/sylm/jzylt/index.htm	
新疆维吾尔自治区图书馆	新图讲座	讲坛知识库/讲座视频	http://www.xjlib.org/000001950020_1.html	包括昆仑讲坛、作家大讲坛等系列。

后　记

苏州图书馆从 2001 年新馆开馆起就开始办讲座，至 2005 年上半年，基本上是每月办一场讲座，至于为什么办讲座，原因很简单：新馆既然建有学术报告厅，那就得有讲座。2005 年下半年，笔者在北京大学参加图书馆硕士研究生课程进修班，听了王余光教授开讲的"图书馆与社会阅读"课程，并与他多次讨论图书馆与阅读推广、讲座与阅读推广、讲座与图书馆之间的关系，厘清了许多理论问题。于是，苏州图书馆把公益讲座正式命名为"苏州大讲坛"，每周开设讲座，每年现场讲座的场次在 100 场左右。

用这个例子来开头，是想说明理论研究成果与实践之间的关系，即图书馆的办馆理念和服务政策的确定，组织目标和服务内容等决策，需要有正确理论的引导和支撑。正如本教材中所阐述的"图书馆开设讲坛，是一种履行使命的手段和服务内容"，讲坛通过主讲人的讲授，把主讲人自己通过阅读、工作和生活积累起来的知识加以梳理和浓缩，去粗取精，成体系、高效率地传播给广大听众，且与听众互动交流、答疑解惑，从而达到培养读者阅读兴趣、提高读者品鉴水平、提升读者读写能力的目的，因而既是一种阅读推广的形式，也是图书馆服务的重要内容。鉴于此，我们就不难理解中国图书馆学会组织编写"阅读推广人系列教材"的良苦用心。

"阅读推广人系列教材"（第二辑）中的《图书馆讲坛工作》是团队精诚合作的成果，分工如下：第一讲与第七讲由南京大学徐雁教授和他的学生曹娟、蔡思明起草，第二讲与第四讲由首都图书馆王海茹老师起草，第三讲与第六讲由上海图书馆拱佳蔚老师起草，第五讲由中国人民大学图书馆王玮馆员和王丽丽馆员起草。邱冠华第一次统稿，王丽丽第二次统稿，最后由邱冠华定稿。本书的付梓，是所有参与者共同努力的结果。作为本书的主编，我首先要感谢副主编王丽丽老师，她把本教材的编写和统稿当作对自己孩子最好的胎教，并且承担了与中国图书馆学会和出版社协调对接的工作，贡献巨大。我与她初次合作，合作十分默契和愉快。其次，要感谢拱佳蔚老师，本教材的许多内容是在拱老师起草的"图书馆讲坛的设计"["阅读推广人系列教材"（第一辑）中的《图书馆阅读推广基础工作》的第五讲]的基础上进行了扩充，使得本教材的编写有了一定的基础；本教材编写时，正是她拖着病体，既忙于工作、又忙于照顾患病的婆婆之时，难为她了。再次，要感谢徐雁教授、王海茹老师、王玮老师、曹娟同学和蔡思明同学，他们发挥了各自所长，把自己的研究成果和实践经验融入教材，使本教材增色不少。最后要感谢中国图书馆学会的信任，非常放心地把这个任务交给我们，在编写、统稿最困难的时候，没有催促，有的是鼓励和宽容，使我们能够从容应对、保证质量。

作为本教材的主编，虽然尽心尽责地物色和邀请合适的作者，认认真真地修改、统稿和定稿，但限于水平，各位同人如果发现错误之处，请予以批评指正；对不认同的观点，欢迎讨论。只为一个目标：办好图书馆讲坛，传播科学和文化，完成图书馆使命。

邱冠华

2017 年 3 月